utb 5707

Eine Arbeitsgemeinschaft der Verlage

Brill | Schöningh – Fink · Paderborn
Brill | Vandenhoeck & Ruprecht · Göttingen – Böhlau · Wien · Köln
Verlag Barbara Budrich · Opladen · Toronto
facultas · Wien
Haupt Verlag · Bern
Verlag Julius Klinkhardt · Bad Heilbrunn
Mohr Siebeck · Tübingen
Narr Francke Attempto Verlag – expert verlag · Tübingen
Psychiatrie Verlag · Köln
Ernst Reinhardt Verlag · München
transcript Verlag · Bielefeld
Verlag Eugen Ulmer · Stuttgart
UVK Verlag · München
Waxmann · Münster · New York
wbv Publikation · Bielefeld
Wochenschau Verlag · Frankfurt am Main

Prof. Dr. iur. Mike Wienbracke, LL. M. (Edinburgh) ist Professor für Öffentliches Recht, insbesondere Staats- und Verwaltungsrecht sowie Europarecht am Fachbereich Wirtschaftsrecht der Westfälischen Hochschule Gelsenkirchen Bocholt Recklinghausen. Zudem ist er Dozent an der FOM Hochschule für Oekonomie und Management.

Mike Wienbracke

Fälle zum Europarecht

Europäische Grundfreiheiten

Allgemeines Diskriminierungsverbot und allgemeines Freizügigkeitsrecht

Unionsgrundrechte

2., erweiterte Auflage

UVK Verlag · München

Umschlagmotiv: ©iStockphoto, Vladimir Cetinski

Bibliografische Information der Deutschen Nationalbibliothek

Die Deutsche Nationalbibliothek verzeichnet diese Publikation in der Deutschen Nationalbibliografie; detaillierte bibliografische Daten sind im Internet über http://dnb.dnb.de abrufbar.

1. Auflage 2021

DOI: https://doi.org/10.36198/9783838560335

– ein Unternehmen der Narr Francke Attempto Verlag GmbH + Co. KG
Dischingerweg 5 · D-72070 Tübingen

Internet: www.narr.de
eMail: info@narr.de

Einbandgestaltung: siegel konzeption | gestaltung
CPI books GmbH, Leck

utb-Nr. 5707
ISBN 978-3-8252-6033-0 (Print)
ISBN 978-3-8385-6033-5 (ePDF)
ISBN 978-3-8463-6033-0 (ePub)

MIX
Papier aus verantwortungsvollen Quellen
FSC
www.fsc.org
FSC® C083411

Vorwort

Das vorliegende Übungsbuch ist die ideale Ergänzung zum UTB-Lehrbuch „Grundwissen Europarecht“. Die fallpraktische Anwendung der darin vermittelten Kenntnisse auf den Kerngebieten des materiellen EU-Rechts wird in den „Fälle[n] zum Europarecht“ anhand von insgesamt acht Klausurbeispielen veranschaulicht. Dabei sind die Lösungshinweise zu den vorwiegend der Rechtsprechung des EuGH bzw. des BVerfG entlehnten Sachverhalten aus den Bereichen „Europäische Grundfreiheiten“ (Warenverkehrsfreiheit, Arbeitnehmerfreizügigkeit, Niederlassungsfreiheit, Dienstleistungsfreiheit und Kapitalverkehrsfreiheit), „Allgemeines Freizügigkeitsrecht und allgemeines Diskriminierungsverbot“ sowie „Unionsgrundrechte“ durchgängig im juristischen Gutachtenstil ausformuliert.

Beim ersten „Fall zur Warenverkehrsfreiheit“ (S. 9 ff.) handelt es sich um eine auszugsweise Zweitveröffentlichung von *Wienbracke*, Nur Linkslenker im Rechtsverkehr?, Verwaltungsrundschau (VR) 2017, S. 275-280; beim „Fall zur Arbeitnehmerfreizügigkeit“ (S. 45 ff.) handelt es sich um eine auszugsweise Zweitveröffentlichung von *ders.*, Der Fall des Monsieur B., VR 2017, S. 341-345; beim „Fall zur Niederlassungsfreiheit“ (S. 53 ff.) handelt es sich um eine Zweitveröffentlichung von *ders.*, Den Sozialismus in seinem Lauf... hält der EuGH auf?!, VR 2017, S. 374-379; beim „Fall zur Dienstleistungsfreiheit“ (S. 71 ff.) handelt es sich um eine auszugsweise Zweitveröffentlichung von *ders.*, Bayern baden billiger!?, VR 2017, S. 421-427 und beim „Fall zur Kapitalverkehrsfreiheit“ (S. 87 ff.) handelt es sich um eine auszugsweise Zweitveröffentlichung von *ders.*, Auf die Lage kommt es an!, VR 2018, S. 25-31 – jeweils in freundlicher Abstimmung mit dem Verlag W. Kohlhammer, Stuttgart.

Mithilfe dieser Fallsammlung vermögen sowohl Studienanfänger als auch fortgeschrittene Studierende die Technik der Fallbearbeitung auf den vorgenannten Gebieten nutzbringend zu trainieren.

Die nunmehrige zweite Auflage wurde um einen Fall zum Verbot von Ausfuhrbeschränkungen (Art. 35 AEUV) ergänzt.

Recklinghausen, im Sommer 2023 — Mike Wienbracke

Inhalt

A. Fälle zu den Europäischen Grundfreiheiten

I. Fälle zur Warenverkehrsfreiheit

I.I. Fall zu Art. 34 AEUV[1]

Art. 34 AEUV – Art. 36 AEUV – EU-Richtlinie – abschließende Harmonisierung – versteckte Diskriminierung – *Dassonville*-Rechtsprechung – *Keck*-Rechtsprechung – *ANETT*-Rechtsprechung – *Cassis de Dijon*-Rechtsprechung – zwingende Gründe des Allgemeinwohls – Kohärenz

---

[1] Bei diesem Fall zur Warenverkehrsfreiheit (Art. 34 AEUV) handelt es sich um eine auszugsweise Zweitveröffentlichung von *Wienbracke*, Nur Linkslenker im Rechtsverkehr?, Verwaltungsrundschau (VR) 2017, S. 275-280. Die dortige Zulässigkeitsprüfung ist aufgrund des hiesigen Zusatzes zur Aufgabenstellung („Bearbeitervermerk: […]“) nicht durchzuführen.

A. Sachverhalt[2]

Das Parlament des EU-Mitgliedstaats M hat vor dem Hintergrund des dort geltenden Rechtsfahrgebots ein Gesetz über die Sicherheit des Straßenverkehrs erlassen, wonach Kraftfahrzeuge, deren Lenkrad sich auf der rechten Seite befindet, in M weder zugelassen noch auf öffentlichen Straßen geführt werden dürfen. Eine zeitlich auf maximal 90 Tage pro Jahr begrenzte Ausnahme von diesem „Linkslenkergebot" gilt nach der im vorgenannten Gesetz enthaltenen „Touristenklausel" lediglich für Ausländer, die mit einem im Ausland bereits zugelassenen Fahrzeug nach M einreisen.

In der Folge sind bei der Kommission zahlreiche Beschwerden von nach M zurückgekehrten Personen eingegangen, die zuvor im Vereinigten Königreich gearbeitet und dort Personenkraftwagen (Pkw) mit auf der rechten Seite befindlichem Lenkrad erworben hatten. Diese „Rechtslenker" dürfen sie in ihrem Herkunftsland aufgrund des dortigen „Linkslenkergebots" nur nach Durchführung einer äußerst kostspieligen Umbaumaßnahme im Straßenverkehr nutzen. So erfordert die Versetzung des Lenkrads auf die linke Seite den Austausch nahezu der gesamten Lenk- und Bremsanlage sowie des Armaturenbretts.

Nach Prüfung der Beschwerden gelangte die Kommission zu der Auffassung, dass das „Linkslenkergebot" einen klaren Verstoß gegen Art. 2a der Richtlinie 70/311/EWG, Art. 4 Abs. 3 der Richtlinie 2007/46/EG und Art. 34 AEUV darstelle. Sie forderte M daher per Mahnschreiben auf, diese Unionsrechtsverletzungen abzustellen. M wies den Vorwurf jedoch mit dem Hinweis darauf zurück, dass das ohne Ansehung ihrer Herkunft für alle Fahrzeuge geltende „Linkslenkergebot" weder den Verkauf noch die Einfuhr von „Rechtslenkern" beträfe und daher den freien Warenverkehr nicht behindere. Jedenfalls aber handele es sich um eine verhältnismäßige Maßnahme zum Schutz der Sicherheit des Straßenverkehrs. Es entspräche nämlich der allgemeinen Erfahrung, dass ein unmittelbarer Zusammenhang zwischen der Position des Lenkrads und dem Sichtfeld des Fahrers bestehe. Aus diesem Grund würden denn auch nicht nur die Hersteller und Händler von Pkw in M seit jeher allein solche Fahrzeuge zum Verkauf anbieten, deren Lenkrad sich auf der der Verkehrsrichtung gegenüberliegenden Seite befindet.

---

[2] Sachverhalt und Lösung sind EuGH, Rs. C-639/11, ECLI:EU:C:2014:173 – *Kommission/Polen*; EuGH, Rs. C-61/12, ECLI:EU:C:2014:172 – *Kommission/Litauen* und *GA Jääskinen*, Schlussanträge in den Rs. C-639/11 und C-61/12, ECLI:EU:C:2013:731 – *Kommission/Polen* bzw. *Kommission/Litauen* nachempfunden.

Die Kommission überzeugte dieses Vorbringen angesichts der „Touristenklausel“ allerdings nicht, weshalb sie eine mit Gründen versehene Stellungnahme an M richtete, in der sie diesem zugleich eine angemessene Frist zur Beseitigung der gerügten Unionsrechtsverletzungen setzte. In dieser Stellungnahme wies die Kommission sachlich zutreffend darauf hin, dass sich das – aufgrund der bei einem „Rechtslenker“ im Rechtsverkehr gegebenen größeren Entfernung des Fahrers zur Mittellinie der Straße – tatsächlich bestehende Problem der Verminderung von dessen Sichtfeld insbesondere beim Überholen durch die finanziell deutlich weniger aufwendige Anbringung zusätzlicher Außenrückspiegel sowie die Anpassung der Scheibenwischer und der asymmetrischen Scheinwerfereinstellungen beheben ließe.

Nach Eingang der keine neuen Aspekte beinhaltenden Antwort von M hierauf hat die Kommission eine Vertragsverletzungsklage gegen diesen vor dem EuGH erhoben.

Wie wird der EuGH über diese auf neue und gebrauchte Pkw beschränkte Klage entscheiden, wenn die Position des Fahrerplatzes von der durch die beiden o.g. Richtlinienbestimmungen eingeführten vollständigen Harmonisierung erfasst wird, wonach die Mitgliedstaaten für die Zulassung eines Fahrzeugs in ihrem Hoheitsgebiet die Versetzung des Fahrerplatzes des Fahrzeugs auf die der Verkehrsrichtung gegenüberliegende Seite nicht verlangen dürfen?

Bearbeitervermerk:

Es ist davon auszugehen, dass die Klage zulässig ist und der Vollzug des „Brexit“ nach Art. 50 EUV zum gegenwärtigen Zeitpunkt noch aussteht.

B. Lösungshinweise

Die Vertragsverletzungsklage hat Erfolg, wenn sie zulässig und begründet ist.

I. Zulässigkeit

Von der Zulässigkeit der Klage[3] ist nach dem Bearbeitervermerk auszugehen.

II. Begründetheit

Die Vertragsverletzungsklage ist begründet, wenn der von der Kommission geltend gemachte Unionsrechtsverstoß des betreffenden Mitgliedstaats tatsächlich vorliegt, vgl. Art. 258 Abs. 1 AEUV.

---

3 Dazu siehe *Wienbracke*, VR 2017, S. 275 (276 f.) m.w.N.

Hier könnte das vom Parlament als Organ von M erlassene „Linkslenkergebot“ im streitgegenständlichen Umfang, d.h. in Bezug auf neue und gebrauchte Pkw, gegen Art. 2a der Richtlinie 70/311/EWG, Art. 4 Abs. 3 der Richtlinie 2007/46/EG und/oder Art. 34 AEUV verstoßen.

Aufgrund des Anwendungsvorrangs der (wirksamen[4]) rangniederen vor der ranghöheren Rechtsnorm[5] ist eine mitgliedstaatliche Regelung in einem Bereich, der auf Unionsebene abschließend harmonisiert wurde, allein anhand der jeweiligen Harmonisierungsmaßnahme – und nicht des EU-Primärrechts – zu beurteilen.[6] Soweit eine solche hier vorliegen sollte, wäre das „Linkslenkergebot“ daher nicht anhand des primärrechtlichen Art. 34 AEUV, sondern vielmehr am Maßstab des einschlägigen EU-Sekundärrechts zu messen.

1. Zulassung von Pkw

Durch Art. 2a bzw. Art. 4 Abs. 3 der beiden vorgenannten Richtlinien sind dem entsprechenden Hinweis im Sachverhalt zufolge die Regeln über die Position des Fahrerplatzes in Bezug auf die Zulassung von Fahrzeugen[7] vollständig harmonisiert worden. Danach dürfen die Mitgliedstaaten für diese die Versetzung des Fahrerplatzes des Fahrzeugs auf die der Verkehrsrichtung gegenüberliegende Seite nicht verlangen. Eben eine solche Umbaumaßnahme ist nach dem „Linkslenkergebot“ aber gerade zwingend notwendig, damit ein „Rechtslenker“ in M zugelassen werden kann. Also hat M durch diese Maßnahme, soweit sie die Zulassung von Pkw betrifft, gegen Art. 2a der Richtlinie 70/311/EWG und Art. 4 Abs. 3 der Richtlinie 2007/46/EG verstoßen.

---

[4] Hierzu vgl. speziell in Bezug auf den vorliegenden Kontext *Ahlt/Dittert*, Europarecht, 4. Auflage, 2011, S. 158 sowie *Schwarze*, in: ders. (Hrsg.), EU-Kommentar, 3. Auflage, 2012, Art. 258 AEUV Rn. 30, jeweils m.w.N. aus der EuGH-Rspr. und Letzterer unter Hinweis auf die Nichtigkeitsklage (Art. 263 Abs. 2 AEUV).

[5] Dazu siehe *Wienbracke*, Juristische Methodenlehre, 2013, Rn. 61. Dort (Rn. 63 ff.) auch zum *lex specialis*-Grundsatz, der die Konkurrenz zwischen solchen Normen auflöst, die sich auf derselben Stufe der Normenhierarchie befinden. Das ist in Bezug auf das EU-Primärrecht und das EU-Sekundärrecht freilich gerade nicht der Fall, siehe *ders.*, a.a.O., Rn. 45 ff. m.w.N.

[6] St. Rspr. des EuGH, siehe nur EuGH, Rs. C-421/12, ECLI:EU:C:2014:2064, Rn. 63 – *Kommission/Belgien* m.w.N.

[7] Hinweis: Tatsächlich regeln die genannten Richtlinien nur die Zulassung von Neufahrzeugen. Diese Einschränkung wurde hier jedoch nicht mitgeteilt und in der nachstehenden Falllösung folglich auch nicht berücksichtigt.

2. Führen von Pkw

Demgegenüber ist hinsichtlich des Führens von bereits in einem anderen Mitgliedstaat zugelassenen Pkw in einem Mitgliedstaat auf EU-Ebene keine (abschließende) Harmonisierung erfolgt, so dass insoweit mangels Einschlägigkeit weder von speziellerem Primärrecht noch einer Bereichsausnahme Art. 34 AEUV als unionsrechtlicher Prüfungsmaßstab zur Anwendung gelangt.

Das „Linkslenkergebot" in M verstößt gegen diese im nationalen Recht unmittelbar geltende bzw. wirkende sowie anwendbare Vorschrift,[8] wenn es in nicht gerechtfertigter Weise in deren Schutzbereich eingreift.

a) Schutzbereich

Dann müsste zunächst der Schutzbereich von Art. 34 AEUV eröffnet sein.

aa) Schutzgut

Ausweislich Art. 28 Abs. 2 AEUV gilt der in Kapitel 3 von Titel II des AEUV verortete Art. 34 AEUV „für die aus den Mitgliedstaaten stammenden Waren sowie für diejenigen Waren aus dritten Ländern, die sich in den Mitgliedstaaten im freien Verkehr befinden". In persönlicher Hinsicht enthalten die primärrechtlichen Bestimmungen zur Warenverkehrsfreiheit – anders als beispielsweise diejenigen betreffend den freien Verkehr von Personen (Art. 26 Abs. 2 AEUV) – hingegen keine Beschränkungen, insbesondere nicht auf „Staatsangehörige eines Mitgliedstaats" (Art. 49 Abs. 1 AEUV; vgl. auch Art. 45 Abs. 2 AEUV) bzw. auf die nach den Rechtsvorschriften eines Mitgliedstaats gegründeten Gesellschaften mit satzungsmäßigem Sitz, Hauptverwaltung oder -niederlassung in der EU (Art. 54 Abs. 1 AEUV).

„Waren" i.d.S. sind Erzeugnisse, die einen Geldwert haben und deshalb Gegenstand von Handelsgeschäften sein können.[9] Diese Voraussetzungen liegen im Hinblick auf die vom „Linkslenkergebot" erfassten Pkw ersichtlich vor. Soweit diese zudem noch jeweils aus den Mitgliedstaaten stammen, d.h. dort hergestellt wurden,[10] oder sich in diesen i.S.v. Art. 29 AEUV im freien Verkehr befinden, sind die Voraussetzungen des Art. 28 Abs. 2 AEUV somit erfüllt.

---

8 *Wienbracke*, DVP 2014, 416 (417) m.w.N.

9 St. Rspr. seit EuGH, Rs. 7/68, ECLI:EU:C:1968:51, S. 642 – *Kommission/Italien.*

10 Vgl. *Classen*, in: Oppermann/Classen/Nettesheim, Europarecht, 7. Auflage, 2016, § 22 Rn. 19 unter Hinweis auf Art. 4 (Nr. 7) Zollkodex (nunmehr: Art. 5 Nr. 23 UZK).

bb) Grenzüberschreitender Sachverhalt

Darüber hinaus verlangt Art. 34 AEUV mit dem Merkmal „zwischen den Mitgliedstaaten“ das Vorliegen eines EU-binnengrenzüberschreitenden Sachverhalts. Hier steht das Recht zum Führen von namentlich aus dem (Noch-[11])Mitgliedstaat „Vereinigtes Königreich“ (Art. 52 Abs. 1 EUV) stammenden „Rechtslenkern“ im Straßenverkehr des Mitgliedstaats M in Frage. Damit reicht der hiesige Fall in relevanter Weise über die Grenzen eines Mitgliedstaats hinaus.[12]

cc) Gewährleistungsumfang

Auf seiner Rechtsfolgenseite schützt Art. 34 AEUV nach der EuGH-Rechtsprechung das Recht, Waren in den Verkehr zu bringen, zu erwerben, anzubieten, auszustellen oder feilzuhalten, zu besitzen, herzustellen, zu befördern, zu verkaufen, entgeltlich oder unentgeltlich abzugeben, einzuführen oder zu verwenden.[13] Bei dem vorliegend streitigen Recht zum Führen von „Rechtslenkern“ auf öffentlichen Straßen in M handelt es sich um einen Fall der Warenverwendung, so dass dieser Vorgang dem Gewährleistungsumfang von Art. 34 AEUV unterfällt.

Der Schutzbereich von Art. 34 AEUV ist mithin eröffnet.

b) Eingriff

Zudem müsste ein Eingriff in den Schutzbereich von Art. 34 AEUV vorliegen.

Neben den hier erkennbar nicht gegebenen „mengenmäßigen Einfuhrbeschränkungen“, d.h. Kontingenten und Verbringungsverboten,[14] verbietet Art. 34 AEUV ebenfalls „alle Maßnahmen gleicher Wirkung“ wie diese. Darunter sind sämtliche Handelsregelungen der durch diese Vertragsbestimmung primär verpflichteten Mitgliedstaaten zu verstehen, die geeignet sind, den innerunionalen Handel unmittelbar oder mittelbar, tatsächlich oder potentiell zu behindern.[15] In welcher Form dies geschieht – als offen oder versteckt an die

---

[11] Der Vollzug des „Brexit“ nach Art. 50 EUV steht zum gegenwärtigen Zeitpunkt noch aus, siehe Bearbeitervermerk.

[12] Hinweis: Aufgrund dieses Ergebnisses ist ein näheres Eingehen auf die „großzügige“ Handhabung des grenzüberschreitenden Elements im Rahmen von Art. 34 EUV durch den EuGH (dazu siehe *Epiney*, in: Ehlers [Hrsg.], Europäische Grundrechte und Grundfreiheiten, 4. Auflage, 2014, § 8 Rn. 15 m.w.N. u.a. aus der EuGH-Rspr.) hier nicht angezeigt.

[13] EuGH, Rs. C-293/94, ECLI:EU:C:1996:254, Rn. 6 – *Brandsma.*

[14] *Lux*, in: Lenz/Borchardt (Hrsg.), EU-Verträge, 6. Auflage, 2012, Art. 34 Rn. 12.

[15] So grundlegend EuGH, Rs. 8/74, ECLI:EU:C:1974:82, Rn. 5 – *Dassonville.*

Herkunft der Ware anknüpfende Diskriminierung oder als unterschiedslos anwendbare Beschränkung –, ist insofern hingegen irrelevant.[16]

Nachfolgend hat der EuGH die vorstehende *Dassonville*-Formel in seinem *Keck*-Urteil allerdings wieder eingeschränkt. Danach ist die Anwendung nationaler Bestimmungen, die bestimmte Verkaufsmodalitäten beschränken oder verbieten, auf Waren aus anderen Mitgliedstaaten nicht geeignet, den Handel zwischen den Mitgliedstaaten unmittelbar oder mittelbar, tatsächlich oder potentiell zu behindern, sofern diese Bestimmungen für alle betroffenen Wirtschaftsteilnehmer gelten, die ihre Tätigkeit im Inland ausüben, und sofern sie den Absatz der inländischen Erzeugnisse und der Erzeugnisse aus anderen Mitgliedstaaten rechtlich wie tatsächlich in der gleichen Weise berühren[17] – was eine Differenzierung zwischen produktbezogenen Regelungen einerseits und vertriebsbezogenen Regelungen andererseits erforderlich macht.[18]

Im Ergebnis sind damit als Maßnahmen gleicher Wirkung wie mengenmäßige Einfuhrbeschränkungen jeweils solche anzusehen, (1) mit denen bezweckt oder bewirkt wird, Waren aus anderen Mitgliedstaaten weniger günstig zu behandeln, (2) Vorschriften über die Voraussetzungen, denen die Waren entsprechen müssen, selbst wenn diese Vorschriften unterschiedslos für alle Erzeugnisse gelten sowie (3) jede sonstige Maßnahme, die den Zugang zum Markt eines Mitgliedstaats für Erzeugnisse aus anderen Mitgliedstaaten behindert (*ANETT*-Rechtsprechung).[19] Letzteres wird vom EuGH in Bezug auf die hier gegenständliche Beschränkung der Verwendung eines Erzeugnisses im Hoheitsgebiet eines Mitgliedstaats dann bejaht, wenn diese nach ihrer Tragweite einen erheblichen Einfluss auf das Verhalten der Verbraucher dergestalt hat, dass sie sich im Ergebnis negativ auf den Zugang des Erzeugnisses zum Markt des Mitgliedstaats auswirkt.[20] Haben die Konsumenten nämlich im Wissen um die betreffende Verwendungsrestriktion praktisch kein Interesse daran, das dieser unterfallende Produkt zu erwerben, so wird die Nachfrage nach diesem auf dem betreffenden Markt – und folglich dessen Einfuhr dorthin – behindert.[21]

---

16 Vgl. *Schroeder*, in: Streinz (Hrsg.), EUV/AEUV, 2. Auflage, Art. 34 AEUV Rn. 40 m.w.N. aus der EuGH-Rspr. Siehe aber B.II.2.c)aa)(2).

17 EuGH, verb. Rs. C-267/91 und C-268/91, ECLI:EU:C:1993:905, Rn. 16 – *Keck und Mithouard.*

18 *Schroeder*, Europarecht, 4. Auflage, 2016, § 14 Rn. 77.

19 EuGH, Rs. C-456/10, ECLI:EU:C:2012:241, Rn. 34 f. – *ANETT* m.w.N.

20 EuGH, Rs. C-142/05, ECLI:EU:C:2009:336, Rn. 26 – *Mickelsson und Roos* m.w.N.

21 EuGH, Rs. C-110/05, ECLI:EU:C:2009:66, Rn. 57 – *Kommission/Italien* m.w.N.

Aufgrund des „Linkslenkergebots" dürfen „Rechtslenker" in M nicht auf öffentlichen Straßen geführt werden. Hierdurch werden die in diesem Mitgliedstaat ansässigen Personen daran gehindert, von derartigen Pkw bestimmungsgemäß Gebrauch zu machen. Die danach allein noch denkbaren Verwendungsmöglichkeiten auf Privatflächen oder *„off road"* sind demgegenüber unbedeutend; die zeitlich begrenzte „Touristenklausel" ist ausschließlich Ausländern vorbehalten. Einwohner von M können ursprünglich als „Rechtslenker" hergestellte Pkw praktisch vielmehr nur dann in diesem Mitgliedstaat nutzen, wenn zuvor deren Lenkrad jeweils auf die linke Seite versetzt wurde. Die Durchführung einer solchen Umbaumaßnahme ist jedoch äußerst kostenintensiv, weshalb die in M ansässigen potentiellen Erwerber von „Rechtslenkern" das Interesse daran verlieren, solche Fahrzeuge in einem anderen Mitgliedstaat zu erwerben, in dem ihr Verkauf üblich ist. Folglich behindert das „Linkslenkergebot" den Zugang von in anderen Mitgliedstaaten rechtmäßig hergestellten und zugelassenen „Rechtslenkern". Auch wenn dieses – wie von M vorgetragen – unmittelbar weder den Verkauf noch die Einfuhr von „Rechtslenkern" verbietet, so ist es daher dennoch als Maßnahme gleicher Wirkung wie eine mengenmäßige Einfuhrbeschränkung zu qualifizieren.

Ein Eingriff in den Schutzbereich von Art. 34 AEUV liegt demnach vor.

c) Rechtfertigung

Der Eingriff könnte jedoch gerechtfertigt sein.

aa) Schranken

Dann müsste zunächst ein primärrechtlich anerkannter Rechtfertigungsgrund vorliegen.

(1) Geschriebene Rechtfertigungsgründe

So steht Art. 34 AEUV nach Art. 36 Satz 1 AEUV solchen Einfuhrbeschränkungen nicht entgegen, die aus einem der darin ausdrücklich genannten Gründe gerechtfertigt sind. Von diesen geschriebenen Rechtfertigungsgründen kommt hier allein derjenige des „Schutze[s] der Gesundheit und des Lebens von Menschen" in Betracht. Diesem Zweck dient das „Linkslenkergebot" allerdings nur mittelbar. Entsprechend der Bezeichnung des Gesetzes, in dem dieses verortet ist, verfolgt M mit diesem zuvorderst vielmehr das weitergehende Ziel, die Sicherheit des Straßenverkehrs zu schützen. So profitieren von dieser über Leib und Leben der Verkehrsteilnehmer hinaus insbesondere auch die Eigentümer von im Straßenverkehr befindlichen Kraftfahrzeugen, welche bei sicherem Verkehrsfluss nicht beschädigt werden.[22] Ob unter den als Ausnahmevorschrift von Art. 34 f. AEUV nach allgemeiner juristischer Methodik restriktiv auszulegenden Art. 36 AEUV[23] auch derart lediglich indirekt gesundheitsschützende Maßnahmen zu subsumieren sind, ist allerdings fraglich.[24] Einer diesbezüglichen Entscheidung bedarf es vorliegend freilich dann nicht, wenn es sich ungeachtet der fehlenden expliziten Nennung der Verkehrssicherheit in Art. 36 AEUV bei dieser um einen primärrechtlich dennoch anzuerkennenden, nämlich ungeschriebenen Rechtfertigungsgrund handelt.

(2) Ungeschriebene Rechtfertigungsgründe

Korrespondierend zur Ausdehnung des Eingriffsbegriffs durch die *Dassonville*-Formel (s.o. B.II.2.b)) erkennt der EuGH die Existenz ungeschriebener Rechtfertigungsgründe seit seinem *Cassis de Dijon*-Urteil[25] in Gestalt der „zwingenden Erfordernisse" des Gemeinwohls in ständiger Rechtsprechung an. Auch stellt danach die hier in Rede stehende Verkehrssicherheit einen derartigen zwingenden Gemeinwohlgrund dar.[26] Jedoch lag der *Cassis de Dijon*-Entscheidung eine unterschiedslos sowohl für einheimische als auch für eingeführte Erzeugnisse geltende mitgliedstaatliche Regelung zugrunde. Ob diese Rechtsprechung darüber hinaus ebenfalls für (versteckte oder gar offene) Diskriminierungen gilt, ist dagegen unklar.[27]

Seiner Formulierung nach trifft das „Linkslenkergebot" keine Differenzierung nach der Herkunft der diesem unterfallenden Pkw, erfasst es doch – wie von M eingewandt – sämtliche Fahrzeuge unabhängig davon, ob sie aus dem EU-Ausland stammen oder ob sie im Inland hergestellt wurden. Gleichwohl: Während in M produzierte Pkw aufgrund des dort herrschenden Rechtsverkehrs bereits „ab Werk" das Lenkrad auf der nach dem dortigen „Linkslenkergebot" richtigen Seite haben, ist dies bei Pkw mit Ursprung in einem Mitgliedstaat wie dem Vereinigten Königreich mit Linksverkehr erst nach Durchführung einer kostenintensiven Umbaumaßnahme der Fall. Im Hinblick auf derartige Pkw könnte sich das *prima facie* herkunftsneutrale Kriterium „Linkslenkergebot" der Sache nach (materiell) also durchaus als

---

22 Vgl. *Ludwigs/Sikora*, JA 2016, 514 (519), deren Fallbearbeitung ebenfalls an die eingangs der Fn. 2 genannte EuGH-Entscheidung angelehnt ist.

23 *Ahlt/Dittert* (Fn. 4), S. 209.

24 Vgl. *Epiney*, in: Bieber/Epiney/Haag, Europarecht, 12. Auflage, 2016, § 11 Rn. 53.

25 EuGH, Rs. 120/78, ECLI:EU:C:1979:42, Rn. 8 – *Cassis de Dijon*.

26 EuGH, Rs. C-110/05, ECLI:EU:C:2009:66, Rn. 60 – *Kommission/Italien* m.w.N.

27 Dazu siehe *Haltern*, Europarecht, 2. Auflage, 2007, Rn. 1604 ff. m.w.N. u.a. aus der EuGH-Rspr.

Benachteiligung der in den letztgenannten Mitgliedstaaten hergestellten Pkw – und damit als indirekte Diskriminierung – erweisen.[28] Hieran würde sich auch nichts dadurch ändern, dass von dieser die in den übrigen Mitgliedstaaten produzierten Pkw, in denen wie in M ebenfalls ein Rechtsfahrgebot gilt, deshalb nicht betroffen wären, weil auch dort Fahrzeuge standardmäßig mit dem Lenker auf der linken Seite ausgestattet werden.[29]

Ebenfalls eine Beantwortung dieser Frage kann vorliegend jedoch dann dahinstehen, wenn selbst bei gegebener Übertragbarkeit der *Cassis de Dijon*-Rechtsprechung auf die hiesige Fallkonstellation, d.h. bei Annahme eines Rechtfertigungsgrunds, der durch das „Linkslenkergebot" bewirkte Eingriff sich jedenfalls anderweitig als europarechtswidrig erweist.

bb) Schranken-Schranken

So vermag sowohl ein geschriebener als auch ein ungeschriebener Rechtfertigungsgrund eine in den Schutzbereich von Art. 34 AEUV eingreifende Maßnahme nur dann zu rechtfertigen, wenn diese den Anforderungen des unionsrechtlichen Verhältnismäßigkeitsgrundsatzes[30] genügt.[31] Dafür muss sie dazu geeignet sein, die Erreichung des mit ihr verfolgten Ziels zu gewährleisten, sie darf nicht über das hinausgehen, was dazu erforderlich ist und sie muss angemessen sein.[32]

Auch im Kontext der europäischen Grundfreiheiten setzt das Merkmal der Geeignetheit voraus, dass die betreffende Maßnahme das mit ihr verfolgte Ziel fördert.[33] Durch das „Linkslenkergebot" verringert sich die Zahl der „Rechtslenker" im öffentlichen Straßenverkehr von M (vgl.o. B.II.2.b)) – und damit angesichts des „tatsächlich bestehenden" unmittelbaren Zusammen-

---

[28] Vgl. *Ludwigs*/Sikora, JA 2016, 514 (519), deren Fallbearbeitung ebenfalls an die eingangs der Fn. 2 genannte EuGH-Entscheidung angelehnt ist.

[29] Zur Qualifizierung einer nur selektiv protektionistischen mitgliedstaatlichen Maßnahme als Grundfreiheiteneingriff vgl. speziell zur Warenverkehrsfreiheit EuGH, Rs. C-254/98, ECLI:EU:C:2000:12, Rn. 28 – *TK-Heimdienst* und im Übrigen *Wienbracke*, NZA-RR 2016, 113 (119) m.w.N. aus der EuGH-Rspr.

[30] Dieser wurde ursprünglich als allgemeiner (ungeschriebener) Rechtsgrundsatz des Unionsrechts (Art. 340 Abs. 2 AEUV) entwickelt und ist nunmehr in Art. 5 Abs. 1 Satz 2, Abs. 4 EUV und Art. 52 Abs. 1 Satz 2 EU-GrCh positiviert, siehe *Wienbracke*, DVP 2014, 416 (417 f.) m.w.N. u.a. aus der EuGH-Rspr.

[31] *Herdegen*, Europarecht, 18. Auflage, 2016, § 15 Rn. 14. Zu den Unionsgrundrechten vgl. *Haltern* (Fn. 27), Rn. 1108.

[32] Vgl. *Wienbracke*, EuR 2012, 483 (509) m.w.N. u.a. aus der EuGH-Rspr.

[33] *Ehlers*, in: ders. (Hrsg.), Europäische Grundrechte und Grundfreiheiten, 4. Auflage, 2014, § 7 Rn. 130.

hangs zwischen der Position des Lenkrads und dem Sichtfeld des Fahrers zugleich das mit der Verkehrsteilnahme von „Rechtslenkern" verbundene Unfallrisiko im dortigen Rechtsverkehr, welches aufgrund der bei diesen Pkw gegebenen größeren Entfernung des Fahrers zur Mittellinie der Straße v.a. bei Überholvorgängen existiert. Die Eignung des „Linkslenkergebots" als Instrument zur Erhöhung der Verkehrssicherheit in M wäre damit an sich zu bejahen.

Allerdings erachtet der EuGH eine beschränkende Maßnahme letztlich nur dann als dazu geeignet, die Verwirklichung des mit ihr angestrebten Ziels zu gewährleisten, wenn sie tatsächlich dem Anliegen gerecht wird, dieses in kohärenter und systematischer Weise zu erreichen.[34] Hier hat das Parlament von M kein absolutes „Linkslenkergebot" in Kraft gesetzt, sondern dieses durch die „Touristenklausel" wieder relativiert. Anhaltspunkte dafür, dass die im Rahmen dieser Ausnahmevorschrift erfolgende Verwendung von „Rechtslenkern" im Straßenverkehr von M kein beachtliches Risiko für die dortige Verkehrssicherheit darstellt, sind jedoch nicht ersichtlich. Wird dieses insoweit mithin aber toleriert, so ist es allein schon deshalb nicht in sich stimmig, das Führen von „Rechtslenkern" auf öffentlichen Straßen in M im Übrigen zu verbieten. Hinzu kommt, dass Entsprechendes in Bezug auf solche Pkw gilt, deren Zulassung M kraft der o.g. Richtlinienbestimmungen nicht untersagen darf (s.o. B.II.1.).

Somit ist das „Linkslenkergebot" nicht dazu geeignet, das mit ihm verfolgte Ziel des Schutzes der Sicherheit des Straßenverkehrs in kohärenter und systematischer Weise zu erreichen und deshalb insgesamt nicht verhältnismäßig – weshalb die beiden vorstehend aufgeworfenen Fragen nach der etwaigen Subsumierbarkeit der Verkehrssicherheit unter den geschriebenen Rechtfertigungsgrund des Gesundheitsschutzes (s.o. B.II.2.c)aa)(1)) sowie der möglichen Erstreckung der *Cassis de Dijon*-Rechtsprechung auf versteckte Diskriminierungen (s.o. B.II.2.c)aa)(2)) jeweils keiner Beantwortung bedürfen. Darauf, dass das „Linkslenkergebot" in Anbetracht der von der Kommission aufgezeigten milderen und ggf. gleich wirksamen Alternativmaßnahmen zudem mangels Erforderlichkeit unverhältnismäßig sein könnte,[35] kommt es aufgrund der bereits festgestellten fehlenden Geeignetheit ebenfalls nicht an.

Also ist der durch das „Linkslenkergebot" bewirkte Eingriff in den Schutzbereich von Art. 34 AEUV nicht gerechtfertigt.

Es verletzt daher diese Vorschrift, soweit es das Führen von Pkw betrifft.

---

[34] So jüngst wieder EuGH, Rs. C-333/14, ECLI:EU:C:2015:845, Rn. 37 m.w.N. – *Scotch Whisky Association.*

[35] Zu diesen Kriterien siehe *Hobe,* Europarecht, 8. Auflage, 2014, Rn. 712.

3. Zwischenergebnis

Mithin ist die Vertragsverletzungsklage begründet.

III. Ergebnis

Der EuGH wird nach Art. 260 Abs. 1 AEUV feststellen, dass M dadurch gegen seine Verpflichtungen aus Art. 2a der Richtlinie 70/311/EWG, aus Art. 4 Abs. 3 der Richtlinie 2007/46/EG sowie aus Art. 34 AEUV verstoßen hat, dass er die Zulassung von Pkw und das Führen von zuvor in einem anderen Mitgliedstaat bereits zugelassenen Pkw auf öffentlichen Straßen in seinem Hoheitsgebiet verbietet, deren Lenkrad sich jeweils auf der rechten Seite befindet.

I.II. Fall zu Art. 35 AEUV

Art. 35 AEUV – Art. 28 AEUV – Unionswaren – Drittlandswaren – Abgrenzung der Warenverkehrsfreiheit zur Dienstleistungsfreiheit – Ausfuhrverbot – Art. 36 S. 1 AEUV – Schutz der Gesundheit und des Lebens von Menschen – Vorsorgeprinzip – „warenspezifische" Gefahr? – Verhältnismäßigkeitsgrundsatz – Art. 3 Abs. 3 UAbs. 3 EUV – Solidarität zwischen den Mitgliedstaaten – Art. 36 S. 2 AEUV

A. Sachverhalt
B. Lösungshinweise
  I. Anwendbarkeit
  II. Schutzbereich
    1. Persönlicher Schutzbereich
    2. Sachlicher Schutzbereich
      a) Schutzgut
        aa) Waren
        bb) Anforderungen an die Warenherkunft
          (1) Unionswaren
          (2) Drittlandswaren
          (3) Zwischenergebnis
      b) Grenzüberschreitender Sachverhalt
      c) Abgrenzung zur Dienstleistungsfreiheit
      d) Gewährleistungsumfang
      e) Zwischenergebnis

III. Eingriff
IV. Rechtfertigung
(1) Schranken
a) Geschriebene Schranken
aa) Mitgliedstaatlicher Spielraum / Vorsorgeprinzip
bb) „Warenspezifische" Gefahr?
b) Ungeschriebene Schranken
(2) Schranken-Schranken
a) Verhältnismäßigkeitsgrundsatz
aa) Geeignetheit
bb) Erforderlichkeit
cc) Angemessenheit
b) Art. 36 S. 2 AEUV
3. Zwischenergebnis
V. Ergebnis

A. Sachverhalt[36]

Zu Beginn der sich weltweit verbreitenden und bis dato weitgehend unbekannten COVID 19-Pandemie herrschte in EU-Mitgliedstaat M eine Unterversorgung mit medizinischer Ausrüstung zum Schutz vor einer Corona-Infektion (v.a. Masken). Aus Sorge um die Gesundheit der Bevölkerung verhängte M ein zeitlich auf die Phase dieser Unterversorgung begrenztes Verbot, das den Export von medizinischer Corona-Schutzausrüstung untersagte. Durch dieses Ausfuhrverbot solle M zufolge ein Verbleib der im Inland befindlichen Ausrüstungsgegenstände sichergestellt werden, so dass die dortige Bevölkerung dem gesetzlich vorgeschriebenen Gebot zum Tragen von medizinischer Corona-Schutzausrüstung in Arztpraxen, im Einzelhandel, in öffentlichen Verkehrsmitteln etc. auch tatsächlich nachkommen

---

[36] Sachverhalt und Lösung sind *Deutscher Bundestag*, Vereinbarkeit mitgliedstaatlicher Ausfuhrbeschränkungen im Rahmen der Covid-19-Pandemie mit den Binnenmarktvorschriften der Europäischen Union (PE 6 - 3000 - 034/20), 2020; *Aust/Reglinski*, JuS 2021, S. 661 ff.; *Bäumler/Terhechte*, NJW 2020, S. 3481 ff.; *Klindworth*, Exportbeschränkung von persönlicher Schutzausrüstung im Pandemiefall – Rechtliche Einordnung im Mehrebenensystem und ökonomische Perspektive, 2021; *Schröder/Berger*, ZJS 2022, S. 210 ff. nachempfunden. Der Sachverhalt ist in modifizierter Fassung im WS 2022/23 vom Verfasser als Teil der Modulabschlussklausur „Europarecht" in den Bachelorstudiengängen „Wirtschaftsrecht" und „International Business Law and Business Management" am Fachbereich Wirtschaftsrecht der Westfälischen Hochschule ausgegeben worden.

könne. Dies, obgleich zum Zeitpunkt des Verbotserlasses die Pandemielage in M – im Gegensatz zu derjenigen in anderen EU-Mitgliedstaaten mit einer Vielzahl von coronabedingten Todesfällen – von Gesundheitsexperten einhellig als (noch) nicht gravierend eingestuft wurde. Allerdings verfügt M über keine eigenen Produktionskapazitäten für Corona-Schutzmaterialien und ist der Bau entsprechender Anlagen in absehbarer Zeit aufgrund der in M herrschenden Baustoffknappheit nicht realisierbar. Die anderen von M zur Pandemiebekämpfung bereits ergriffenen Maßnahmen wie Abstands- und Hygieneregeln, Kontaktbeschränkungen usw. haben sich nicht als zielführend erwiesen, um eine Ausbreitung des Coronavirus SARS-CoV-2 in M effektiv zu verhindern.

Jurist J ist der Ansicht, dass das von M in Kraft gesetzte Ausfuhrverbot gegen die europäischen Grundfreiheiten verstoße. Es sei unsolidarisch, in einer weltweiten Gesundheitskrise lediglich an seine eigene Bevölkerung zu denken. Dies zumal deshalb, weil es sich bei der vom Exportverbot erfassten medizinischen Corona-Schutzausrüstung nicht vollständig um aus dritten Ländern nach M eingeführte Gegenstände handelt, für die in M die Einfuhrförmlichkeiten erfüllt sowie die vorgeschriebenen Zölle und Abgaben gleicher Wirkung erhoben und nicht ganz oder teilweise rückvergütet worden sind, sondern die dem Verbot unterliegenden Ausrüstungsgegenstände im Übrigen gerade aus anderen EU-Mitgliedstaaten importiert wurden, wo sie zuvor produziert worden waren und bei ihrer Produktion keine aus Ländern oder Gebieten außerhalb des Zollgebiets der EU eingeführten Waren Verwendung gefunden haben. Vielmehr müssten daher zumindest Teile der medizinischen Corona-Schutzausrüstung für die Ausfuhr in andere EU-Mitgliedstaaten freigegeben werden.

Das von M in Bezug auf den Gesundheits- und Lebensschutz der inländischen Bevölkerung erstrebte Schutzniveau sei J zufolge übertrieben hoch; die übrigen EU-Mitgliedstaaten haben – was sachlich zutreffend ist – weniger strenge Vorschriften zur Eindämmung der COVID 19-Pandemie erlassen. Allenfalls dann, wenn sich das Pandemiegeschehen in M tatsächlich derart nachteilig entwickeln sollte, dass weite Teile der dortigen Bevölkerung an COVID 19 erkrankten, wäre ein Exportverbot für medizinische Corona-Schutzausrüstung gerechtfertigt. Den von M vorgebrachten Einwand, dass die medizinische Corona-Schutzausrüstung aufgrund ihrer essentiellen Bedeutung für den Lebens- und Gesundheitsschutz der einheimischen Bevölkerung schon nicht den Binnenmarktvorschriften mit ihrer rein ökonomischen Zielsetzung unterfalle, erachtet J für augenscheinlich haltlos.

<u>Aufgabe:</u>

Prüfen Sie gutachterlich, ob J – bezogen auf den Zeitpunkt des Erlasses des vorgenannten Verbots, zu dem ein „Corona“-Impfstoff noch nicht existierte – mit seiner Ansicht Recht hat! EU-Sekundärrecht und die Unionsgrundrechte sind nicht zu prüfen, Art. 58 Abs. 1 i.V.m. Art. 90 ff., Art. 100 Abs. 1 AEUV ist nicht anzuwenden. Eine Gefährdung der öffentlichen Sicherheit in M liegt nicht vor.

Bearbeitervermerk:

Es ist davon auszugehen, dass die Übertragung des Coronavirus SARS-CoV-2 hauptsächlich im Wege der Tröpfcheninfektion durch Einatmen entsprechender Partikel erfolgt, die von infizierten Personen beim Atmen, Husten, Niesen, Singen und Sprechen freigesetzt werden. Durch das Tragen von medizinischer Corona-Schutzausrüstung kann eine Ansteckung mit Krankheitserregern, die sich im Wege der Tröpfcheninfektion verbreiten, reduziert bzw. gar verhindert werden.

B. Lösungshinweise

J hat mit seiner Ansicht, dass das von M verhängte Exportverbot von medizinischer Corona-Schutzausrüstung gegen die europäischen Grundfreiheiten verstößt, Recht, wenn zumindest eine von diesen vorliegend anwendbar ist und ein nicht gerechtfertigter Eingriff in ihren Schutzbereich vorliegt. Im hiesigen Fall könnte dies in Bezug auf die unmittelbar anwendbare[37] Grundfreiheit des Art. 35 AEUV zutreffen.

I. Anwendbarkeit

Eine Grundfreiheit ist anwendbar, wenn die sich im konkreten Fall stellende Frage weder in einem wirksamen und abschließenden EU-Sekundärrechtsakt noch in speziellerem Primärrecht geregelt und auch keine Bereichsausnahme einschlägig ist.[38]

EU-Sekundärrecht[39] ist nach der Aufgabenstellung nicht zu prüfen. Die gegenüber Art. 35 AEUV jeweils spezielleren[40] primärrechtlichen Vorschriften des Art. 30 AEUV und des Art. 38 Abs. 2 i.V.m. Art. 39 bis 44 AEUV

---

[37] EuGH, Rs. 83/78, ECLI:EU:C:1978:214, Rn. 66 f. – *Pigs Marketing Board*; EuGH, Rs. C-47/90, ECLI:EU:C:1992:250, Rn. 28 – *Delhaize Frères; Streinz,* Europarecht, 11. Auflage 2019, Rn. 455, 880.

[38] *Wienbracke*, Grundwissen Europarecht, 1. Auflage 2018, S. 149 m.w.N.

[39] Hinweis: Siehe v.a. die Verordnung (EU) 2015/479 des Europäischen Parlaments und des Rates vom 11. März 2015 über eine gemeinsame Ausfuhrregelung (ABl. 2015 L 83, S. 34).

[40] *Wienbracke*, Grundwissen Europarecht, 1. Auflage 2018, S. 152 f. m.w.N. Hinweis: Die nach der Aufgabenstellung hier ohnehin nicht zu prüfenden Unionsgrundrechte stehen in Idealkonkurrenz zu den Grundfreiheiten, siehe *ders.*, a.a.O., S. 148 m.w.N.

betreffend tarifäre Handelshemmnisse (Zölle und Abgaben gleicher Wirkung) bzw. landwirtschaftliche Erzeugnisse im Sinne von Art. 38 Abs. 3 AEUV i.V.m. Anhang I sind hier ersichtlich nicht einschlägig. Dasselbe trifft schließlich auch auf die nur für „Waffen, Munition und Kriegsmaterial" geltende Bereichsausnahmevorschrift des Art. 346 Abs. 1 lit. b) AEUV zu.

Also ist Art. 35 AEUV vorliegend anwendbar.

II. Schutzbereich

Der Schutzbereich einer Grundfreiheit ist eröffnet, wenn die von dieser in persönlicher und sachlicher Hinsicht gestellten Anforderungen erfüllt sind.[41]

1. Persönlicher Schutzbereich

Der gem. Art. 28 Abs. 2 AEUV allein auf Waren, d.h. Objekte, bezogene Art. 35 AEUV enthält in persönlicher Hinsicht keinerlei Einschränkungen.[42]

2. Sachlicher Schutzbereich

a) Schutzgut

Voraussetzung für die Eröffnung des sachlichen Schutzbereichs von Art. 35 AEUV ist zunächst, dass der konkrete Sachverhalt vom Schutzgut dieser Grundfreiheit erfasst wird. Schutzgut von Art. 35 AEUV[43] sind nach Art. 28 Abs. 2 AEUV die aus den Mitgliedstaaten stammenden Waren sowie diejenigen Waren aus dritten Ländern, die sich in den Mitgliedstaaten im freien Verkehr befinden.[44]

aa) Waren

„Waren" im Sinne von Art. 28 Abs. 2 AEUV sind Erzeugnisse, die einen Geldwert haben und deshalb Gegenstand von Handelsgeschäften sein können.[45]

---

[41] *Wienbracke*, Grundwissen Europarecht, 1. Aufl. 2018, S. 157. Hinweis: Vorliegend besteht kein Anlass dazu, auch den räumlichen und zeitlichen Schutzbereich von Art. 35 AEUV zu thematisieren (dazu vgl. jeweils *ders.*, a.a.O., S. 157, 181 ff. m.w.N.).

[42] *Wienbracke*, Grundwissen Europarecht, 1. Auflage 2018, S. 158 f. m.w.N.

[43] Hinweis: Art. 35 AEUV ist in dem in Art. 28 Abs. 2 AEUV genannten „Kapitel 3 dieses Titels [II]" verortet, siehe die amtliche Überschrift vor Art. 34 AEUV.

[44] Zum Ganzen siehe *Wienbracke*, Grundwissen Europarecht, 1. Auflage 2018, S. 163 f. m.w.N.

[45] EuGH, Rs. 7/68, ECLI:EU:C:1968:51, S. 642 – *Kommission/Italien*; *Epiney*, in: Bieber/Epiney/Haag/Kotzur, Europarecht, 15. Auflage 2023, Rn. 6.

Angesichts dieser weiten Auslegung des Begriffs „Waren", dem beispielsweise auch Arzneimittel unterfallen,[46] liegen die vorgenannten Voraussetzungen in Bezug auf die vom hiesigen Exportverbot erfassten körperlichen, geldwerten und handelbaren Gegenstände „medizinische Corona-Schutzausrüstung" ohne Weiteres vor.[47]

Abweichendes ergibt sich auch nicht etwa daraus, dass diese Ausrüstungsgegenstände für den Schutz der Bevölkerung von M vor einer Ansteckung mit dem Coronavirus SARS-CoV-2 von besonderer Bedeutung sind. Dass ebenfalls solche Waren – entgegen dem Vorbringen von M – richtigerweise nicht von vornherein vom Anwendungsbereich der Art. 28 ff. AEUV ausgenommen sind, folgt im Umkehrschluss (argumentum e contrario) aus Art. 36 AEUV.[48] Nach Satz 1 dieser Vorschrift ist das von M vorgebrachte Argument des Schutzes der Gesundheit und des Lebens von Menschen erst auf der Ebene der Eingriffsrechtfertigung – und damit gerade nicht bereits auf derjenigen des Schutzbereichs – relevant.[49]

bb) Anforderungen an die Warenherkunft

(1) Unionswaren

Im Sinne von Art. 28 Abs. 2 AEUV stammt eine (sog. Unions-)Ware u.a. dann aus einem EU-Mitgliedstaat, wenn sie im Zollgebiet der Union vollständig gewonnen oder hergestellt wurde und bei ihrer Herstellung keine aus Ländern oder Gebieten außerhalb des Zollgebiets der Union eingeführten Waren verwendet wurden.[50]

Dies trifft insoweit auf die dem Exportverbot unterfallende medizinische Corona-Schutzausrüstung zu, als diese aus anderen EU-Mitgliedstaaten

---

[46] EuGH, Rs. C-120/95, ECLI:EU:C:1998:167, Rn. 24 – *Decker*; EuGH, Rs. C-296/15, ECLI:EU:C:2017:431, Rn. 53 – *Medisanus*; *Jochum*, Europarecht, 3. Auflage 2018, Rn. 880.

[47] Vgl. *Aust/Reglinski*, JuS 2021, S. 661 (662); *Klindworth*, Exportbeschränkung von persönlicher Schutzausrüstung im Pandemiefall – Rechtliche Einordnung im Mehrebenensystem und ökonomische Perspektive, 2021, S. 9 m.w.N.

[48] Vgl. EuGH, Rs. 72/83, ECLI:EU:C:1984:256, Rn. 17 – *Campus Oil*; EuGH, Rs. C-141/07, ECLI:EU:C:2008:492, Rn. 21 ff. – *Kommission/Deutschland*; *Frenz*, Handbuch Europarecht, Band 1, 2. Auflage 2012, Rn. 869.

[49] Vgl. GA *Saugmandsgaard Øe*, Rs. C-296/15, ECLI:EU:C:2016:922, Rn. 65 – *Medisanus*.

[50] *Wienbracke*, Grundwissen Europarecht, 1. Auflage 2018. S. 165 m.w.N. und unter Hinweis auf den sekundärrechtlichen Art. 5 Nr. 23 UZK, der als Auslegungshilfe auch auf der primärrechtlichen Ebene des Art. 28 Abs. 2 AEUV herangezogen werden kann.

importiert wurde, wo sie zuvor produziert worden war und bei ihrer Produktion keine aus Ländern oder Gebieten außerhalb des Zollgebiets der EU eingeführte Waren Verwendung gefunden haben.

Im vorgenannten Umfang handelt es sich bei der hier in Rede stehenden medizinischen Corona-Schutzausrüstung somit um aus den Mitgliedstaaten stammende Waren.

(2) Drittlandswaren

Nach Art. 29 AEUV gelten Waren aus dritten Ländern dann als im Sinne von Art. 28 Abs. 2 AEUV im freien Verkehr eines Mitgliedstaats befindlich, wenn für sie im betreffenden Mitgliedstaat die Einfuhrförmlichkeiten erfüllt sowie die vorgeschriebenen Zölle und Abgaben gleicher Wirkung erhoben und nicht ganz oder teilweise rückvergütet worden sind.

Soweit die dem Exportverbot unterliegende medizinische Corona-Schutzausrüstung nicht als Unionsware zu qualifizieren ist (s.o. B.II.2.a)bb)(1)), sondern im Übrigen aus dritten Ländern nach M eingeführt wurde, sind hierfür in M die Einfuhrförmlichkeiten erfüllt sowie die vorgeschriebenen Zölle und Abgaben gleicher Wirkung erhoben und nicht ganz oder teilweise rückvergütet worden.

Folglich befindet sich die in M vorhandene medizinische Corona-Schutzausrüstung insoweit, als es sich bei ihr um Waren aus dritten Ländern handelt, in den Mitgliedstaaten im freien Verkehr.

(3) Zwischenergebnis

Die vom Exportverbot betroffene medizinische Corona-Schutzausrüstung erfüllt insgesamt die sich aus Art. 28 Abs. 2 AEUV ergebenden Anforderungen an die Warenherkunft.

b) Grenzüberschreitender Sachverhalt

Nach dem ausdrücklichen Wortlaut von Art. 35 AEUV werden von dieser Vorschrift nur grenzüberschreitende Sachverhalte „zwischen den Mitgliedstaaten“ erfasst. Der hierdurch zum Ausdruck kommende notwendige Bezug zum EU-Recht ist bei der Produktverkehrsfreiheit des Art. 35 AEUV bereits dann zu bejahen, wenn die bloße Möglichkeit des Verbringens der Ware in einen anderen Mitgliedstaat besteht.[51]

Gegenstand des hiesigen Falls ist das Verbot des Exports von medizinischer Corona-Schutzausrüstung aus dem EU-Mitgliedstaat M. In Ermangelung einer weitergehenden Differenzierung unterfällt dieser umfassenden Regelung nicht nur die Ausfuhr derartiger Ausrüstungsgegenstände in Dritt-

---

[51] *Wienbracke*, Grundwissen Europarecht, 1. Auflage 2018, S. 165 m.w.N.

staaten,[52] sondern ebenfalls deren Export in andere EU-Mitgliedstaaten. Im letztgenannten Umfang handelt es sich mithin um einen – zumindest potentiell – EU-binnengrenzüberschreitenden Sachverhalt, d.h. um einen solchen „zwischen den Mitgliedstaaten“ im Sinne von Art. 35 AEUV.

c) Abgrenzung zur Dienstleistungsfreiheit

Das Verbot des Exports von medizinischer Corona-Schutzausrüstung, d.h. die Lieferung dieser Ware aus dem Inland in einen anderen Staat,[53] betrifft nicht nur diese Gegenstände selbst, sondern ebenfalls den Vorgang ihrer Verbringung ins Ausland. Bei Letzterem könnte es sich um eine Dienstleistung im Sinne von Art. 57 Abs. 1 AEUV handeln und damit das von M verhängte Exportverbot gegen Art. 56 Abs. 1 AEUV verstoßen.[54] Die Sonderregelungen des Art. 58 Abs. 1 i.V.m. Art. 90 ff. AEUV betreffend den freien Dienstleistungsverkehr auf dem Gebiet des (Eisenbahn-, Straßen- und Binnenschiffs-)Verkehrs im Sinne von Art. 100 Abs. 1 AEUV sind nach der Aufgabenstellung vorliegend nicht anzuwenden.

Dies wirft die Frage nach dem Konkurrenzverhältnis von Art. 35 AEUV zu Art. 56 Abs. 1 AEUV auf. Lässt sich derselbe grenzüberschreitende Sachverhalt nicht nur dem Schutzgut einer, sondern gleichzeitig mehrerer Grundfreiheiten zuordnen, so sind diese an sich nebeneinander zu prüfen.[55] Abweichendes könnte sich allerdings aus Art. 57 Abs. 1 AEUV ergeben, sofern diese Vorschrift als Subsidiaritätsklausel zu interpretieren sein sollte.[56] Danach wäre die Dienstleistungsfreiheit subsidiär und vorrangig die Warenverkehrsfreiheit zu prüfen,[57] hier also Art. 35 AEUV.

Fasst man Art. 57 Abs. 1 AEUV hingegen nicht im vorstehenden Sinn, sondern vielmehr als Definition des Begriffs „Dienstleistung“ auf,[58] so ist hier-

---

[52] Hinweis: Dazu siehe Art. 206 f. AEUV, siehe *Bäumler/Terhechte*, NJW 2020, S. 3481 (3483).

[53] Vgl. etwa aus Sicht des deutschen Rechts § 2 Abs. 3 Nr. 1 AWG.

[54] Vgl. auch *Klindworth*, Exportbeschränkung von persönlicher Schutzausrüstung im Pandemiefall – Rechtliche Einordnung im Mehrebenensystem und ökonomische Perspektive, 2021, S. 13; *Kühling/Weiß*, ZJS 2022, S. 54 (56).

[55] *Wienbracke*, Grundwissen Europarecht, 1. Auflage 2018, S. 176 m.w.N.

[56] So *Hobe/Fremuth*, Europarecht, 10. Auflage 2020, § 19 Rn. 8; *Kingreen*, in: Calliess/Ruffert, EUV/AEUV, 6. Auflage 2022, Art. 36 AEUV Rn. 124.

[57] So *Becker*, in: Schwarze/Becker/Hatje/Schoo, EU-Kommentar, 1. Auflage 2018, Art. 34 AEUV Rn. 24.

[58] So EuGH, Rs C-452/04, ECLI:EU:C:2006:631 Rn. 31 f. – *Fidium Finanz*. A.A. *Schröder*, Europarecht, 6. Auflage 2019, Rn. 144.

nach trotz Vorliegens der begrifflichen Voraussetzungen des Schutzguts einer Grundfreiheit (wie der Warenverkehrsfreiheit) deren sachlicher Schutzbereich dann nicht als eröffnet anzusehen, wenn der wirtschaftliche Schwerpunkt der betreffenden Tätigkeit eindeutig einer anderen Grundfreiheit (z.B. der Dienstleistungsfreiheit) zuzuordnen ist.[59] Unter Zugrundelegung dieser Sichtweise ist der schlichte Transport einer Ware allein an der Warenverkehrsfreiheit zu messen;[60] ihre Lieferung hat dann lediglich eine „Hilfsfunktion".[61] Umgekehrt kann sich dieser Grundfreiheit gegenüber die Dienstleistungsfreiheit namentlich dann einmal als vorrangig erweisen, wenn die Warenbewegung bloß einen unselbstständigen „Annex" zu einer übergeordneten Dienstleistungstätigkeit darstellt.[62] An Letzterer fehlt es hier allerdings völlig, geht es vorliegend doch einzig und unmittelbar um die Ware „medizinische Corona-Schutzausrüstung" selbst.

Nach beiden Auffassungen ist grundfreiheitlicher Prüfungsmaßstab im hiesigen Fall daher Art. 35 AEUV.[63]

d) Gewährleistungsumfang

Des Weiteren müsste ein von Art. 35 AEUV geschütztes Verhalten vorliegen.[64]

Art. 35 AEUV verbietet mengenmäßige Ausfuhrbeschränkungen, d.h. Marktaustrittsbarrieren.[65] Von dieser Vorschrift geschützt wird mithin die

---

[59] Vgl. EuGH, Rs. C-275/92, ECLI:EU:C:1994:119, Rn. 22 ff. – *Schindler*; EuGH, Rs. C-222/18, ECLI:EU:C:2019:751, Rn. 58 – *VIPA* m.w.N. und siehe *Wienbracke*, Grundwissen Europarecht, S. 176 f. m.w.N.

[60] Vgl. EuGH, Rs. C-112/00, ECLI:EU:C:2003:333, Rn. 51 ff. – *Schmidtberger*; *Kommission*, Leitfaden zu den Artikeln 34-36 des Vertrags über die Arbeitsweise der Europäischen Union (AEUV), C 100/38, S. 78; *Becker*, in: Schwarze/Becker/Hatje/Schoo, EU-Kommentar, 4. Auflage 2019, Art. 34 AEUV Rn. 24; *Fischer/Fetzer*, Europarecht, 12. Auflage 2019, Rn. 474; *Seyr*, in: Lenz/Borchardt, EU-Verträge Kommentar, 6. Auflage 2012, Art. 56, 57 Rn. 8.

[61] *Kühling/Weiß*, ZJS 2022, S. 54 (56) m.w.N.

[62] *Haltern*, in: Pechstein/Nowak/Häde, Frankfurter Kommentar EUV/GRC/AEUV, 1. Auflage 2017, Art. 34 AEUV Rn. 9; *Kamann*, in: Streinz, EUV/AEUV, 3. Auflage 2018, Art. 28 AEUV Rn. 19.

[63] Hinweis: Da beide Auffassungen im konkreten Fall zum selben Ergebnis gelangen, erübrigt sich in diesem eine Streitentscheidung zwischen ihnen, vgl. *Wienbracke*, VR 2020, S. 361 (363).

[64] Vgl. *Wienbracke*, Grundwissen Europarecht, 1. Auflage 2018, S. 177 m.w.N.

[65] *Brigola*, in: Dauses/Ludwigs, Handbuch des EU-Wirtschaftsrechts, Werkstand: 57. EL August 2022, C.I. Rn. 336.

Marktausgangsfreiheit.[66]

Vorliegend in Rede steht gerade der Export von Waren aus M heraus. Der Gewährleistungsumfang von Art. 35 AEUV ist damit betroffen.

e) Zwischenergebnis

Der sachliche Schutzbereich von Art. 35 AEUV ist eröffnet.

III. Eingriff

Ein Eingriff in den Schutzbereich einer Grundfreiheit liegt vor, wenn ein durch diese Verpflichteter – dies sind neben der EU und ggf. Privaten (str.) gem. Art. 52 Abs. 1 EUV vorranging die an die Verträge, d.h. den EUV und den AEUV (Art. 1 Abs. 3 S. 1 EUV), gebundenen EU-Mitgliedstaaten – ihren Schutzbereich beschränkt oder eine danach verbotene Diskriminierung vornimmt.[67]

Art. 35 AEUV verbietet u.a. „[m]engenmäßige Ausfuhrbeschränkungen". Die sich allein auf den Handel zwischen den EU-Mitgliedstaaten beziehende „Ausfuhr"[68] von Waren (s.o. B.II.2.b)) ist dann „mengenmäßig" beschränkt, wenn sie nach Menge, Wert oder Zeitraum quantitativ begrenzt wird[69] – sei es teilweise (Kontingent) oder vollständig[70] (Null-Kontingent[71] bzw. Ausfuhrverbot[72],

---

[66] *Kotzur/Schiefelbein*, in: Geiger/Khan/Kotzur/Kirchmair, EUV/AEUV, 7. Auflage 2023, Art. 35 AEUV Rn. 1.

[67] *Wienbracke*, Grundwissen Europarecht, 1. Auflage 2018, S. 183 ff. m.w.N.

[68] *Kommission*, Leitfaden zu den Artikeln 34-36 des Vertrags über die Arbeitsweise der Europäischen Union (AEUV), C 100/38, S. 64; *Müller-Graff*, in: von der Groeben/Schwarze/Hatje, Europäisches Unionsrecht, 7. Auflage 2015, Art. 35 AEUV Rn. 8.

[69] *Haltern/Janson*, in: Pechstein/Nowak/Häde, Frankfurter Kommentar EUV/GRC/AEUV, 1. Auflage 2017, Art. 35 AEUV Rn. 7.

[70] *Becker*, in: Schwarze/Becker/Hatje/Schoo, EU-Kommentar, 4. Aufl. 2019, Art. 35 AEUV Rn. 7; *Kingreen*, in: Calliess/Ruffert, EUV/AEUV, 6. Auflage 2022, Art. 36 AEUV Rn. 128; *Leible/T. Streinz*, in: Grabitz/Hilf/Nettesheim, Das Recht der Europäischen Union, Werkstand: 78. EL Januar 2023, Art. 35 AEUV Rn. 5.

[71] *Haltern/Janson*, in: Pechstein/Nowak/Häde, Frankfurter Kommentar EUV/GRC/AEUV, 1. Auflage 2017, Art. 35 AEUV Rn. 7.

[72] EuGH, Rs. 7/78, ECLI:EU:C:1978:209, Rn. 32/34 – *Thompson*; EuGH, Rs C-118/86, ECLI:EU:C:1987:424, Rn. 16 – *Nertsvoederfabriek*; EuGH, Rs. C-1/96, ECLI:EU:C:1998:113, Rn. 39 – *World Farming*; *Deutscher Bundestag*, Vereinbarkeit mitgliedstaatlicher Ausfuhrbeschränkungen im Rahmen der Covid-

vgl. auch Art. 36 S. 1 AEUV).[73]

Hier hat der EU-Mitgliedstaat M ein für den Zeitraum seiner Unterversorgung mit medizinischer Corona-Schutzausrüstung vollständiges – und damit ebenfalls den Handel zwischen M und anderen EU-Mitgliedstaaten betreffendes (s.o. B.II.2.b)) – Exportverbot[74] für diese Waren erlassen.

Also liegt eine mengenmäßige Ausfuhrbeschränkung im Sinne von Art. 35 AEUV vor.

IV. Rechtfertigung

Der Eingriff könnte jedoch gerechtfertigt sein. Dafür müsste er von einer Grundfreiheitenschranke getragen werden und die beim Gebrauchmachen vom betreffenden Rechtfertigungsgrund ihrerseits zu beachtenden Einschränkungen (Schranken-Schranken) gewahrt sein.[75]

1. Schranken

a) Geschriebene Schranken

Zur Rechtfertigung des vorliegenden Ausfuhrverbots kommen die in Art. 36 S. 1 AEUV ausdrücklich genannten Gründe des Schutzes der Gesundheit und des Lebens von Menschen in Betracht. EU-Sekundärrecht, das bei abschließendem Charakter Sperrwirkung gegenüber der Anwendbarkeit von Art. 36 AEUV im betreffenden Sachbereich entfalten würde,[76] ist laut Aufgabenstellung nicht zur prüfen. Dieser zufolge liegt der weitere in Art. 36 S. 1 AEUV genannte Rechtfertigungsgrund der Gefährdung der öffentlichen Sicherheit in M, welche die Existenzgefährdung eines Mitgliedstaats

---

19-Pandemie mit den Binnenmarktvorschriften der Europäischen Union (PE 6 - 3000 - 034/20), 2020, S. 5 m.w.N. u.a. aus dem Schrifttum.

[73] Vgl. EuGH, Rs. 2/73, ECLI:EU:C:1973:89, Rn. 7 – *Geddo*.

[74] Hinweis: Als Grundlage hierfür käme aus Sicht des deutschen Rechts namentlich § 4 Abs. 1 Nr. 5 AWG in Betracht, vgl. BT-Drs. 17/11127, S. 22 und siehe *Bäumler/Terhechte*, NJW 2020, S. 3481 (3482).

[75] *Wienbracke*, Grundwissen Europarecht, 1. Auflage 2018, S. 201 m.w.N.

[76] Vgl. *Kommission*, Leitfaden zu den Artikeln 34-36 des Vertrags über die Arbeitsweise der Europäischen Union (AEUV), C 100/38, S. 66; *Klindworth*, Exportbeschränkung von persönlicher Schutzausrüstung im Pandemiefall – Rechtliche Einordnung im Mehrebenensystem und ökonomische Perspektive, 2021, S. 10; *W. Schroeder*, in: Streinz, EUV/AEUV, 3. Auflage 2018, Art. 36 AEUV Rn. 5 m.w.N. aus der EuGH-Rechtsprechung.

voraussetzt[77] (z.B. infolge eines Zusammenbruchs des öffentlichen Gesundheitssystems[78]), nicht vor.

Aufgrund der Höherrangigkeit des EU-Rechts gegenüber dem nationalen Recht der Mitgliedstaaten ist der Begriff „Gesundheit und Leben von Menschen" im Sinne von Art. 36 S. 1 AEUV nicht etwa nach Maßgabe des jeweiligen mitgliedstaatlichen Verständnisses, sondern vielmehr unionsrechtsautonom auszulegen – und zwar als Ausnahmen vom Grundsatz des freien Warenverkehrs nach allgemeiner juristischer Methodik restriktiv.[79] Dabei obliegt es nach allgemeinen Grundsätzen dem sich auf Art. 36 S. 1 AEUV jeweils berufenden Mitgliedstaat, die hiernach zur Rechtfertigung der getroffenen Maßnahmen notwendigen Umstände darzulegen und zu beweisen.[80]

aa) Mitgliedstaatlicher Spielraum / Vorsorgeprinzip

Nähere Vorgaben zum Rechtfertigungsgrund „Schutz der Gesundheit und des Lebens von Menschen" macht das Primärrecht nicht.[81] Insoweit, wie vorliegend auch keine sekundärrechtliche Harmonisierung erfolgt ist (s.o. B.IV.1.a)),[82] ist es nach ständiger EuGH-Rechtsprechung vielmehr Sache der Mitgliedstaaten zu bestimmen, auf welchem Niveau sie den Schutz der Gesundheit ihrer Bevölkerung gewährleisten wollen und auf welche Art und Weise dieses Niveau erreicht werden soll. Weil dieses Niveau von einem Mitgliedstaat zum anderen variieren kann, ist den Mitgliedstaaten insofern ein Wertungsspielraum zuzuerkennen.[83]

---

[77] *Wienbracke*, Grundwissen Europarecht, 1. Auflage 2018, S. 202 m.w.N.

[78] Vgl. *Aust/Reglinski*, JuS 2021, S. 661 (664); *Klindworth*, Exportbeschränkung von persönlicher Schutzausrüstung im Pandemiefall – Rechtliche Einordnung im Mehrebenensystem und ökonomische Perspektive, 2021, S. 12 f.; *Schröder/Berger*, ZJS 2022, S. 210 (213).

[79] *Wienbracke*, Grundwissen Europarecht, 1. Auflage 2018, S. 202 m.w.N.

[80] *Kotzur/Schiefelbein*, in: Geiger/Khan/Kotzur/Kirchmair, EUV/AEUV, 7. Auflage 2023, Art. 36 AEUV Rn. 4; *Leible/T. Streinz*, in: Grabitz/Hilf/Nettesheim, Das Recht der Europäischen Union, Werkstand: 78. EL Januar 2023, Art. 35 AEUV Rn. 6 m.w.N. aus der EuGH-Rechtsprechung.

[81] Vgl. *Klindworth*, Exportbeschränkung von persönlicher Schutzausrüstung im Pandemiefall – Rechtliche Einordnung im Mehrebenensystem und ökonomische Perspektive, 2021, S. 10; *Müller-Graff*, in: von der Groeben/Schwarze/Hatje, Europäisches Unionsrecht, 7. Auflage 2015, Art. 36 AEUV Rn. 58.

[82] Dazu siehe EuGH, Rs. 178/84, ECLI:EU:C:1987:126, Rn. 41 – *de Peijper*; *Oppermann/Classen/Nettesheim*, Europarecht, 9. Auflage2021, § 22 Rn. 6.

[83] Zum Ganzen siehe EuGH, Rs. C-222/18, ECLI:EU:C:2019:751, Rn. 71 – *VIPA* m.w.N.

Zum Zeitpunkt des Erlasses des Exportverbots für medizinische Corona-Schutzausrüstung durch M grassierte auch in diesem Mitgliedstaat die COVID 19-Pandemie. Bekanntermaßen kann eine Infektion mit dem Coronavirus SARS-CoV-2 etwa zu Fieber, Husten, Lungenentzündung und Müdigkeit bzw. bei schwerem Verlauf auch bis zum Tod führen. Eine Gefahr sowohl für die Gesundheit als auch für das Leben von Menschen lag daher vor.

Abweichendes ergibt sich auch nicht etwa daraus, dass die Pandemielage in M bei Verbotserlass von Experten einhellig als noch nicht schwerwiegend eingestuft wurde. Das Niveau, auf dem ein Mitgliedstaat die Gesundheit und das Leben seiner Bevölkerung zu schützen beabsichtigt, legt dieser nach dem Vorstehenden vielmehr selbst fest. Insbesondere gesteht der EuGH es den Mitgliedstaaten zu, bei Unsicherheiten im Hinblick auf den Umfang tatsächlicher – hier aus anderen Mitgliedstaaten bekannten – Gefahren für die öffentliche Gesundheit nach dem Vorsorgeprinzip beschränkende Schutzmaßnahmen zu treffen, ohne zunächst abwarten zu müssen, bis die Größe dieser Gefahr klar dargelegt ist.[84]

Dass M hier frühzeitig tätig geworden ist, m.a.W. ein hohes Schutzniveau erstrebt, ist von dessen diesbezüglichem Spielraum folglich abgedeckt.

bb) „Warenspezifische" Gefahr?

Allerdings wird mitunter verlangt, dass die mit dem Eingriff in die Warenverkehrsfreiheit zu bekämpfen beabsichtigte Gefahr für die Gesundheit und das Leben von Menschen unmittelbar von der im Handelsverkehr befindlichen Waren selbst verursacht wird bzw. werden kann.[85] Vorliegend geht von der vom Exportverbot betroffenen medizinischen Corona-Schutzausrüstung keine Gesundheits- oder Lebensgefahr aus. Vielmehr hat M deren Ausfuhr im Gegenteil gerade deshalb untersagt, damit sie im Inland zur Verfügung steht und zum Schutz der dortigen Bevölkerung vor einer Ansteckung mit dem gesundheitsschädigenden bzw. lebensbedrohenden Coronavirus SARS-CoV-2 verwendet werden kann. Unter Zugrundelegung der vorstehenden Auffassung wäre dieser Eingriff in Art. 35 AEUV daher nicht durch den Schutz der Gesundheit und des Lebens von Menschen nach Art. 36 S. 1 AEUV gerechtfertigt.

---

[84] Zum Ganzen siehe EuGH, Rs. C-192/01, ECLI:EU:C:2003:492, Rn. 46 ff. – *Kommission/Dänemark*; EuGH, Rs. C-41/02, ECLI:EU:C:2004:762, Rn. 47 ff. – *Kommission/Niederlande*; EuGH, Rs. C-95/01, ECLI:EU:C:2004:71, Rn. 40 ff. – *Greenham*, jeweils m.w.N.; *Fischer/Fetzer*, Europarecht, 12. Auflage 2019, Rn. 493.

[85] So *Becker*, in: Schwarze/Becker/Hatje/Schoo, EU-Kommentar, 4. Auflage 2019, Art. 36 AEUV Rn. 15; *Frenz*, Handbuch Europarecht, Band 1, 2. Auflage 2012, Rn. 1112.

Nach anderer Ansicht sei Art. 36 S. 1 AEUV hingegen nicht derart „warenspezifisch“[86] auszulegen. Vielmehr kann nach dieser Sichtweise die Ausfuhr von jedweder Ware unterbunden werden, solange dies – und sei es auch nur mittelbar – dem Schutz der Gesundheit und des Lebens von Menschen dient.[87] Wie vorstehend aufgezeigt, ist dies hier der Fall. Danach vermag sich M mithin ohne Weiteres auf diesen Rechtfertigungsgrund zu berufen.

Gegen die erstgenannte Meinung spricht, dass nach dieser der Rechtfertigungsgrund „Gesundheitsschutz“ im Ergebnis ausschließlich zum Schutz der Gesundheit und des Lebens von Menschen außerhalb des jeweils eigenen Staatsgebiets geltend gemacht werden kann. Eine derartige Restriktion ergibt sich jedoch weder aus dem Wortlaut von Art. 36 S. 1 AEUV noch entspräche sie der mit dieser Bestimmung verfolgten Schutzrichtung, die sich primär auf das Territorium des jeweiligen Mitgliedstaats bezieht.[88] Demgemäß hat denn auch der EuGH entschieden, dass das Erfordernis, die Versorgung des Landes für wichtige medizinische Zwecke sicherzustellen, eine Behinderung des innergemeinschaftlichen Handelsverkehrs – etwa wie hier nach Art. 35 AEUV[89] – unter dem Aspekt des Schutzes der Gesundheit und des Lebens von Menschen nach Art. 36 S. 1 AEUV zu rechtfertigen vermag.[90]

Also ist der an zweiter Stelle erwähnten Ansicht zu folgen und der vorgenannte Schutzgrund hier einschlägig.

b) Ungeschriebene Schranken

Neben den geschriebenen Rechtfertigungsgründen des Art. 36 S. 1 AEUV hat der EuGH in seinem *Cassis de Dijon*-Urteil[91] mit den zwingenden Gründen des Gemeinwohls eine weitere Kategorie von (ungeschriebenen) Recht-

---

[86] *Bäumler/Terhechte*, NJW 2020, S. 3481 (3482).

[87] Zum Ganzen siehe *Deutscher Bundestag*, Vereinbarkeit mitgliedstaatlicher Ausfuhrbeschränkungen im Rahmen der Covid-19-Pandemie mit den Binnenmarktvorschriften der Europäischen Union (PE 6 - 3000 - 034/20), 2020, S. 7; *Bäumler/Terhechte*, NJW 2020, S. 3481 (3482). Vgl. auch *Klindworth*, Exportbeschränkung von persönlicher Schutzausrüstung im Pandemiefall – Rechtliche Einordnung im Mehrebenensystem und ökonomische Perspektive, 2021, S. 10 f.

[88] Zum Ganzen siehe *Aust/Reglinski*, JuS 2021, S. 661 (663); *Bäumler/Terhechte*, NJW 2020, S. 3481 (3482); *Epiney*, in: Ehlers, Europäische Grundrechte und Grundfreiheiten, 4. Auflage 2014, § 8 Rn. 78.

[89] Vgl. EuGH, Rs. C-222/18, ECLI:EU:C:2019:751, Rn. 66, 68 – *VIPA*.

[90] EuGH, Rs. C-324/93, ECLI:EU:C:1995:84, Rn. 37 – *Evans Medical und Macfarlan Smith*; EuGH, Rs. C-148/15, ECLI:EU:C:2016:776, Rn. 31 – *Deutsche Parkinson Vereinigung*.

[91] EuGH, Rs. 120/78, ECLI:EU:C:1979:42, Rn. 8 – *Cassis de Dijon*.

fertigungsgründen anerkannt, die jedenfalls auf unterschiedslose Beschränkungen und (str.) indirekte bzw. versteckte Diskriminierungen Anwendung finden, nicht dagegen auf direkte bzw. offene.[92]

Als derartige Allgemeininteressen, mit denen auch Eingriffe nach Art. 35 AEUV legitimiert werden können,[93] anerkannt sind insbesondere die öffentliche Ordnung, Sicherheit und Gesundheit, die Erhaltung des finanziellen Gleichgewichts der Systeme der sozialen Sicherung, der Schutz der Verbraucher, der Dienstleistungsempfänger und der Arbeitnehmer, die Lauterkeit des Handelsverkehrs, die Betrugsbekämpfung, der Schutz der Umwelt und der Tiere, das geistige Eigentum, die Erhaltung des nationalen historischen und künstlerischen Erbes, Ziele der Sozialpolitik und der Kulturpolitik sowie ferner die Wirksamkeit der steuerlichen Kontrollen, die Kohärenz der nationalen Steuerregelungen und die Verhinderung von Steuerflucht/-missbrauch/-umgehung. Während zum Teil hierzu ferner noch die – nach der Aufgabenstellung vorliegend freilich nicht zu prüfenden – Unionsgrundrechte gehörten bzw. diese nach anderer Auffassung eine eigene Rechtfertigungskategorie darstellten, vermag ein Grundfreiheiteneingriff dagegen niemals durch rein wirtschaftliche Gründe gerechtfertigt zu werden.[94]

Von den vorgenannten zwingenden Gemeinwohlerfordernissen kommt hier allein derjenige der öffentlichen Gesundheit in Betracht (s.o. B.IV.1.a)). Soweit – wie vorliegend der Fall – die betreffende Eingriffsmaßnahme allerdings bereits durch den in Art. 36 S. 1 AEUV explizit genannten Rechtfertigungsgrund des Schutzes der Gesundheit und des Lebens von Menschen getragen wird (s.o. B.IV.1.a)), haben die Belange der öffentlichen Gesundheit im Sinne der *Cassis de Dijon*-Rechtsprechung daneben keine eigenständige Bedeutung.[95]

2. Schranken-Schranken

Beim Gebrauchmachen vom Rechtfertigungsgrund des Art. 36 S. 1 AEUV

---

[92] *Wienbracke*, Grundwissen Europarecht, 1. Auflage 2018, S. 205 ff. m.w.N.

[93] EuGH, Rs. C-205/07, ECLI:EU:C:2008:730, Rn. 45 – *Gysbrechts*; EuGH, Rs. C-15/15, ECLI:EU:C:2016:464, Rn. 47, 48 ff. – *New Valmar*; *Leible/T. Streinz*, in: Grabitz/Hilf/Nettesheim, Das Recht der Europäischen Union, Werkstand: 78. EL Januar 2023, Art. 36 AEUV Rn. 18.

[94] Zum Ganzen siehe *Wienbracke*, Grundwissen Europarecht, 1. Auflage 2018, S. 205 ff. m.w.N.

[95] Vgl. EuGH, Rs. C-1/90, ECLI:EU:C:1991:327, Rn. 13 – *Aragonesa de Publicidad Exterior*; *Deutscher Bundestag*, Vereinbarkeit mitgliedstaatlicher Ausfuhrbeschränkungen im Rahmen der Covid-19-Pandemie mit den Binnenmarktvorschriften der Europäischen Union (PE 6 - 3000 - 034/20), 2020, S. 7 (Fn. 16); *Frenz*, Handbuch Europarecht, Band 1, 2. Auflage 2012, Rn. 1161; *Schröder/Berger*, ZJS 2022, S. 210 (213).

unterliegt der sich hierauf berufende Mitgliedstaat seinerseits den sich aus dem Verhältnismäßigkeitsgrundsatz und aus Art. 36 S. 2 AEUV ergebenden Einschränkungen.[96]

a) Verhältnismäßigkeitsgrundsatz

Um den Anforderungen des unionsrechtlichen Verhältnismäßigkeitsgrundsatzes zu genügen, muss die Eingriffsmaßnahme dazu geeignet, erforderlich und angemessen sein, das mit ihr in unionsrechtlich legitimer Weise verfolgte Ziel zu erreichen. Dabei liegt die Beweislast für das Vorliegen dieser Voraussetzungen bei dem Mitgliedstaat, von dem der betreffende Grundfreiheiteneingriff ausgeht.[97]

aa) Geeignetheit

Die Geeignetheit ist zu bejahen, wenn sich die eingesetzte Maßnahme als tauglich dazu erweist, das mit ihr verfolge Ziel in kohärenter und systematischer Weise zu erreichen.[98]

Nach dem Bearbeitervermerk ist davon auszugehen, dass die Übertragung des Coronavirus SARS-CoV-2 hauptsächlich im Wege der Tröpfcheninfektion durch Einatmen entsprechender Partikel erfolgt, die von infizierten Personen beim Atmen, Husten, Niesen, Singen und Sprechen freigesetzt werden, und dass eine Ansteckung mit Krankheitserregern im Wege der Tröpfcheninfektion durch das Tragen von medizinischer Corona-Schutzausrüstung reduziert bzw. gar verhindert werden kann. Wird der Export derartiger Ausrüstungsgegenstände durch M nunmehr verboten, so stehen sie damit dort zum gesetzlich vorgeschriebenen Einsatz bei sozialen Kontakten in Arztpraxen, im Einzelhandel, in öffentlichen Verkehrsmitteln etc. zur Verfügung und tragen bei diesem zum Schutz vor einer Ansteckung mit dem gesundheitsschädigenden und lebensbedrohenden Coronavirus SARS-CoV-2 jedenfalls bei.

Somit fördert das von M erlassene Ausfuhrverbot von medizinischer Corona-Schutzausrüstung das mit dieser Maßnahme verfolgte Ziel, die Gesundheit und das Leben der Bevölkerung in M zu schützen, d.h. ist hierzu geeignet. Dies, zumal die Mitgliedstaaten im Fall bestehender Ungewissheiten hinsichtlich der Bedeutung von Gefahren für die menschliche Gesundheit dem EuGH zufolge Schutzmaßnahmen treffen dürfen, welche die Gesundheitsgefahr weitestmöglich verringern – und zwar ohne abwarten zu

---

[96] *Wienbracke*, Grundwissen Europarecht, 1. Auflage 2018, S. 209, 214 m.w.N.

[97] Zum Ganzen siehe *Wienbracke*, Grundwissen Europarecht, 1. Auflage 2018, S. 209 m.w.N.

[98] *Wienbracke*, Grundwissen Europarecht, 1. Auflage 2018, S. 210 m.w.N.

müssen, bis der Beweis für das tatsächliche Ausmaß dieser Gefahren vollständig erbracht ist.[99]

bb) Erforderlichkeit

Erforderlich ist eine Maßnahme dann, wenn der mit ihr verfolgte Zweck nicht durch ein milderes, aber gleich wirksames Mittel erreicht werden kann.[100]

Gegenüber dem hier verhängten allgemeinen Ausfuhrverbot als belastungsintensivste Form einer mengenmäßigen Ausfuhrbeschränkung weniger belastende Maßnahmen kommen die von J vorgeschlagene bloße Kontingentierung bzw. ein Verbot der Ausfuhr lediglich in bestimmte (z.B. Dritt-)Staaten in Betracht.[101] Eine die vom Exportverbot ausgehende Belastung reduzierende zeitliche Befristung[102] auf die Phase der Unterversorgung mit medizinischer Corona-Schutzausrüstung hat M ohnehin bereits von sich aus angeordnet bzw. haben die weiteren von M ergriffenen, als solche Art. 35 AEUV jeweils gänzlich unberührt lassenden Maßnahmen wie Abstands- und Hygieneregeln, Kontaktbeschränkungen etc. nicht zum gewünschten Erfolg im Hinblick auf den Gesundheitsschutz geführt, d.h. sind insofern nicht effektiv. Ein „Corona"-Impfstoff existierte zum Zeitpunkt des Verbotserlasses gemäß Aufgabenstellung noch nicht, der Aufbau eigener Produktionskapazitäten in M für medizinische Corona-Schutzausrüstung lässt sich in absehbarer Zeit aufgrund der dortigen Baustoffknappheit nicht realisieren.

Eine Reduzierung des Ausfuhrverbots auf eine bestimmte Menge von Ausrüstungsgegenständen bzw. auf den Export nur in einzelne Staaten hätte zur Folge, dass in diesem Umfang die medizinische Corona-Schutzausrüstung in M nicht gesichert zum Schutz der dortigen Bevölkerung vor den gesundheitlichen Gefahren einer Ansteckung mit dem Coronavirus SARS-CoV-2 zur Verfügung stünde. Allerdings wird die Pandemielage in M von Gesundheitsexperten einhellig als (noch) nicht gravierend erachtet, so dass eine bloßes Teilkontingent sehr wohl ausreichend sein könnte, um Gesundheit und

---

[99] EuGH, Rs. C-222/18, ECLI:EU:C:2019:751, Rn. 72 – *VIPA* m.w.N.

[100] *Wienbracke*, Grundwissen Europarecht, 1. Auflage 2018, S. 211 m.w.N.

[101] Vgl. *Deutscher Bundestag*, Vereinbarkeit mitgliedstaatlicher Ausfuhrbeschränkungen im Rahmen der Covid-19-Pandemie mit den Binnenmarktvorschriften der Europäischen Union (PE 6 - 3000 - 034/20), 2020, S. 9; *Aust/Reglinski*, JuS 2021, S. 661 (665); *Schröder/Berger*, ZJS 2022, S. 210 (214).

[102] Vgl. *Deutscher Bundestag*, Vereinbarkeit mitgliedstaatlicher Ausfuhrbeschränkungen im Rahmen der Covid-19-Pandemie mit den Binnenmarktvorschriften der Europäischen Union (PE 6 - 3000 - 034/20), 2020, S. 9.

Leben der Menschen dort zu schützen.[103] Eine solche Sichtweise ließe jedoch unberücksichtigt, dass im Rahmen von Art. 36 S. 1 AEUV jeder Mitgliedstaat selbst das Niveau des Gesundheitsschutzes seiner Bevölkerung festlegt (s.o. B.IV.1.a)aa)). Demgemäß wirkt sich die Höhe des jeweiligen Schutzniveaus denknotwendig auch auf das Maß dessen aus, was zum jeweils erstrebten Schutz für erforderlich gehalten werden darf.[104] Folglich verfügen die Mitgliedstaaten diesbezüglich ebenfalls im vorliegenden Zusammenhang über einen (Beurteilungs- bzw. Ermessens-)Spielraum, der im hier betroffenen und als sensibel geltenden Bereich des Gesundheitsschutzes vergleichsweise groß ist.[105]

Angesichts dessen, dass es sich bei COVID 19 um eine sich weltweit verbreitende, bis dato weitgehend unbekannte Krankheit handelt, die in anderen EU-Mitgliedstaaten schon ein schwerwiegendes Ausmaß mit einer Vielzahl von coronabedingten Todesfällen erreicht hat, ist eine solche Entwicklung ebenfalls in M nicht ausgeschlossen. Für diesen mithin durchaus realistischen Fall Vorsorge zu treffen und bereits präventiv für eine ausreichende Menge an medizinischer Corona-Schutzausrüstung durch ein diesbezügliches Ausfuhrverbot Sorge zu tragen, bewegt sich daher noch innerhalb der Grenzen des vorerwähnten mitgliedstaatlichen Spielraums.[106]

Abweichendes ergibt sich schließlich auch nicht etwa daraus, dass andere Mitgliedstaaten vergleichsweise weniger strenge Vorschriften zur Eindämmung der COVID 19-Pandemie erlassen haben als M.[107] Vielmehr ist die Erforderlichkeit der jeweils in Rede stehenden (Eingriffs-)Maßnahme eines Mitgliedstaats ausschließlich im Hinblick auf die von diesem verfolgten Ziele und das von ihm angestrebte Schutzniveau zu beurteilen (s.o.).[108]

---

103 Vgl. *Aust/Reglinski*, JuS 2021, S. 661 (665); *Schröder/Berger*, ZJS 2022, S. 210 (214).

104 *Becker*, in: Schwarze/Becker/Hatje/Schoo, EU-Kommentar, 4. Auflage 2019, Art. 36 AEUV Rn. 73 m.w.N.

105 *Kommission*, Leitfaden zu den Artikeln 34-36 des Vertrags über die Arbeitsweise der Europäischen Union (AEUV), C 100/38, S. 75; *W. Schroeder*, in: Streinz, EUV/AEUV, 3. Auflage 2018, Art. 36 AEUV Rn. 55, jeweils m.w.N. aus der EuGH-Rechtsprechung.

106 Zum Ganzen vgl. *Aust/Reglinski*, JuS 2021, S. 661 (665); *Schröder/Berger*, ZJS 2022, S. 210 (214).

107 Vgl. EuGH, Rs. C-219/07, ECLI:EU:C:2008:353, Rn. 31 – *Nationale Raad van Dierenkwekers en Liefhebbers*; *Kommission*, Leitfaden zu den Artikeln 34-36 des Vertrags über die Arbeitsweise der Europäischen Union (AEUV), C 100/38, S. 76.

108 EuGH, Rs. C-124/97, ECLI:EU:C:1999:435, Rn. 36 – *Läärä*; *Kommission*,

Allein der Umstand, dass ein Mitgliedstaat andere Schutzregelungen als ein anderer Mitgliedstaat getroffen hat, ist deshalb für die Beurteilung von deren Erforderlichkeit ohne Belang.[109]

Also ist das von M angeordnete Exportverbot erforderlich.[110]

cc) Angemessenheit

Das Mittel ist zur Zielerreichung angemessen, wenn es in einem ausgewogenen Verhältnis zur Schwere des Eingriffs in die von diesem nachteilig betroffene Grundfreiheit steht. Soll mit der jeweiligen Maßnahme ein anderes Rechtsgut von Primärrechtsrang geschützt werden, so ist zwischen diesem und der jeweiligen Grundfreiheit ein möglichst schonender Ausgleich im Wege der praktischen Konkordanz herzustellen.[111]

In diese Güterabwägung einzustellen sind zunächst die abstrakte Gewichtigkeit der durch die Maßnahme geschützten sowie der durch diese beeinträchtigten Rechtsgüter und sodann deren Vor- und Nachteile im konkreten Fall.[112]

Das von M erlassene Ausfuhrverbot dient dazu, die Gesundheit und das Leben der Menschen in diesem Mitgliedstaat zu schützen. Nachteilige Auswirkungen entfaltet diese Maßnahme zum einen in Bezug auf Art. 35 AEUV (s.o. B.III.). Zum anderen läuft es augenscheinlich der in den Verträgen gerade auch für Fälle wie „Naturkatastrophen“ (Art 222 Abs. 1 S. 1 AEUV) – zu denen ebenfalls Pandemien wie die hiesige gerechnet werden[113] – ausdrücklich vereinbarten „Solidarität zwischen den Mitgliedstaaten“ (Art. 3 Abs. 3 UAbs. 3 EUV) zuwider, wenn M zugunsten des Gesundheits- und Lebensschutzes allein der eigenen Bevölkerung den Export der im Inland vorhandenen medizinischen Corona-Schutzausrüstung in andere Mitglied-

---

Leitfaden zu den Artikeln 34-36 des Vertrags über die Arbeitsweise der Europäischen Union (AEUV), C 100/38, S. 76.

109 EuGH, Rs. C-219/07, ECLI:EU:C:2008:353, Rn. 31 – *Nationale Raad van Dierenkwekers en Liefhebbers*; *Kommission*, Leitfaden zu den Artikeln 34-36 des Vertrags über die Arbeitsweise der Europäischen Union (AEUV), C 100/38, S. 76.

110 A.A. bei entsprechender Argumentation wohl (noch) vertretbar.

111 Zum Ganzen siehe *Wienbracke*, Grundwissen Europarecht, 1. Auflage 2018, S. 148, 212 m.w.N.

112 Vgl. *Becker*, in: Schwarze/Becker/Hatje/Schoo, EU-Kommentar, 4. Auflage 2019, Art. 36 AEUV Rn. 74 f.; *W. Schroeder*, in: Streinz, EUV/AEUV, 3. Auflage 2018, Art. 36 AEUV Rn. 55, jeweils m.w.N. aus der EuGH-Rechtsprechung.

113 Vgl. *Calliess*, in: ders./Ruffert, EUV/AEUV, 6. Auflage 2022, Art. 222 AEUV Rn. 20 m.w.N.; *Schröder/Berger*, ZJS 2022, S. 210 (214).

staaten vollständig verbietet und dadurch eine Verwendung in diesen verhindert.[114]

Wie sich aus Art. 3 Abs. 1, Art. 35 EU-GrCh[115] und Art. 9, Art. 168 Abs. 1 AEUV ergibt, nehmen speziell die das von M verhängte Ausfuhrverbot nach Art. 36 S. 1 AEUV rechtfertigenden Schutzgüter „Gesundheit und Leben von Menschen“ (s.o. B.IV.1.) – ungeachtet der grundsätzlichen Gleichwertigkeit des AEUV und der EU-GrCh (Art. 6 Abs. 1 UAbs. 1 Hs. 2 EUV) – den höchsten Rang unter den vom Unionsrecht geschützten Gütern und Interessen ein.[116] Der Gesundheitsschutz ist daher abstrakt betrachtet als höher zu bewerten als der freie Warenverkehr,[117] auch wenn es sich beim europäischen Binnenmarkt (Art. 3 Abs. 3 UAbs. 1 S. 1 EUV), dessen Realisierung Art. 35 AEUV dient (vgl. Art. 26 Abs. 2 AEUV), um das Herzstück der europäischen Integration handelt.[118]

Was den u.a.[119] auch in Art. 2 S. 2 EUV normierten Gedanken der Solidarität anbelangt, so ist zunächst fraglich, ob dieses allgemeine (Rechts-)„Prinzip“[120] neben den hier einschlägigen (Spezial-)Vorschriften der Art. 35 f. AEUV überhaupt anwendbar ist.[121] Aber selbst wenn dies zu bejahen sein sollte,[122] so gilt es doch auch insoweit, die in den Art. 35 f. AEUV speziell im

---

[114] Vgl. *Aust/Reglinski*, JuS 2021, S. 661 (665); *Klindworth*, Exportbeschränkung von persönlicher Schutzausrüstung im Pandemiefall – Rechtliche Einordnung im Mehrebenensystem und ökonomische Perspektive, 2021, S. 23; *Schröder/ Berger*, ZJS 2022, S. 210 (214).

[115] Hinweis: Aus normhierarchischen Gründen (Höherrangigkeit des EU-Rechts auch gegenüber dem nationalen Verfassungsrecht der Mitgliedstaaten) wäre es verfehlt, an dieser Stelle auf die nationalen Grundrechte (z.B. Art. 2 Abs. 2 S. 1 GG; vgl. aber *Aust/Reglinski*, JuS 2021, S. 661 [665]) abzustellen (str.), siehe *Wienbracke*, Grundwissen Europarecht, 1. Auflage 2018, S. 148, 208 m.w.N. auch zur a.A.

[116] EuGH, Rs. C-198/14, ECLI:EU:C:2015:751, Rn. 118 m.w.N. – *Visnapuu*; *Wienbracke*, Grundwissen Europarecht, 1. Auflage 2018, S. 212 m.w.N.

[117] *Becker*, in: Schwarze/Becker/Hatje/Schoo, EU-Kommentar, 4. Auflage 2019, Art. 36 AEUV Rn. 75.

[118] *Wienbracke*, Grundwissen Europarecht, 1. Auflage 2018, S. 139 m.w.N.

[119] Ferner siehe die Präambel des EUV sowie dessen Art. 3 Abs. 5 S. 2, Art. 21 Abs. 1 UAbs. 1, Art. 24 Abs. 2, Abs. 3 UAbs. 1, Art. 31 Abs. 1 UAbs. 2 S. 3, Art. 32 Abs. 1 S. 4 und überdies Art. 67 Abs. 2 S. 1, Art. 80, Art. 122 Abs. 1, Art. 194 Abs. 1 AEUV.

[120] *Calliess*, in: ders./Ruffert, EUV/AEUV, 6. Auflage 2022, Art. 2 EUV Rn. 30 m.w.N.

[121] Vgl. *Wienbracke*, Juristische Methodik, 2. Auflage 2020, Rn. 116 m.w.N.

[122] Vgl. *Aust/Reglinski*, JuS 2021, S. 661 (665 f.); *Schröder/Berger*, ZJS 2022, S. 210 (214).

Hinblick auf Ausfuhrverbote getroffene Wertung der Mitgliedstaaten nicht unter Rückgriff auf den – „vage[n]"[123] – allgemeinen „Wert"[124] der Solidarität zu unterlaufen. So haben sich diese trotz prinzipieller Verständigung hierauf und ungeachtet der grundsätzlichen Unzulässigkeit von Ausfuhrverboten (Art. 35 AEUV) in Art. 36 S. 1 AEUV explizit darauf geeignet, Ausfuhrverbote – und damit ggf. auch „unsolidarische"[125] – zugunsten des Schutzes von Gesundheit und Leben allein der jeweiligen eigenen Bevölkerung, d.h. ihrer nationalen Eigeninteressen, treffen zu dürfen (s.o. B.IV.1.a)bb)). Damit erweist sich dieses Schutzgut als solches im Ergebnis ebenfalls gegenüber der „Solidarität zwischen den Mitgliedstaaten" (Art. 3 Abs. 3 UAbs. 3 EUV) als höherrangig.[126]

Im Hinblick auf das Ausmaß der Bedrohung des durch das Ausfuhrverbot zu schützen gesuchten Guts „Gesundheit und Leben von Menschen" ist im vorliegenden Fall festzustellen, dass die Pandemielage in M bei Verbotserlass von Experten einhellig als noch nicht schwerwiegend eingestuft wurde, d.h. bezogen auf diesen Zeitpunkt lag keine intensive Gefährdung des vorgenannten Schutzguts vor.[127] Demgegenüber wiegt das konkrete Ausmaß des Eingriffs in Art. 35 AEUV durch das von M verhängte vollständige Exportverbot äußerst schwer, handelt es sich bei einem Ausfuhrverbot doch um die schärfste Form des Eingriffs in Art. 35 AEUV (s.o. B.IV.2.a)bb)).[128]

Allerdings ist die Verhältnismäßigkeit einer Maßnahme insgesamt – und mithin konsequenter Weise ebenfalls speziell diejenige ihrer Angemessenheit – allein im Hinblick auf die vom betreffenden Mitgliedstaat verfolgten Ziele und das von diesem angestrebte Schutzniveau zu beurteilen (s.o. B.IV.2.a)bb)).[129] Zudem hat die COVID 19-Pandemie in anderen Mitgliedstaaten durchaus ein gravierendes Ausmaß mit einer Vielzahl von coronabedingten Todesfällen erreicht. Erweist sich die mögliche Schadensintensität infolge einer Infektion mit dem Coronavirus SARS-CoV-2 mithin aber als

---

123 *Schröder/Berger*, ZJS 2022, S. 210 (215).

124 *Pechstein*, in: Streinz, EUV/AEUV, 3. Auflage 2018, Art. 2 EUV Rn. 8.

125 Hinweis: Etwaige moralische etc. Einwände sind im Rahmen der vorliegenden Rechtsprüfung gänzlich irrelevant, vgl. *Wienbracke*, Juristische Methodenlehre, 2. Auflage 2020, Rn. 4 m.w.N.

126 Zum Ganzen vgl. *Aust/Reglinski*, JuS 2021, S. 661 (666) m.w.N.

127 Vgl. auch *Aust/Reglinski*, JuS 2021, S. 661 (666); *Schröder/Berger*, ZJS 2022, S. 210 (214).

128 Vgl. *Aust/Reglinski*, JuS 2021, S. 661 (665); *Schröder/Berger*, ZJS 2022, S. 210 (214).

129 EuGH, Rs. C-124/97, ECLI:EU:C:1999:435, Rn. 36 – *Läärä u.a.*

überaus schwerwiegend, so reicht in Anbetracht des besonders hohen Gewichts gerade des Schutzguts „Gesundheit und Leben von Menschen" unter Vorsorgegesichtspunkten auch eine nur geringe bzw. gar lediglich potentielle Wahrscheinlichkeit für eine schadensträchtige Entwicklung aus, um präventive Schutzmaßnahmen ergreifen zu dürfen.[130]

Zumindest Letzteres ist hier angesichts der aktuellen Erfahrungen in anderen Mitgliedstaaten zu bejahen, zumal es sich bei COVID 19 um eine globale und im Zeitpunkt des Verbotserlasses noch weitgehend unerforschte Pandemie handelt. Vor diesem Hintergrund ist es M – abweichend von der Sichtweise des J – nicht zumutbar, zunächst eine Zuspitzung der Situation abzuwarten und erst bei Eintritt einer akuten Notlage ein Ausfuhrverbot von medizinischer Corona-Schutzausrüstung zu verhängen. Insbesondere geht auch das Gebot der Solidarität zwischen den Mitgliedstaaten keinesfalls etwa so weit, den Schutz von Gesundheit und Leben der eigenen Bevölkerung hinter denjenigen anderer Mitgliedstaaten stellen zu müssen.[131]

Also ist das von M angeordnete Ausfuhrverbot angemessen und damit insgesamt verhältnismäßig.[132]

b) Art. 36 S. 2 AEUV

Gem. Art. 36 S. 2 AEUV dürfen Verbote oder Beschränkungen nach Art. 34 f. AEUV weder ein Mittel zur willkürlichen Diskriminierung noch eine verschleierte Beschränkung des Handels zwischen den Mitgliedstaaten darstellen. Durch diese „absolute Grenze für handelshemmende Maßnahmen"[133] soll verhindert werden, dass auf Gründe des Art. 36 S. 1 AEUV gestützte Beschränkungen des innergemeinschaftlichen Handels missbraucht und zur Diskriminierung von Waren aus anderen Mitgliedstaaten oder zum mittelbaren Schutz bestimmter nationaler Produktionen verwandt werden.[134]

Sofern Art. 36 S. 2 AEUV nicht gleichwohl ausschließlich als normative

---

130 *Frenz*, Handbuch Europarecht, Band 1, 2. Auflage 2012, Rn. 1097; *Müller-Graff*, in: von der Groeben/Schwarze/Hatje, Europäisches Unionsrecht, 7. Auflage 2015, Art. 35 AEUV Rn. 8 m.w.N. Vgl. auch *Becker*, in: Schwarze/Becker/Hatje/Schoo, 4. Auflage 2019, EU-Kommentar, Art. 36 AEUV Rn. 14; *Leible/T. Streinz*, in: Grabitz/Hilf/Nettesheim, Das Recht der Europäischen Union, Werkstand: 78. EL Januar 2023, Art. 35 AEUV Rn. 23.

131 Zum Ganzen vgl. auch *Aust/Reglinski*, JuS 2021, S. 661 (666); *Schröder/Berger*, ZJS 2022, S. 210 (214).

132 A.A. bei entsprechender Argumentation wohl (noch) vertretbar.

133 *Kotzur/Schiefelbein*, in: Geiger/Khan/Kotzur/Kirchmair, EUV/AEUV, 7. Auflage 2023, Art. 36 Rn. 18 (im Original mit Hervorhebungen).

134 EuGH, Rs. 34/79, ECLI:EU:C:1979:295, Rn. 21 – *Henn und Darby*.

Grundlage für den Verhältnismäßigkeitsgrundsatz anzusehen sein sollte,[135] sondern neben diesem durchaus selbstständige Bedeutung mit einem eigenen Anwendungsbereich hat, d.h. trotz Wahrung des Verhältnismäßigkeitsgrundsatzes ein Verstoß isoliert gegen Art. 36 S. 2 AEUV denkbar ist,[136] wird eine willkürliche Diskriminierung im Sinne von dessen Alt. 1 dann bejaht, wenn eine sachlich nicht gerechtfertigte Ungleichbehandlung von einheimischen gegenüber im- bzw. exportierten Waren erfolgt.[137] Eine verschleierte Handelsbeschränkung im Sinne von Art. 36 S. 2 Alt. 2 AEUV ist dann gegeben, wenn mit der betreffenden nationalen Maßnahme durch vorgeschobene Gründe, d.h. in Umgehungsabsicht, protektionistische Ziele verfolgt werden.[138]

M verfügt über keine eigenen Produktionskapazitäten zur Herstellung von medizinischer Corona-Schutzausrüstung. Denknotwendigerweise kann das von M verhängte Ausfuhrverbot daher weder dem Schutz von – gerade nicht existenten – einheimischen Erzeugern derartiger Waren dienen noch als sachgrundlose Bevorzugung von – folglich ebenfalls nicht vorhandenen

---

135 So aber EuGH, Rs. 174/82, ECLI:EU:C:1983:213, Rn. 18 – *Sandoz*; EuGH, Rs. C-13/91, ECLI:EU:C:1992:247, Rn. 16 – *Debus*; EuGH, Rs. 178/84, ECLI:EU:C:1987:126, Rn. 45 – *Kommission/Deutschland*; *Deutscher Bundestag*, Vereinbarkeit mitgliedstaatlicher Ausfuhrbeschränkungen im Rahmen der Covid-19-Pandemie mit den Binnenmarktvorschriften der Europäischen Union (PE 6 - 3000 - 034/20), 2020, S. 7; *Kingreen*, in: Calliess/Ruffert, EUV/AEUV, 6. Auflage 2022, Art. 36 AEUV Rn. 104; *Klindworth*, Exportbeschränkung von persönlicher Schutzausrüstung im Pandemiefall – Rechtliche Einordnung im Mehrebenensystem und ökonomische Perspektive, 2021, S. 11. Vgl. auch *Khan/Eisenhut*, in: Vedder/Heintschel von Heinegg, Europäisches Unionsrecht, 2. Auflage 2018, Art. 36 AEUV Rn. 22.

136 So *Borchardt*, Die rechtlichen Grundlagen der Europäischen Union, 7. Auflage 2020, Rn. 952 ff.; *Brigola*, in: Dauses/Ludwigs, Handbuch des EU-Wirtschaftsrechts, Werkstand: 57. EL August 2022, C.I. Rn. 286; *Fastenrath/Groth*, Europarecht, 4. Auflage 2016, Rn. 186; *Frenz*, Handbuch Europarecht, Band 1, 2. Auflage 2012, Rn. 1126; *Haratsch/Koenig/Pechstein*, Europarecht, 12. Auflage 2020, Rn. 940; *Herdegen*, Europarecht, 24. Auflage 2023, § 15 Rn. 23; *Müller-Graff*, in: von der Groeben/Schwarze/Hatje, Europäisches Unionsrecht, 7. Auflage 2015, Art. 36 AEUV Rn. 163. A.A. *Epiney*, in: Ehlers, Europäische Grundrechte und Grundfreiheiten, 4. Auflage 2014, § 8 Rn. 94.

137 Vgl. *Becker*, in: Schwarze/Becker/Hatje/Schoo, EU-Kommentar, 4. Auflage 2019, Art. 36 AEUV Rn. 82 m.w.N.

138 *Becker*, in: Schwarze/Becker/Hatje/Schoo, EU-Kommentar, 4. Auflage 2019, Art. 36 AEUV Rn. 84; *Dittert*, Europarecht, 5. Auflage 2017, S. 218; *Frenz*, Handbuch Europarecht, Band 1, 2. Auflage 2012, Rn. 1233.

– im Inland hergestellten Ausrüstungsgegenständen zum Schutz vor „Corona" qualifiziert werden.[139]

Damit scheitert die Rechtfertigung des Exportverbots nicht an Art. 36 S. 2 AEUV.

3. Zwischenergebnis

Der Eingriff in den Schutzbereich von Art. 35 AEUV ist somit gerechtfertigt.

V. Ergebnis

Also hat J mit seiner Auffassung, dass das von M verhängte Exportverbot von medizinischer Corona-Schutzausrüstung gegen die europäischen Grundfreiheiten verstößt – andere als Art. 35 AEUV kommen hier nicht in Betracht –, nicht Recht.

[139] Vgl. auch *Klindworth*, Exportbeschränkung von persönlicher Schutzausrüstung im Pandemiefall – Rechtliche Einordnung im Mehrebenensystem und ökonomische Perspektive, 2021, S. 11, der im Rahmen der Willkürkontrolle allerdings auf „andere Schutzprodukte" als solche abstellt, die vor einer Infektion mit dem Coronavirus SARS-CoV-2 schützen.

II. Fall zur Arbeitnehmerfreizügigkeit[1]

Art. 45 AEUV – „Beschäftigung in der öffentlichen Verwaltung" – grenzüberschreitender Sachverhalt

A. Sachverhalt[2]

Anknüpfend an die in der Verfassung des EU-Mitgliedstaats M definierten Sprachgebiete bestimmt das von dessen Parlament erlassene Gesetz über den Sprachengebrauch in Verwaltungsangelegenheiten u.a., dass in lokalen Dienststellen niemand in ein Amt ernannt werden darf, der die Sprache des Gebiets nicht beherrscht, in dem die jeweilige Dienststelle angesiedelt ist. Nachgewiesen werden kann diese Sprachkenntnis nur durch eine einzige

---

1 Beim „Fall zur Arbeitnehmerfreizügigkeit" handelt es sich um eine auszugsweise Zweitveröffentlichung von *Wienbracke*, Der Fall des Monsieur B., Verwaltungsrundschau (VR) 2017, S. 341-345. Die dortige Zulässigkeitsprüfung ist aufgrund des hiesigen Zusatzes zur Aufgabenstellung („Bearbeitervermerk: [...]") nicht durchzuführen.

2 Sachverhalt und Lösung sind EuGH, Rs. C-317/14, ECLI:EU:C:2015:63 – *Kommission/Belgien* und EuGH, Rs. C-298/14, ECLI:EU:C:2015:652 – *Brouillard* nachempfunden.

Art von Bescheinigung, die von einer einzigen Einrichtung nach einer von dieser in M abgehaltenen Prüfung ausgestellt wird.

Unter Hinweis auf das Fehlen eben eines solchen Sprachnachweises wurde die Bewerbung des B, eines Staatsangehörigen von M, um eine Stelle bei einer dortigen lokalen Dienststelle zurückgewiesen. Auch der Einwand des in einem anderen Sprachgebiet von M wohnhaften B, dass er im Wege eines online-basierten Fernstudiums an einer Hochschule im EU-Ausland die geforderten Sprachkenntnisse erworben habe, verhalf ihm trotz Vorlage einer von dieser ausgestellten Bescheinigung nicht zum Erfolg.

B sieht im Vorstehenden einen Verstoß gegen „seine" Arbeitnehmerfreizügigkeit innerhalb der EU und erhebt daher Klage vor dem zuständigen erstinstanzlichen nationalen Gericht.

M hingegen ist der Auffassung, dass Art. 45 AEUV vorliegend bereits deshalb nicht verletzt sein könne, weil es sich beim hiesigen Fall um einen reinen Inlandssachverhalt handele, auf den die europäischen Grundfreiheiten von vornherein nicht anwendbar seien. Jedenfalls aber bringe – was sachlich zutrifft – die von B ins Auge gefasste Stelle eine unmittelbare Teilnahme an der Ausübung hoheitlicher Befugnisse mit sich. Diese seien vom Stelleninhaber auch tatsächlich regelmäßig auszuüben und würden keinesfalls nur einen untergeordneten Teil von dessen Tätigkeiten ausmachen.

Daraufhin hat das mit der Klage des B befasste Gericht von M das Verfahren ausgesetzt und dem EuGH folgende Fragen zur Vorabentscheidung vorgelegt:

„(1) Unterfällt eine Situation Art. 45 AEUV, in der jemand – wie im Ausgangsverfahren – in dem Mitgliedstaat wohnt, dessen Staatsangehörigkeit er besitzt, Inhaber eines im Fernstudium an einer Hochschule in einem anderen Mitgliedstaat erworbenen Nachweises über Kenntnisse der dortigen Sprache ist und sich hierauf bei seiner Bewerbung um eine Stelle bei einer lokalen Dienststelle des erstgenannten Mitgliedstaats beruft?

(2) Ist das im Gesetz über den Sprachengebrauch in Verwaltungsangelegenheiten enthaltene Erfordernis, dass Bewerber auf Stellen bei lokalen Dienststellen die geforderte Kenntnis der Sprache des Gebiets von M, in dem die betreffende Dienststelle angesiedelt ist, ausschließlich durch eine einzige Art von Bescheinigung nachzuweisen haben, die nur von einer einzigen Einrichtung nach einer von dieser in M abgehaltenen Prüfung ausgestellt wird, mit Art. 45 AEUV vereinbar?"

Wie wird der EuGH die erste Vorlagefrage beantworten, wenn EU-Sekundärrecht nicht zu prüfen ist?

Bearbeitervermerk:

Von der Zulässigkeit der ersten Vorlagefrage ist auszugehen.

B. Lösungshinweise

I. Zulässigkeit der ersten Vorlagefrage

Von der Zulässigkeit der ersten Vorlagefrage[3] ist nach dem Bearbeitervermerk auszugehen.

II. Antwort des EuGH auf die erste Vorlagefrage

Auf die erste Vorlagefrage wird der EuGH antworten, dass Art. 45 AEUV dahingehend auszulegen ist, dass ihm die vom vorlegenden Gericht geschilderte Situation unterfällt, wenn er auf diese anwendbar und in dieser sein Schutzbereich eröffnet ist.

1. Anwendbarkeit von Art. 45 AEUV

Mit Ausnahme seines Abs. 3 lit. d) entfaltet Art. 45 AEUV aufgrund der Supranationalität des Unionsrechts zwar nicht nur unmittelbare Geltung bzw. Wirkung im nationalen Recht, sondern ist aufgrund seiner rechtlichen Vollkommenheit auch im Verhältnis Mitgliedstaat-Bürger unmittelbar anwendbar – und begründet für den Einzelnen zudem ein subjektives Recht.[4] Auch ist der Aufgabenstellung zufolge vorliegend weder EU-Sekundärrecht zu prüfen, das bei abschließendem Charakter sowie im Fall insbesondere seiner Primärrechtskonformität der Anwendbarkeit von Art. 45 AEUV entgegenstehen würde, noch enthält der AEUV sektorspezifische Sonderregelungen für bestimmte Gruppen von Arbeitnehmern.[5] Gleichwohl könnte sich die Unanwendbarkeit von Art. 45 AEUV hier aus Art. 45 Abs. 4 AEUV ergeben. Nach dieser Bereichsausnahmevorschrift findet „[d]ieser Artikel" – genauer: die Absätze 1 bis 3 von Art. 45 AEUV – keine Anwendung auf die Beschäftigung in der öffentlichen Verwaltung.

Der unionsrechtsautonom[6] und als Ausnahmevorschrift eng[7] auszulegenden Begriff der „Beschäftigung in der öffentlichen Verwaltung" i.S.v. Art. 45 Abs. 4 AEUV betrifft nach der EuGH-Rechtsprechung solche Stellen, die

---

3 Dazu siehe *Wienbracke*, VR 2017, S. 341 (342 f.) m.w.N.

4 *Wienbracke*, DVP 2014, 416 (416 f.) m.w.N. u.a. aus der EuGH-Rspr.

5 *Wienbracke*, EuR 2012, 483 (484 f.) m.w.N. u.a. aus der EuGH-Rspr.

6 Vgl. EuGH, Rs. C-270/13, ECLI:EU:C:2014:2185, Rn. 43 – *Haralambidis* m.w.N.

7 Vgl. EuGH, Rs. 66/85, ECLI:EU:C:1986:284, Rn. 26 – *Lawrie-Blum*.

eine unmittelbare oder mittelbare Teilnahme an der Ausübung hoheitlicher Befugnisse und an der Wahrnehmung von Aufgaben mit sich bringen, die auf die Wahrung der allgemeinen Belange des Staates oder anderer öffentlicher Körperschaften gerichtet sind, so dass sie ein Verhältnis besonderer Verbundenheit des jeweiligen Stelleninhabers zum Staat sowie die Gegenseitigkeit der Rechte und Pflichten voraussetzen, die dem Staatsangehörigkeitsband zugrunde liegen, sofern diese Befugnisse von den Stelleninhabern tatsächlich regelmäßig ausgeübt werden – und nicht nur sporadisch oder ausnahmsweise.[8]

Vorliegend[9] sind diese Voraussetzungen nach dem diesbezüglichen, „sachlich zutreffenden" Vorbringen von M im Wesentlichen erfüllt, bringt die hier in Frage stehende Stelle doch gerade eine unmittelbare Teilnahme an der Ausübung hoheitlicher Befugnisse mit sich, die von ihrem Inhaber auch tatsächlich regelmäßig auszuüben sind und keinesfalls nur einen untergeordneten Teil von dessen Tätigkeiten ausmachen.

Ob damit sämtliche der vorgenannten Anforderungen an eine „Beschäftigung in der öffentlichen Verwaltung" erfüllt sind, kann letztlich jedoch dann dahingestellt bleiben, wenn selbst bei Bejahung dieser Frage die von Art. 45 Abs. 4 AEUV vorgesehene Rechtsfolge im hiesigen Fall nicht auszusprechen ist. Besteht nämlich der Zweck dieser Vorschrift darin, dem berechtigten Interesse der Mitgliedstaaten daran Rechnung zu tragen, allein ihren jeweils eigenen Staatsangehörigen diejenigen Stellen vorbehalten zu können, die im o.g. Sinn einen Zusammenhang mit der Ausübung hoheitlicher Befugnisse und der Wahrung allgemeiner Belange aufweisen, so geht der Wortlaut von Art. 45 Abs. 4 AEUV doch über dieses Ziel insoweit hinaus, als er auch eben diesen Personenkreis erfasst. Auf Grund der demnach gebotenen teleologischen Reduktion von Art. 45 Abs. 4 AEUV betrifft dieser daher im Ergebnis nur den Zugang Staatsangehöriger anderer Mitgliedstaaten zu bestimmten Tätigkeiten in der öffentlichen Verwaltung eines Mitgliedstaats.[10]

---

8 EuGH, Rs. C-47/02, ECLI:EU:C:2003:516, Rn. 58, 63 – *Anker*.

9 Hinweis: An sich wäre es konsequent, auf Subsumtionsebene nicht auf den konkreten Sachverhalt des Ausgangsverfahrens, sondern vielmehr auf eine „Situation wie in diesem" (o.Ä.) abzustellen, vgl. EuGH, Rs. C-466/15, ECLI:EU:C:2016:749, Rn. 23 – *Adrien*. Gleichwohl soll hier der abweichenden Praxis in der Ausbildungsliteratur (statt vieler vgl. nur *Pechstein*, Jura 2014, 203 ff.) gefolgt werden, rekurriert doch selbst der EuGH überwiegend (etwa in der zugrundeliegenden Rs. C-298/14, ECLI:EU:C:2015:652, Rn. 28, 33 – *Brouillard*) unmittelbar auf die Beteiligten des Ausgangsrechtsstreits.

10 Zum gesamten Vorstehenden siehe *Wienbracke*, NZA-RR 2016, 113 (117) m.w.N. u.a. aus der EuGH-Rspr.

Hier hat sich mit B nicht ein Staatsangehöriger eines anderen Mitgliedstaats, sondern ein eigener Staatsangehöriger von M um eine Stelle bei einer dortigen lokalen Dienststelle beworben. In einer solchen Konstellation greift Art. 45 Abs. 4 AEUV nach dem Vorstehenden von vornherein nicht Platz. Ob es sich bei der betreffenden Stelle tatsächlich um eine Beschäftigung in der öffentlichen Verwaltung i.S.d. Vorschrift handelt, bedarf daher keiner Entscheidung.

Also steht Absatz 4 von Art. 45 AEUV der Anwendbarkeit von dessen übrigen Absätzen nicht entgegen.

2. Schutzbereich von Art. 45 AEUV

Der Schutzbereich von Art. 45 AEUV gewährleistet nach Absatz 1 dieser Vorschrift die Freizügigkeit der Arbeitnehmer innerhalb der EU, welche gem. Art. 45 Abs. 2 AEUV die Abschaffung jeder auf der Staatsangehörigkeit beruhenden unterschiedlichen Behandlung der Arbeitnehmer der Mitgliedstaaten in Bezug auf Beschäftigung, Entlohnung und sonstige Arbeitsbedingungen umfasst.

a) Persönlicher Schutzbereich

In persönlicher Hinsicht ist Voraussetzung für die Eröffnung des Schutzbereichs von Art. 45 AEUV demnach, dass es sich bei der hierauf jeweils berufenden Person um einen „Arbeitnehmer der Mitgliedstaaten", d.h. einen Staatsangehörigen eines Mitgliedstaats, handelt. B ist Staatsangehöriger des Mitgliedstaats M, so dass der persönliche Schutzbereich von Art. 45 AEUV eröffnet ist.

b) Sachlicher Schutzbereich

Sachlich schützt Art. 45 AEUV die Freizügigkeit von „Arbeitnehmern" „innerhalb der Union".

aa) Schutzgut

Der primärrechtlich nicht legaldefinierte Begriff des „Arbeitnehmers" ist aus normhierarchischen Gründen nicht etwa nach Maßgabe der diesem gegenüber jeweils niederrangigen mitgliedstaatlichen Rechtsordnungen oder des EU-Sekundärrechts auszulegen, sondern autonom primärrechtlich.[11]

---

[11] Vgl. *Weerth/Wienbracke*, in: Lenz/Borchardt (Hrsg.), EU-Verträge Kommentar Online, Stand: November 2016, Art. 45 AEUV Rn. 7 m.w.N. aus der EuGH-Rspr.

Dem EuGH zufolge besteht das wesentliche Merkmal des in einem weiten Sinn zu verstehenden Arbeitsverhältnisses i.S.v. Art. 45 AEUV darin, dass jemand während einer bestimmten Zeit für einen anderen nach dessen Weisung Leistungen erbringt, für die er als Gegenleistung eine Vergütung erhält.[12] Während hiernach ebenfalls derjenige, der tatsächlich eine Arbeit sucht, als Arbeitnehmer zu qualifizieren ist (vgl. Art. 45 Abs. 3 lit. a) AEUV),[13] wird die privat- oder öffentlich-rechtliche Natur des Beschäftigungsverhältnisses demgegenüber ebenso wenig als entscheidend angesehen wie der Status als Arbeiter, Angestellter oder Beamter.[14]

Hier steht die Bewerbung um eine Stelle bei einer lokalen Dienststelle von M in Rede. Anhaltspunkte dafür, dass diese nicht im vorstehenden Sinn als abhängige Beschäftigung ausgestaltet ist, sondern es sich vielmehr etwa um eine selbständige Erwerbstätigkeit i.S.v. Art. 49 oder Art. 56 AEUV handelt, liegen nicht vor.

Folglich ist davon auszugehen, dass die Voraussetzungen des Arbeitnehmerbegriffs i.S.v. Art. 45 AEUV erfüllt sind.

bb) Grenzüberschreitender Sachverhalt

Ebenso wie die übrigen Grundfreiheiten schützt auch Art. 45 AEUV als Instrument zur Verwirklichung des europäischen Binnenmarkts (vgl. Art. 3 Abs. 2, 3 EUV, Art. 26 Abs. 2 AEUV) nur EU-binnengrenzüberschreitende Sachverhalte, was in dessen Absatz 2 im Merkmal „innerhalb der Union“ zum Ausdruck kommt.[15] Tätigkeiten, die keinerlei Berührungspunkte mit irgendeinem derjenigen Sachverhalte aufweisen, auf die das Unionsrecht abstellt, und die mit keinem Element über die Grenzen eines Mitgliedstaats hinausweisen, werden deshalb nicht von Art. 45 AEUV geschützt.[16]

Wie von M vorgetragen, könnte Letzteres hier durchaus der Fall sein, handelt es sich bei dem Arbeitssuchenden B doch gerade um eine Person, die in M als demjenigen Mitgliedstaat wohnt, dessen Staatsangehörigkeit sie besitzt und die sich um eine Stelle bei einer lokalen Dienststelle in eben diesem Mitgliedstaat beworben hat.

Jedoch erschöpft sich der hiesige Sachverhalt nicht in diesen rein innerstaatlichen Vorgängen. Vielmehr tritt hinzu, dass sich der Stellenbewerber B zum

---

[12] EuGH, Rs. C-432/14, ECLI:EU:C:2015:643, Rn. 22 – *O* m.w.N.

[13] EuGH, Rs. C-379/11, EU:C:2012:798, Rn. 26 – *Caves Krier Frères* m.w.N.

[14] So bereits EuGH, Rs. C-251/73, ECLI:EU:C:1974:13, Rn. 5 – *Sotgiu.*

[15] *Wienbracke*, EuR 2012, 483 (495) m.w.N. u.a. aus der EuGH-Rspr. Nachtrag: Zur Ausnahme des Art. 63 AEUV siehe S. 94.

[16] EuGH, Rs. C-64/96 und C-65/96, ECLI:EU:C:1997:285, Rn. 16 – *Uecker und Jacquet* m.w.N.

Nachweis der geforderten Sprachkenntnis auf eine diesbezügliche Bescheinigung einer Hochschule aus einem anderen Mitgliedstaat beruft.

Zu derartigen Konstellationen, in denen sich die eigenen Staatsangehörigen gegenüber ihrem Herkunftsmitgliedstaat in einer vergleichbaren Lage befinden wie die in diesen unter Inanspruchnahme ihres Rechts auf Arbeitnehmerfreizügigkeit zuziehenden Angehörigen anderer Mitgliedstaaten, hat der EuGH bereits in seiner *Kraus*-Entscheidung für Recht erkannt, dass die praktische Wirksamkeit (*effet utile*, vgl. Art. 4 Abs. 3 EUV) der Arbeitnehmerfreizügigkeit dann nicht voll verwirklicht wäre, wenn die Mitgliedstaaten den Schutz des nunmehrigen Art. 45 AEUV denjenigen ihrer Staatsangehörigen versagen dürften, die von der darin vorgesehenen Erleichterung Gebrauch gemacht und dank dieser eine berufliche Qualifikation in einem anderen Mitgliedstaat als demjenigen erworben haben, dessen Staatsangehörigkeit sie besitzen.[17]

Wäre ein EU-binnengrenzüberschreitendes Element vorliegend damit an sich gegeben, so gilt es freilich die Besonderheit zu beachten, dass B sich nicht physisch ins EU-Ausland begeben hat, um dort seine Sprachqualifikation zu erlangen, sondern dies ohne Wohnsitzverlagerung im Wege eines online-basierten Fernstudiums getan hat. Wenngleich damit mangels vorausgegangenen Wegzugs denknotwendig auch kein echter „Rückkehrer-Fall" im vorstehenden Sinn vorliegt, so lässt es der EuGH im Kontext des ebenfalls einen grenzüberschreitenden Sachverhalt „innerhalb der Union" voraussetzenden Art. 56 AEUV aus teleologischen Gründen freilich ausreichen, wenn ohne Ortsveränderung der in unterschiedlichen Mitgliedstaaten ansässigen Dienstleistungsempfänger und -erbringer lediglich die (sog. Korrespondenz-)Dienstleistung eine EU-Binnengrenze überschreitet.[18] In konsequenter Übertragung dieser Rechtsprechung auf die im vorerwähnten Merkmal wortgleiche Grundfreiheit des Art. 45 AEUV muss daher auch hier der Umstand, dass der fragliche Sprachnachweis durch ein Fernstudium erlangt wurde, als unerheblich betrachtet werden.[19]

Dafür sprechen zudem folgende Überlegungen: Angenommen, ein in einem Mitgliedstaat wohnhafter Studierender belegt einen Fernkurs, der von einer

---

17 EuGH, Rs. C-19/92, ECLI:EU:C:1993:125, Rn. 16 – *Kraus*.

18 *Müller-Graff*, in: Streinz (Hrsg.), EUV/AEUV, 2. Auflage, 2012, Art. 56 AEUV Rn. 40 ff.; *Randelzhofer/Forsthoff*, in: Grabitz/Hilf/Nettesheim (Hrsg.), Das Recht der Europäischen Union, Stand: 43. EL 2011, Art. 57 AEUV Rn. 54, jeweils m.w.N. aus der EuGH-Rspr.

19 Hinweis: Anhaltspunkte für einen Missbrauch von Art. 45 AEUV zur Umgehung nationaler Rechtsvorschriften (dazu siehe *Wienbracke*, NZA-RR 2016, 113 [117] m.w.N. u.a. aus der EuGH-Rspr.) liegen hier nicht vor.

in einem anderen Mitgliedstaat gelegenen Ausbildungseinrichtung durchgeführt wird. Zur Ablegung der mündlichen Abschlussprüfung müsste er diese Einrichtung an sich persönlich aufzusuchen. Aus gesundheitlichen Gründen ist er aber reiseunfähig. Deshalb gestattet es ihm die den Fernunterricht durchführende Ausbildungseinrichtung ausnahmsweise, die mündliche Prüfung von zu Hause aus per Videokonferenzschaltung abzulegen. Diese Prüfung besteht er und erlangt seine Berufsqualifikation. Einen Grund, weshalb dieser Studierende nicht in den Genuss von Art. 45 AEUV kommen sollte, ist nicht ersichtlich.[20]

Ein grenzüberschreitender Sachverhalt i.S.v. Art. 45 AEUV ist damit gegeben.

cc) Zwischenergebnis

Der sachliche Schutzbereich von Art. 45 AEUV ist eröffnet.

3. Ergebnis

Also ist Art. 45 AEUV auf den in der Vorlagefrage geschilderten Fall anwendbar und sein Schutzbereich[21] in diesem eröffnet, so dass der EuGH auf sie antworten wird, dass diese Bestimmung dahingehend auszulegen ist, dass ihr eine Situation unterfällt, in der jemand – wie im Ausgangsverfahren – in dem Mitgliedstaat wohnt, dessen Staatsangehörigkeit er besitzt, Inhaber eines im Fernstudium an einer Hochschule in einem anderen Mitgliedstaat erworbenen Nachweises über Kenntnisse der dortigen Sprache ist und sich hierauf bei seiner Bewerbung um eine Stelle bei einer lokalen Dienststelle des erstgenannten Mitgliedstaats beruft.

---

20 Zum gesamten Vorstehenden siehe *GA Sharpston*, Schlussanträge in der Rs. C-298/14, ECLI:EU:C:2015:408, Rn. 32 – *Brouillard*.

21 Hinweis: Nach dem mitgeteilten Sachverhalt ist ein Eingehen auf den räumlichen und zeitlichen Schutzbereich von Art. 45 AEUV (dazu siehe *Wienbracke*, EuR 2012, 483 [498 f.] m.w.N. u.a. aus der EuGH-Rspr.) nicht angezeigt.

III. Fall zur Niederlassungsfreiheit[1]

Art. 49 AEUV – Art. 54 AEUV – Art. 16 EU-GrCh – juristische Person – Ansässigkeit – sekundäre Niederlassungsfreiheit – Abgrenzung der Niederlassungs- zur Kapitalverkehrsfreiheit – Gewährleistungsumfang – Beschränkung – zwingende Gründe des Allgemeinwohls – Unionsgrundrechte als Schranken-Schranken – Verhältnismäßigkeitsprüfung

---

[1] Beim „Fall zur Niederlassungsfreiheit“ handelt es sich um eine Zweitveröffentlichung von *Wienbracke*, Den Sozialismus in seinem Lauf ... hält der EuGH auf?!, Verwaltungsrundschau (VR) 2017, S. 374-379.

A. Sachverhalt[2]

Bei den jüngsten Parlamentswahlen in dem unter einer schweren Wirtschaftskrise sowie einer besonders hohen Arbeitslosenquote leidenden EU-Mitgliedstaat M hat die sozialistische Partei die absolute Mehrheit errungen. Ihr Versprechen, im Fall des Wahlsiegs ein „Gesetz zur Kontrolle von Massenentlassungen“ (GzKvM) zu erlassen, löste sie nur wenige Tage später ein. Darin heißt es u.a.: *„Kommt es zu keiner Einigung zwischen den Arbeitnehmern und dem Arbeitgeber, kann der Arbeitsminister, nachdem er die Bedingungen des Arbeitsmarkts, die Verhältnisse des Unternehmens sowie die Belange der nationalen Wirtschaft berücksichtigt hat, die Durchführung aller geplanten Entlassungen oder eines Teils davon nicht genehmigen [...]. Massenentlassungen, die entgegen den Bestimmungen dieses Gesetzes erfolgen, sind unwirksam.“*

Die in M als juristische Person des Privatrechts gegründete und ansässige Gesellschaft G betreibt dort eine Fabrik, in der 236 Arbeitnehmer Zement für den nationalen Markt produzieren. Weil die Bautätigkeit in M – und damit einhergehend die Nachfrage nach diesem Baustoff – aufgrund der angespannten ökonomischen Gesamtsituation jedoch rapide eingebrochen ist, sieht das um den Erhalt der Lebensfähigkeit des Unternehmens fürchtende Leitungsorgan von G keine andere Möglichkeit mehr, als die Fabrik endgültig zu schließen und stattdessen fortan auf dem florierenden Markt des Nachbarmitgliedstaats tätig zu werden.

Weil die Arbeitnehmervertreter den Einladungen zur Erörterung von Möglichkeiten, die mit dieser Schließung verbundene Entlassung sämtlicher Arbeitnehmer zu vermeiden oder zumindest zu beschränken, nicht gefolgt waren, stellte G schließlich einen Antrag auf Genehmigungserteilung nach dem GzKvM. Der Arbeitsminister von M versagte diese jedoch unter Hinweis auf die die Verhältnisse des Unternehmens überwiegenden Bedingungen des Arbeitsmarkts sowie die Belange der nationalen Wirtschaft.

Die mit 89% am Kapital von G beteiligte, in einem anderen Mitgliedstaat als juristische Person des Privatrechts nach dessen Rechtsvorschriften gegründete Gesellschaft P mit satzungsmäßigem Sitz in einem weiterem Mitliedstaat und unionsweiter Geschäftstätigkeit ist der Auffassung, dass die vorgenannte Regelung im GzKvM sie in ihrem Recht aus Art. 49 Abs. 1 S. 2 AEUV verletzt. Denn M verfolge mit ihr ein rein ökonomisches Ziel, was im

---

[2] Sachverhalt und Lösung sind EuGH, Rs. C-201/15, ECLI:EU:C:2016:972 – *AGET Iraklis* und *GA Wahl*, Schlussanträge in der Rs. C-201/15, ECLI:EU:C:2016:429 – *AGET Iraklis* nachempfunden.

Rahmen der europäischen Grundfreiheiten jedoch schlechthin verpönt sei. Zudem erwiese sich diese Bestimmung in ihrer konkreten Ausgestaltung – auch im Sinne von Art. 52 Abs. 1 EU-GrCh – als unverhältnismäßig.

M hingegen ist der Ansicht, dass die sekundäre Niederlassungsfreiheit vorliegend bereits der „falsche" Prüfungsmaßstab sei, zumindest aber nicht die Vornahme von Massenentlassungen schütze. Im Übrigen könne sich P auch deshalb nicht mit Erfolg auf diese Grundfreiheit berufen, weil die hier in Rede stehende Regelung im GzKvM erst nach bereits erfolgtem Zutritt zum Markt von M Platz greife.

Hat P mit ihrer Auffassung Recht? Auf EU-Sekundärrecht, insbesondere die Richtlinie 98/59/EG des Rates vom 20. Juli 1998 zur Angleichung der Rechtsvorschriften der Mitgliedstaaten über Massenentlassungen (ABl. 1998, L 225, S. 16), ist nicht einzugehen.

B. Lösungshinweise

P hat mit ihrer Auffassung Recht, wenn vorliegend Art. 49 Abs. 1 S. 2 AEUV anwendbar sowie sein Schutzbereich eröffnet ist und die hier in Frage stehende Regelung im GzKvM in nicht gerechtfertigter Weise in diesen eingreift.

I. Anwendbarkeit

Auf EU-Sekundärrecht, das im Fall seiner Wirksamkeit und bei abschließendem Charakter der Anwendbarkeit der primärrechtlichen Vorschrift des Art. 49 Abs. 1 S. 2 AEUV entgegenstehen würde,[3] ist nach der Aufgabenstellung nicht einzugehen. Auch enthält der AEUV in Bezug auf die Niederlassungsfreiheit weder sektor- noch maßnahmenspezifische Spezialvorschriften[4] und ist die in Art. 51 Abs. 1 AEUV statuierte Bereichsausnahme für Tätigkeiten, die in einem Mitgliedstaat dauernd oder zeitweise mit der Ausübung öffentlicher Gewalt verbunden sind, hier ersichtlich nicht einschlägig. Folglich ist Art. 49 Abs. 1 S. 2 AEUV vorliegend anwendbar, der seinerseits als *lex specialis* das allgemeine Diskriminierungsverbot des Art. 18 Abs. 1 AEUV („Unbeschadet besonderer Bestimmungen der Verträge", d.h. des EUV und des AEUV, s. Art. 1 Abs. 2 S. 2 AEUV) verdrängt.

---

[3] Vgl. *Ehlers*, in: ders. (Hrsg.), Europäische Grundrechte und Grundfreiheiten, 4. Auflage, 2014, § 7 Rn. 72.

[4] *Nettesheim*, in: Oppermann/Classen/Nettesheim, Europarecht, 7. Auflage, 2016, § 28 Rn. 8.

II. Schutzbereich

1. Persönlicher Schutzbereich

a) Staatsangehörigkeit

In persönlicher Hinsicht unterfallen dem Schutzbereich von Art. 49 Abs. 1 S. 2 AEUV „Angehörige eines Mitgliedstaats“. Da „Staatsangehörige“ in diesem Sinne jedoch nur natürliche Personen sein können (vgl. Art. 20 Abs. 1 AEUV zur Unionsbürgerschaft),[5] sich vorliegend mit P aber eine juristische Person auf die sekundäre Niederlassungsfreiheit beruft, ist deren persönlicher Schutzbereich nur dann eröffnet, wenn die Voraussetzungen des Art. 54 Abs. 1 AEUV erfüllt sind.

Nach dieser Vorschrift stehen nämlich für die Anwendung dieses Kapitels, d.h. der Art. 49 bis Art. 55 AEUV, die nach den Rechtsvorschriften eines Mitgliedstaats gegründeten Gesellschaften, die ihren satzungsmäßigen Sitz, ihre Hauptverwaltung oder ihre Hauptniederlassung innerhalb der Union – nicht notwendig im Gründungsstaat[6] – haben, den natürlichen Personen gleich, die Angehörige der Mitgliedstaaten sind.[7] Als „Gesellschaften“ im Sinne von Art. 54 Abs. 1 AEUV gelten gem. Art. 54 Abs. 2 AEUV die Gesellschaften des bürgerlichen Rechts und des Handelsrechts einschließlich der Genossenschaften und die sonstigen juristischen Personen des öffentlichen und privaten Rechts mit Ausnahme derjenigen, die keinen Erwerbszweck verfolgen, d.h. die nach ihrer internen Ausrichtung nicht auf eine Teilnahme am wirtschaftlichen Wettbewerb durch das Anbieten von Leistungen gegen Entgelt angelegt sind.[8]

---

5 Vgl. nur *Borchardt*, Die rechtlichen Grundlagen der Europäischen Union, 6. Auflage, 2015, Rn. 1041: „Gesellschaften“ besitzen „keine echte Staatsangehörigkeit“. Lediglich in einem untechnischen Sinn kann daher in Bezug auf Gesellschaften von „Staatsangehörigkeit“ gesprochen werden (vgl. *Jochum*, Europarecht, 2. Auflage, 2012, Rn. 1004 m.w.N.), vorzugsweise allerdings von „Staatszugehörigkeit“ (so *Haratsch/Koenig/Pechstein*, Europarecht, 10. Auflage, 2016, Rn. 959, 968 m.w.N. aus der EuGH-Rspr.). Nachtrag: vgl. freilich Art. 199 Nr. 4 AEUV.

6 *Jung*, in: Schwarze (Hrsg.), EU-Kommentar, 3. Auflage, 2012, Art. 54 AEUV, Rn. 1.

7 Hinweis: Die Staatsangehörigkeit derjenigen Personen, welche die tatsächliche Kontrolle über die Gesellschaft ausüben, ist dagegen irrelevant, siehe *Kotzur*, in: Geiger/Khan/Kotzur, EUV/AEUV, 6. Auflage, 2016, Art. 54 AEUV Rn. 9 m.w.N. aus der EuGH-Rspr.

8 *Kalss/Klampfl*, in: Dauses (Hrsg.), EU-Wirtschaftsrecht, Stand: 37. EL, April 2015, Kap. E III., Rn. 41 m.w.N.

P ist eine am Markt geschäftlich tätige, juristische Person des Privatrechts und damit eine „Gesellschaft" im Sinne von Art. 54 Abs. 2 AEUV. Auch hat sie ihren satzungsmäßigen Sitz als einem der drei von Art. 54 Abs. 1 AEUV in alternativer Verknüpfung („oder") vorausgesetzten Kriterien für die Unionszugehörigkeit in einem Mitgliedstaat und wurde gemäß den Rechtsvorschriften eines solchen gegründet.

Damit steht P nach Art. 54 Abs. 1 AEUV für die Anwendung von Art. 49 Abs. 1 S. 2 AEUV den darin genannten natürlichen Personen gleich, die Angehörige der Mitgliedstaaten sind.

b) Ansässigkeit

Über das Staatsangehörigkeitserfordernis hinaus verlangt Art. 49 Abs. 1 S. 2 AEUV seinem ausdrücklichen Wortlaut zufolge ferner, dass die betreffende Person „im Hoheitsgebiet [irgend-[9]]eines Mitgliedstaats ansässig" ist, d.h. von dort aus ihre gewerbliche Tätigkeit ausübt.[10]

Soll durch diese Anforderung die Kontrollierbarkeit des sich auf diese Vorschrift berufenden Unternehmens vermittels einer tatsächlichen und dauerhaften Verbindung mit einem Mitgliedstaat sichergestellt werden,[11] so darf namentlich diejenige Gesellschaft, die von der sekundären Niederlassungsfreiheit Gebrauch machen will, im Unionsgebiet nicht lediglich über einen satzungsmäßigen Sitz verfügen (und im Übrigen aber nur oder vornehmlich in EU-fremde Volkswirtschaften integriert sein),[12] sondern muss zudem auch in einem tatsächlichen Sinn innerhalb der Union „ansässig" sein.[13] Eine Hauptverwaltung oder -niederlassung in dieser ist hierfür freilich nicht notwendig.[14] Vielmehr wird es bereits als ausreichend erachtet, wenn etwa der

---

[9] *Tietje*, in: Ehlers (Hrsg.), Europäische Grundrechte und Grundfreiheiten, 4. Auflage, 2014, § 10 Rn. 37.

[10] *Tiedje*, in: von der Groeben/Schwarze/Hatje (Hrsg.), Europäisches Unionsrecht, 7. Auflage, 2015, Art. 49 AEUV Rn. 41.

[11] *Müller-Graff*, in: Streinz (Hrsg.), EUV/AEUV, 2. Auflage, 2012, Art. 49 Rn. 32.

[12] *Forsthoff*, in: Grabitz/Hilf/Nettesheim (Hrsg.), Das Recht der Europäischen Union, Stand: 43. EL, März 2011, Art. 49 Rn. 58 m.w.N.

[13] *Korte*, in: Calliess/Ruffert (Hrsg.), EUV/AEUV, 5. Auflage, 2016, Art. 54 AEUV Rn. 19 m.w.N. Vgl. auch Abschnitt I, 4. Spiegelstrich des Allgemeinen Programms zur Aufhebung der Beschränkungen der Niederlassungsfreiheit (ABl. 1962 Nr. 2, S. 36): „[S]ollten die [...] Gesellschaften [...] nur ihren satzungsmäßigen Sitz innerhalb der Gemeinschaft [...] haben, so muß ihre Tätigkeit in tatsächlicher und dauerhafter Verbindung mit der Wirtschaft eines Mitgliedstaats [...] stehen".

[14] *Korte* (Fn. 13), Art. 54 AEUV Rn. 19.

europäische Binnenmarkt eines der wichtigsten Absatzgebiete der betreffenden Gesellschaft ist oder wenn sie in diesem Direktinvestitionen von erheblichem wirtschaftlichen Gewicht vorgenommen hat.[15] Gesellschaften, die überhaupt keine Berührungspunkte zu Drittstaaten aufweisen, erfüllen *per se* das Ansässigkeitserfordernis.[16]

P verfügt nicht nur über einen satzungsmäßigen Sitz in einem Mitgliedstaat, sondern hat in Gestalt ihrer 89%-Beteiligung an G zudem eine Direktinvestition innerhalb der EU vorgenommen. Wenngleich aus dem mitgeteilten Sachverhalt nicht hervorgeht, ob diese prozentual (relativ) hohe Investition auch absolut betrachtet von „erheblichem wirtschaftlichen Gewicht" ist, so ist P doch jedenfalls unionsweit, d.h. innerhalb des europäischen Binnenmarkts, als mithin alleinigem Absatzgebiet geschäftlich tätig. Anhaltspunkte für etwaige Kontakte zu Drittstaaten liegen nicht vor.

Also ist P im Hoheitsgebiet eines Mitgliedstaats ansässig.

c) Zwischenergebnis

Der persönliche Schutzbereich von Art. 49 Abs. 1 S. 2 AEUV ist eröffnet.

2. Sachlicher Schutzbereich

a) Schutzgut/grenzüberschreitender Sachverhalt

Als weitere Erscheinungsform neben der in Art. 49 Abs. 1 S. 1 AEUV geregelten primären Niederlassungsfreiheit setzt ebenfalls die hier von P als verletzt gerügte sekundäre Niederlassungsfreiheit des Art. 49 Abs. 1 S. 2 AEUV eine „Niederlassung" sowie ein EU-binnengrenzüberschreitendes Element voraus.[17]

Dieser nicht legaldefinierte Begriff ist dem EuGH zufolge in einem weiten Sinn[18] dahingehend zu verstehen, dass ihm die tatsächliche Ausübung einer wirtschaftlichen Tätigkeit mittels einer festen Einrichtung in einem anderen Mitgliedstaat auf unbestimmte Zeit – und nicht nur „vorübergehend" im Sinne von Art. 57 Abs. 3 AEUV – unterfällt.[19] Wie sich aus Art. 49 Abs. 2

---

15 *Tiedje* (Fn. 10), Art. 54 AEUV Rn. 17 ff., 34 ff., 38 ff.

16 *Forsthoff* (Fn. 12), Art. 49 AEUV Rn. 58 m.w.N.

17 *Tietje* (Fn. 9), § 10 Rn. 38.

18 EuGH, Rs. C-55/94, ECLI:EU:C:1995:411, Rn. 25 – *Gebhard.*

19 EuGH, Rs. C-221/89, ECLI:EU:C:1991:320, Rn. 20 – *Factortame.* Zum – hier nicht relevanten – Ausschluss schlechthin verbotener Tätigkeiten siehe *Schroeder*, Grundkurs Europarecht, 4. Auflage, 2015, § 14 Rn. 116.

AEUV ergibt, kann die wirtschaftliche Tätigkeit nicht nur in der Aufnahme und Ausübung selbständiger Erwerbstätigkeiten bestehen (im Gegensatz zu unselbständiger im Sinne von Art. 45 AEUV),[20] sondern ebenfalls in der Gründung und Leitung von Unternehmen, insbesondere von Gesellschaften im Sinne des Art. 54 Abs. 2 AEUV, nach den Bestimmungen des Aufnahmestaats für seine eigenen Angehörigen. Hierzu gehört gem. Art. 49 Abs. 1 S. 2 AEUV namentlich die Gründung von (rechtlich selbständigen)[21] Tochterunternehmen, der wiederum die Übernahme eines bestehenden Unternehmens gleichsteht.[22]

Allerdings ist aufgrund der im vorliegenden grundfreiheitlichen Kontext gebotenen ökonomischen Betrachtungsweise (vgl. Art. 3 Abs. 2, 3 EUV, Art. 26 Abs. 2 AEUV zum Binnenmarkt)[23] das Halten einer derart kapitalmäßigen Beteiligung an einer (Tochter-)Gesellschaft mit Sitz in einem anderen Mitgliedstaat nur dann unter den sachlichen Schutzbereich der Niederlassungsfreiheit zu subsumieren, wenn die jeweilige Beteiligung ihrem Anteilseigner einen beherrschenden Einfluss auf die Entscheidungen der Gesellschaft in dem Sinne verleiht, dass er deren Tätigkeiten bestimmen kann,[24] wozu je nach Regelungszusammenhang bereits eine Beteiligungsquote von mehr als 20%[25] bzw. 25%[26] ausreichen kann. Zudem verlangt der EuGH in Anbetracht des mit der Niederlassungsfreiheit verfolgten Ziels der Eingliederung in den Aufnahmemitgliedstaat (Teilnahme an dessen Wirtschaftsleben in stabiler und kontinuierlicher Weise)[27] die dortige tatsächliche Ansiedlung der betreffenden Gesellschaft und die Ausübung einer wirklichen wirtschaftlichen Tätigkeit in diesem (im Gegensatz zu „rein künstliche[n], jeder wirtschaftlichen Realität bare[n] Gestaltungen").[28]

---

[20] Näher dazu siehe *Wienbracke*, EuR 2012, 483 (492) m.w.N.

[21] *Ahlt/Dittert*, Europarecht, 4. Auflage, 2011, S. 229.

[22] *Ress/Ukrow*, in: Grabitz/Hilf/Nettesheim (Hrsg.), Das Recht der Europäischen Union, Stand: 52. EL, Januar 2014, Art. 63 AEUV Rn. 312.

[23] Vgl. *Sedlaczek/Züger*, in: Streinz (Hrsg.), EUV/AEUV, 2. Auflage, 2012, Art. 63 AEUV Rn. 34; *Ress/Ukrow* (Fn. 22), Art. 63 AEUV Rn. 312.

[24] EuGH, Rs. C-251/98, ECLI:EU:C:2000:205, Rn. 22 – *Baars.*

[25] Vgl. EuGH, Rs. C-244/11, ECLI:EU:C:2012:694, Rn. 21 ff. – *Kommission/Griechenland.*

[26] Vgl. EuGH, Rs. C-31/11, ECLI:EU:C:2012:481, Rn. 25 ff. – *Scheunemann.*

[27] Näher dazu siehe EuGH, Rs. C-179/14, ECLI:EU:C:2016:108, Rn. 148 – *Kommission/Ungarn* m.w.N.

[28] EuGH, C-196/04, ECLI:EU:C:2006:544, Rn. 54 f. – *Cadbury Schweppes und Cadbury Schweppes Overseas* (dort in Rn. 55 auch zur Missbrauchsbekämp-

Hier handelt es sich bei der in einem anderen Mitgliedstaat ansässigen P um den eine 89%-Beteiligung haltenden Hauptaktionär der in M als juristische Person des Privatrechts gegründeten und dort ansässigen G, welche in diesem eine Fabrik mit hunderten von Arbeitnehmern betreibt, deren realökonomische Aktivität darin besteht, Zement für den nationalen Markt herzustellen.

Die Voraussetzungen einer „Niederlassung" im Sinne von Art. 49 Abs. 1 S. 2 AEUV sind somit erfüllt.

b) Abgrenzung zur Kapitalverkehrsfreiheit

Wie sich im Umkehrschluss aus Art. 64 Abs. 1, 2 AEUV als Ausnahmevorschrift zu Art. 63 AEUV ergibt, werden „Direktinvestitionen" wie die hiesige „Beteiligung an neuen oder bereits bestehenden Unternehmen zur Schaffung oder Aufrechterhaltung dauerhafter Wirtschaftsbeziehungen" (Rubrik I Nr. 2 des Anhangs I der Richtlinie 88/361/EWG[29]) allerdings ebenfalls vom Begriff des „Kapitalverkehrs" erfasst,[30] weshalb sich vorliegend die Frage nach dem Konkurrenzverhältnis[31] dieser Grundfreiheit zur Niederlassungsfreiheit stellt.

Wenngleich insofern im Schrifttum[32] vieles streitig ist – der Wortlaut von Art. 49 Abs. 2 AEUV („Vorbehaltlich des Kapitels über den Kapitalverkehr

---

fung). Bestätigt in EuGH, Rs. C-378/10, ECLI:EU:C:2012:440, Rn. 34 – *VALE* als „Rückkehr zum [...] *Factortame-II*-Urteil" und „endgültige Abkehr von *Centros* [...] und *Inspire Art*", „wonach auch eine Briefkastengründung von der Niederlassungsfreiheit gedeckt" war, siehe *Kindler*, EuZW 2012, 888 (891 f.).

[29] Richtlinie des Rates vom 24. Juni 1988 zur Durchführung von Artikel 67 des Vertrages (88/361/EWG), ABl. L 178, S. 5. Auf diesen Sekundärrechtsakt greift der EuGH (Rs. C-446/04, ECLI:EU:C:2006:774, Rn. 179 f. – *Test Claimants in the FII Group Litigation I* m.w.N.) als „Richtschnur" auch auf der höherrangigen Ebene des primärrechtlichen Art. 63 AEUV zurück, was aus Gründen der Normenhierarchie freilich nur im Sinne einer „Auslegungshilfe mit Hinweischarakter" zulässig ist, siehe *Wojcik*, in: von der Groeben/Schwarze/Hatje (Hrsg.), Europäisches Unionsrecht, 7. Auflage, 2015, Art. 63 AEUV Rn. 3.

[30] Ebenso *Streinz*, Europarecht, 10. Auflage, 2016, Rn. 958.

[31] Vgl. *Wojcik* (Fn. 29), Art. 63 AEUV Rn. 61: „nachgelagerte [...] Konkurrenzregel".

[32] Siehe die Nachweise zum Meinungsstreit etwa bei *Nettesheim* (Fn. 4), § 30 Rn. 8. Hinweis: Wegen der Konvergenz der Grundfreiheiten ist die Abgrenzung zwischen der Niederlassungs- und der Kapitalverkehrsfreiheit für rein innereuropäische Sachverhalte – im Gegensatz zu solchen mit Drittstaatsbezug (nur Art. 63 Abs. 1 AEUV schützt diese, nicht dagegen auch Art. 49 Abs. 1 AEUV) – in der Regel kaum von praktischer Bedeutung, vgl. *Ress/Ukrow* (Fn. 22), Art. 63 AEUV Rn. 304.

[...]“) und Art. 65 Abs. 2 AEUV („Dieses Kapitel berührt nicht die Anwendbarkeit von Beschränkungen des Niederlassungsrechts [...]“) legt eine parallele Anwendbarkeit beider Vorschriften nahe –, so scheint der EuGH in seiner neueren Rechtsprechung doch nicht (mehr) von einer Idealkonkurrenz,[33] sondern vielmehr von einem Exklusivitätsverhältnis zwischen Art. 49 Abs. 1 AEUV einerseits und Art. 63 Abs. 1 AEUV andererseits auszugehen.[34]

Danach ist zur Beantwortung der Frage, anhand welcher dieser beiden Vorschriften eine nationale Regelung zu messen ist, zuvorderst auf deren Gegenstand abzustellen (Theorie der Maßgeblichkeit der nationalen Norm)[35]. Ist diese nur auf solche (Kontroll-)Beteiligungen anwendbar, die es ermöglichen, einen sicheren Einfluss auf die Entscheidungen einer Gesellschaft auszuüben und deren Tätigkeiten zu bestimmen (s.o. B.II.2.a)), so ist die Niederlassungsfreiheit der richtige Prüfungsmaßstab. Hingegen sind mitgliedstaatliche Bestimmungen über (sog. Portfolio-)Beteiligungen, die in der alleinigen Absicht der Geldanlage erfolgen, ohne dass auf die Verwaltung und Kontrolle des Unternehmens Einfluss genommen werden soll, ausschließlich anhand der Kapitalverkehrsfreiheit zu messen.[36]

Kann demgegenüber eine mitgliedstaatliche Regelung, die nicht nur auf Direkt-, sondern ebenfalls auf Portfolioinvestitionen anwendbar ist, im Ausgangspunkt sowohl unter Art. 49 Abs. 1 AEUV als auch unter Art. 63 Abs. 1 AEUV fallen,[37] so berücksichtigt der EuGH in einer solchen Situation letztlich jedoch die tatsächlichen Gegebenheiten des konkreten Falls (Theorie der Maßgeblichkeit des konkreten Sachverhalts[38]), um zu bestimmen, von welcher dieser Freiheiten sie erfasst wird (Schwerpunktbetrachtung).[39] Hat dieser eine Mehrheitsbeteiligung mit den vorgenannten Einfluss- und Bestimmungsmöglichkeiten zum Gegenstand, so unterfällt sie der Niederlassungsfreiheit. Etwaige beschränkende Auswirkungen auf den freien Kapitalverkehr werden vom EuGH in einer solchen Konstellation lediglich als „unvermeidliche Konsequenz“ einer eventuellen Beschränkung der Nieder-

---

33 Zu dieser älteren Judikatur siehe *Schürmann*, in: Lenz/Borchardt (Hrsg.), EUV/AEUV, 6. Auflage, 2012, Art. 63 Rn. 12 m.w.N. aus der EuGH-Rspr.

34 *Sedlaczek/Züger* (Fn. 23), Art. 63 AEUV Rn. 33 m.w.N. aus der EuGH-Rspr.

35 *Ress/Ukrow* (Fn. 22), Art. 63 AEUV Rn. 288 m.w.N.

36 Zum gesamten Vorstehenden siehe EuGH, Rs. C-35/11, ECLI:EU:C:2012:707, Rn. 90 ff. – *Test Claimants in the FII Group Litigation II* m.w.N.

37 EuGH, Rs. C-81/09, ECLI:EU:C:2010:622, Rn. 49 – *Idryma Typou* m.w.N.

38 *Ress/Ukrow* (Fn. 22), Art. 63 AEUV Rn. 288 (Fn. 3) m.w.N.

39 EuGH, Rs. C-686/13, ECLI:EU:C:2015:375, Rn. 23 – *X AB* m.w.N.

lassungsfreiheit angesehen, die keine eigenständige Prüfung im Hinblick auf Art. 63 AEUV rechtfertigten.[40]

Ihrem Wortlaut nach gilt die im hiesigen Fall einschlägige Vorschrift im GzKvM unabhängig von den Beteiligungsverhältnissen des arbeitgebenden Unternehmens. In einer solchen Konstellation gelangt nach der gemäß dem Vorstehenden mithin heranzuziehenden Theorie der Maßgeblichkeit des konkreten Sachverhalts aufgrund der 89%-igen Direktinvestition von P vorliegend Art. 49 Abs. 1 AEUV zur Anwendung. Doch auch dann, wenn man der hier streitigen Regelung im Ergebnis nur für solche Beteiligungen Bedeutung beimisst, bei denen der Anteilsinhaber letztendlich als Arbeitgeber der Arbeitnehmer der Tochtergesellschaft zu handeln vermag, so ist ihm dies üblicherweise nur im Fall einer Mehrheitsbeteiligung möglich – was nach der sodann zugrunde zu legenden Theorie der Maßgeblichkeit der nationalen Norm ebenfalls zur alleinigen Anwendbarkeit der primärrechtlichen Vorschriften über die Niederlassungsfreiheit führt.

Mithin ist in Bezug auf den hiesigen Fall allein Art. 49 Abs. 1 S. 2 AEUV zu prüfen.

c) Gewährleistungsumfang

Ob es sich bei der vom Leitungsorgan von G beabsichtigen Entlassung von 236 Arbeitnehmern um ein durch diese Vorschrift geschütztes Verhalten handelt, erscheint indes fraglich, nennt Art. 49 Abs. 1 S. 2 AEUV als solches ausdrücklich doch einzig die „Gründung von Agenturen, Zweigniederlassungen oder Tochtergesellschaften“.

Als notwendige Ergänzung hierzu gewährleistet die tatsächliche Ausübung der sekundären Niederlassungsfreiheit nach der EuGH-Rechtsprechung allerdings ferner, dass die von einer in einem Mitgliedstaat niedergelassenen juristischen Person gegründete Tochtergesellschaft im Aufnahmemitgliedstaat Arbeitnehmer beschäftigen kann, um ihre dortige Tätigkeit zu erbringen – was u.a. die (positive) Freiheit einschließt, die Größe dieser festen Einrichtungen und damit einhergehend die Anzahl der Arbeitnehmer zu bestimmen und Verträge mit ihnen zu schließen, diese gegebenenfalls aber auch wieder zu beenden, wenn die unternehmerische Entscheidung getroffen worden ist, dass die Niederlassung aufgegeben werden soll (negative Niederlassungsfreiheit).[41]

---

[40] Zum Ganzen vgl. EuGH, Rs. C-326/07, ECLI:EU:C:2009:193, Rn. 39 – *Kommission/Italien* m.w.N.; EuGH, Rs. C-244/11, ECLI:EU:C:2012:694, Rn. 30 – *Kommission/Griechenland.*

[41] Vgl. EuGH, Rs. 284/83, ECLI:EU:C:1985:61, Rn. 15 – *Dansk Metalarbejderforbund und Specialarbejderforbundet i Danmark*; EuGH, Rs. 79/85, ECLI:EU:C:1986:308, Rn. 15 – *Segers*; EuGH, Rs. C-383/92, ECLI:EU:C:1994:234, Rn. 29 und 32 – *Kommission/Vereinigtes Königreich*; EuGH, Rs. C-446/03, ECLI:EU:C:2005:763, Rn. 30 – *Marks & Spencer.*

Letzteres ist hier vom Leitungsorgan der in M ansässigen G als Tochterunternehmen von P mit Sitz in einem anderen Mitgliedstaat beabsichtigt. Die von G in M betriebene Fabrik soll endgültig geschlossen und damit einhergehend die 236 dort bislang beschäftigten Arbeitnehmer entlassen werden.

Bei der Vornahme dieser (Massen-)Entlassungen handelt es sich daher um eine von der sekundären Niederlassungsfreiheit geschützte Verhaltensweise. Dass diese gegebenenfalls zugleich Art. 16 EU-GrCh unterfällt, vermag an diesem Resultat nichts zu ändern.[42]

d) Zwischenergebnis

Der sachliche Schutzbereich von Art. 49 Abs. 1 S. 2 AEUV ist eröffnet.

III. Eingriff

Des Weiteren müsste ein Eingriff in den Schutzbereich der sekundären Niederlassungsfreiheit vorliegen.

Art. 49 Abs. 1 S. 2 AEUV verbietet „Beschränkungen" der Gründung von Agenturen, Zweigniederlassungen oder Tochtergesellschaften, worunter im Ausgangspunkt das Verbot der Schlechterbehandlung von Staatsangehörigen anderer Mitgliedstaaten gegenüber „eigenen Angehörigen" zu verstehen ist, vgl. Art. 49 Abs. 2 AEUV. Ebenso wie bei den übrigen Grundfreiheiten der Fall[43] hat der EuGH allerdings auch dieses Diskriminierungsverbot mittlerweile zu einem allgemeinen, zuvorderst an die Mitgliedstaaten gerichteten Beschränkungsverbot erweitert.[44] Letzteres erfasst solche nationalen Regelungen, die zwar ohne Diskriminierung aus Gründen der Staatsangehörigkeit anwendbar, aber gleichwohl dazu geeignet sind, die Ausübung der Niederlassungsfreiheit zu behindern oder weniger attraktiv zu machen.[45] Richtigerweise nicht als Beschränkungen in diesem Sinne zu qualifizieren sind – entsprechend der zur Warenverkehrsfreiheit ergangenen *Keck*-Rechtsprechung[46] – allerdings bloße „Niederlassungsmodalitäten", die sich nicht auf den EU-binnengrenzüberschreitenden Marktzugang als solchen auswirken.[47]

---

[42] Vgl. EuGH, Rs. C-438/05, ECLI:EU:C:2007:772, Rn. 42 ff. – *Viking.*

[43] Vgl. etwa *Wienbracke*, Jura 2008, 929 (935) m.w.N. aus der EuGH-Rspr.

[44] *Hobe*, Europarecht, 8. Auflage, 2014, Rn. 787, 789 m.w.N. aus der EuGH-Rspr.

[45] EuGH, Rs. C-140/03, ECLI:EU:C:2005:242, Rn. 27 – *Kommission/Griechenland* m.w.N.

[46] EuGH, verb. Rs. C-267/91 und C-268/91, ECLI:EU:C:1993:905, Rn. 16 – *Keck und Mithouard.*

[47] Vgl. EuGH, Rs. C-518/06, ECLI:EU:C:2009:270, Rn. 64 – *Kommission/Italien* m.w.N.; *Arndt/Fischer/Fetzer*, Europarecht, 11. Auflage, 2015, Rn. 538 m.w.N.

Nach der vorliegend streitigen Regelung in dem vom Parlament als einem Organ von M erlassenen GzKvM, die weder unmittelbar noch mittelbar an die Staatsan- bzw. -zugehörigkeit anknüpft, hängt die Möglichkeit, Massenentlassungen rechtswirksam vorzunehmen, von der Erteilung einer behördlichen Genehmigung ab. Handelt es sich beim Ausspruch von Massenentlassungen aber um eine grundlegende Entscheidung im Leben eines Unternehmens (vgl.o. B.II.2.c)), das im Fall der Versagung der diesbezüglichen Genehmigung dem Risiko eines betriebswirtschaftlichen Verlusts ausgesetzt wird, so stellt die vorgenannte nationale Regelung eine erhebliche Einmischung in die den Wirtschaftsteilnehmern im Allgemeinen zustehende Freiheit – namentlich deren interne Organisation – dar. Als solche ist sie nicht nur dazu geeignet, einen Zugang zum Markt von M weniger attraktiv zu machen, sondern darüber hinaus im hier gegebenen Fall des bereits erfolgten Zugangs zu diesem Markt Wirtschaftsteilnehmer anderer Mitgliedstaaten wie P, die beschlossen haben, sich fortan auf einem neuen Markt (hier: des Nachbarmitgliedstaats) niederzulassen, in ihren Möglichkeiten, ihre Tätigkeit in M wieder aufzugeben, indem sie sich im Hinblick darauf von den zuvor eingestellten Arbeitnehmern trennen, erheblich zu beschränken.

Ein Eingriff in den Schutzbereich der sekundären Niederlassungsfreiheit liegt deshalb vor.

IV. Rechtfertigung

Der Eingriff könnte jedoch gerechtfertigt sein.

1. Schranken

Der hierfür zunächst notwendige Rechtfertigungsgrund ergibt sich vorliegend nicht bereits aus den in Art. 52 Abs. 1 AEUV ausdrücklich genannten „Gründen der öffentlichen Ordnung, Sicherheit oder Gesundheit", von denen im hiesigen Fall ersichtlich keiner einschlägig ist.[48] Jedoch könnte der auf die hier gegebene Eingriffsform der diskriminierungsfreien Beschränkung (s.o. B.III.) ohne Weiteres anwendbare,[49] ungeschriebene Rechtfertigungsgrund der „zwingenden Gründe des Allgemeinwohls"[50] gegeben sein.

---

[48] Hinweis: Zur Heranziehung dieser nach dem Wortlaut von Art. 52 Abs. 1 AEUV allein „Sonderregelung[en] für Ausländer" betreffenden Gründe auch zur Rechtfertigung von diskriminierungsfreien Beschränkungen siehe *Korte* (Fn. 13), Art. 52 AEUV Rn. 5 m.w.N.

[49] Vgl. *Herdegen*, Europarecht, 18. Auflage, 2016, § 14 Rn. 5.

[50] Siehe nur EuGH, Rs. C-55/94, ECLI:EU:C:1995:411, Rn. 37 – *Gebhard*.

Wie sich aus der nach dem GzKvM bestehenden Pflicht des Arbeitsministers von M ergibt, vor der in seinem Ermessen stehenden Verweigerung der Genehmigung aller geplanten Entlassungen oder eines Teils davon u.a. „die Bedingungen des Arbeitsmarkts [...] sowie die Belange der nationalen Wirtschaft" zu berücksichtigen, verfolgt das Parlament von M mit dieser Regelung zum einen den Schutz der Arbeitnehmer und die Bekämpfung der Arbeitslosigkeit. Dabei handelt es sich jeweils um primärrechtlich legitime Zwecke, ist die EU doch nicht allein auf ökonomische Ziele ausgerichtet, vgl. Art. 3 Abs. 3 UAbs. 1 S. 2 EUV („soziale Marktwirtschaft, die auf Vollbeschäftigung und sozialen Fortschritt abzielt"), Art. 9 („Förderung eines hohen Beschäftigungsniveaus, [...] Gewährleistung eines angemessenen sozialen Schutzes"), Art. 147 Abs. 1 und 2 (jeweils „hohen Beschäftigungsniveau[s]") sowie Art. 151 Abs. 1 („Förderung der Beschäftigung [...], angemessenen sozialen Schutz [...], ein dauerhaft hohes Beschäftigungsniveau") AEUV. Die daneben zum anderen vorliegenden rein wirtschaftlichen Gründe („Wahrung der Belange der nationalen Wirtschaft") vermögen hingegen nach ständiger EuGH-Rechtsprechung[51] Eingriffe in die europäischen Grundfreiheiten von vornherein nicht zu rechtfertigen.

Primärrechtlich anzuerkennende Rechtfertigungsgründe liegen im vorgenannten Umfang damit vor.

2. Schranken-Schranken

Darüber hinaus muss sich die in Art. 49 Abs. 1 S. 2 AEUV eingreifende mitgliedstaatliche Maßnahme als verhältnismäßig erweisen, um gerechtfertigt zu sein, d.h. sie muss mit Blick auf das mit ihr zu erreichen gesuchte, im unionalen Allgemeininteresse liegende Ziel geeignet, erforderlich und angemessen sein.[52]

Zudem ist zu berücksichtigen, dass es sich bei der mitgliedstaatlichen Beeinträchtigung einer Grundfreiheit wie hier derjenigen des Art. 49 Abs. 1 S. 2 AEUV um einen Fall der „Durchführung des Rechts der Union" im Sinne von Art. 51 Abs. 1 S. 1 EU-GrCh handelt mit der Folge, dass die im Hinblick hierauf zur Rechtfertigung angeführten „zwingenden Gründe des Allgemeininteresses" für die betreffende nationale Maßnahme nur dann gelten,

---

[51] Vgl. EuGH, Rs. C-398/95, ECLI:EU:C:1997:282, Rn. 22 f. – *SETTG*; EuGH, Rs. C-35/98, ECLI:EU:C:2000:294, Rn. 47 f. – *Verkooijen*; EuGH, Rs. C-367/98, ECLI:EU:C:2002:326, Rn. 52 – *Kommission/Portugal*, jeweils m.w.N.

[52] Vgl. EuGH, Rs. C-55/94, ECLI:EU:C:1995:411, Rn. 37 – *Gebhard*; *Haag*, in: Bieber/Epiney/Haag/Kotzur, Europarecht, 12. Auflage, 2016, § 11 Rn. 128 m.w.N. aus der EuGH-Rspr.

wenn Letztere zugleich im Einklang mit dem jeweils einschlägigen, seinerseits unter Wahrung der in Art. 52 Abs. 1 EU-GrCh genannten Voraussetzungen des Gesetzesvorbehalts, der Wesensgehaltsgarantie und des Verhältnismäßigkeitsgrundsatzes freilich einschränkbaren Unionsgrundrecht steht.[53]

a) Gesetzesvorbehalt und Wesensgehaltsgarantie

Dies ist vorliegend dasjenige aus Art. 16 EU-GrCh.

Die darin verankerte „unternehmerische Freiheit“ schützt die Ausübung einer Wirtschafts- oder Geschäftstätigkeit und umfasst die Vertragsfreiheit sowie den freien Wettbewerb.[54]

Insbesondere gewährleistet sie das Recht, dass es einem Unternehmen möglich sein muss, im Rahmen eines zum Vertragsabschluss führenden Verfahrens, an dem es beteiligt ist, seine Interessen wirksam geltend zu machen und die die Entwicklung der Arbeitsbedingungen seiner Arbeitnehmer bestimmenden Faktoren mit Blick auf seine künftige wirtschaftliche Tätigkeit auszuhandeln.[55] Wird dies bestimmten Unternehmen durch eine nationale Regelung verwehrt, so beeinträchtigt dies den Wesensgehalt[56] von Art. 16 EU-GrCh.[57]

Demgegenüber enthält die vorliegend in Frage stehende Regelung im GzKvM kein absolutes Verbot von Massenentlassungen, sondern statuiert lediglich eine diesbezügliche Kontrollbefugnis der zuständigen mitgliedstaatlichen Behörde, welche es dieser ermöglicht, die für die Rechtswirksamkeit eines solches Vorhabens notwendige Genehmigung unter bestimmten Umständen zu versagen.

---

[53] Vgl. EuGH, Rs. C-260/89, ECLI:EU:C:1991:254, Rn. 43 – *ERT*; EuGH, Rs. C-617/10, ECLI:EU:C:2013:105, Rn. 19 ff. – *Åkerberg Fransson*; EuGH, Rs. C-390/12, ECLI:EU:C:2014:281, Rn. 35 – *Pfleger u.a.*

[54] EuGH, Rs. C-283/11, ECLI:EU:C:2013:28, Rn. 42 – *Sky Österreich*. Siehe auch die gem. Art. 6 Abs. 1 UAbs. 3 EUV, Art. 52 Abs. 7 EU-GrCh zu berücksichtigende Erläuterung zu Artikel 16 der Charta der Grundrechte (ABl. 2007, C 303, S. 17) m.w.N. aus der EuGH-Rspr.

[55] EuGH, Rs. C-426/11, ECLI:EU:C:2013:521, Rn. 33 – *Alemo-Herron u.a.*

[56] Was genau hierunter zu verstehen ist, ist – ebenso wie bei Art. 19 Abs. 2 GG der Fall (dazu siehe *Wienbracke*, Einführung in die Grundrechte, 2013, Rn. 211 ff. m.w.N.) – unklar, vgl. *Borowsky*, in: Meyer (Hrsg.), Charta der Grundrechte der Europäischen Union, 4. Auflage, 2014, Art. 52 Rn. 23; *Jarass*, Charta der Grundrechte der EU, 3. Auflage, 2016, Art. 52 Rn. 29.

[57] EuGH, Rs. C-426/11, ECLI:EU:C:2013:521, Rn. 34 f. – *Alemo-Herron u.a.*

Folglich liegt zwar ein nationalgesetzlicher Eingriff in Art. 16 EU-GrCh vor; der Wesensgehalt dieses Unionsgrundrechts wird hierdurch jedoch nicht angetastet.

b) Verhältnismäßigkeitsgrundsatz

Die sowohl im Rahmen der grundfreiheitlichen als auch der unionsgrundrechtlichen Verhältnismäßigkeitsprüfung zu untersuchende Geeignetheit liegt vor, wenn sich die eingesetzte Maßnahme als tauglich zur Förderung des mit ihr in EU-rechtlich legitimerweise verfolgten Ziels erweist.[58]

aa) Geeignetheit

Dass die hier relevante Regelung im GzKvM dazu beiträgt, die mit ihr nicht nur aus grundfreiheitlicher Perspektive (s.o. B.IV.1.), sondern ebenfalls nach Art. 52 Abs. 1 EU-GrCh legitimen Ziele des Arbeitnehmerschutzes (als einem von der Union anerkannten „Erfordernis des Schutzes der Rechte und Freiheiten anderer" im Sinne dieser Vorschrift, vgl. Art. 30 EU-GrCh: „Anspruch [der Arbeitnehmer] auf Schutz vor ungerechtfertigter Entlassung") und der Bekämpfung der Arbeitslosigkeit (als eine im Sinne von Art. 52 Abs. 1 EU-GrCh „dem Gemeinwohl dienende Zielsetzung"[59]) zu erreichen, könnte sich daraus ergeben, dass aufgrund des im GzKvM enthaltenen Erfordernisses der behördlichen Genehmigung von Massenentlassungen, welche als solche Auswirkungen auf die Beschäftigung einer erheblichen Anzahl von Arbeitnehmern in einem Unternehmen haben, diese im Fall der Genehmigungsverweigerung unwirksam sind mit der Folge, dass die betreffenden Arbeitsverhältnisse trotz der gegenläufigen unternehmerischen Entscheidung weiterhin fortbestehen (sie in diesem Sinn also geschützt werden) und diese Arbeitnehmer mithin nicht arbeitslos werden.

Nimmt man dagegen nicht eine derart formal-juristische, sondern vielmehr eine materiell-ökonomische Sichtweise ein, so ergibt sich, dass die behördliche Verweigerung der Genehmigung einer beantragten Massenentlassung zur wirtschaftlichen Ineffizienz und eventuell sogar zur Insolvenz des beschäftigenden Unternehmens führen kann – mit der möglichen weiteren (kontraproduktiven) Folge, dass dann auch die Arbeitsplätze der gegebenenfalls nicht von der Massenentlassung betroffenen Arbeitnehmer in Gefahr geraten. Werden durch die Genehmigungsverweigerung die zur ungewissen Beschäftigungslage der betroffenen Arbeitnehmer führenden Ursachen aber

---

[58] Vgl. *Ehlers* (Fn. 3), § 7 Rn. 130, § 14 Rn. 112.

[59] Zum Verhältnis des Begriffs der „Gemeinwohlziele" im Sinne von Art. 52 Abs. 1 EU-GrCh zu dem der „zwingenden Erfordernisse des Allgemeinwohls" siehe *Ehlers* (Fn. 3), § 14 Rn. 107 m.w.N.

nicht beseitigt, so stellt dies zugleich die Eignung dieses Instruments zur Bekämpfung der Arbeitslosigkeit in Frage.

Allerdings werden die Arbeitnehmer und ihre Beschäftigungsverhältnisse durch die im GzKvM getroffene Regelung zumindest in gewissem Umfang – und sei es auch lediglich vorläufig bis zum etwaigen Eintritt der vorerwähnten Arbeitgeberinsolvenz – geschützt und erkennt der EuGH, auch wenn er grundsätzlich die Vorlage einer Untersuchung zur Geeignetheit der erlassenen Maßnahme von den Mitgliedstaaten verlangt,[60] diesen speziell im hiesigen Zusammenhang der Wahl der geeigneten Maßnahmen zur Verwirklichung ihrer sozialpolitischen Ziele einen weiten Beurteilungsspielraum zu.[61]

Ob im Hinblick darauf die Geeignetheit vorliegend somit letztlich doch zu bejahen ist, kann allerdings dahingestellt bleiben, sofern die Verhältnismäßigkeitsprüfung jedenfalls aus einem anderen Grund negativ ausfallen sollte.

bb) Erforderlichkeit

So ist im Sinne des unionsrechtlichen Verhältnismäßigkeitsgrundsatzes eine Maßnahme nur dann erforderlich, wenn der mit ihr verfolgte Zweck nicht durch ein milderes, aber gleich wirksames Mittel erreicht werden kann.[62]

Die Existenz einer aus Sicht der betroffenen Unternehmen weniger einschneidenden, zugleich aber ebenso effektiven Maßnahme wie der vorliegend streitigen gesetzlichen Regelung zur Verwirklichung der mit dieser vom Parlament von M in unionsrechtlich legitimer Weise verfolgten Ziele des Arbeitnehmerschutzes und der Arbeitslosigkeitsbekämpfung ist dem Grunde nach letztlich nicht erkennbar.

Demgegenüber ist in Bezug auf die konkrete Ausgestaltung der im GzKvM getroffenen Regelung festzustellen, dass die darin genannten Kriterien – sofern sie als solche primärrechtlich überhaupt anzuerkennen sind (s.o. B.IV.1.) – sehr allgemein und ungenau gefasst sind. Insbesondere enthalten sie keinen Hinweis darauf, unter welchen konkreten objektiven Umständen die mit ihr verbundene Befugnis der behördlichen Genehmigungsverweigerung ausgeübt werden darf. Tatsächlich sind diese vielmehr potenziell zahlreich, unbestimmt und unbestimmbar und lassen dem Arbeitsminister von

---

[60] EuGH, Rs. C-379/11, ECLI:EU:C:2012:798, Rn. 49 – *Caves Krier Frères* m.w.N.

[61] Vgl. EuGH, Rs. C-208/05, ECLI:EU:C:2007:16, Rn. 39 f. – *ITC*; EuGH, Rs. C-385/05, ECLI:EU:C:2007:37, Rn. 28 f. – *Confédération générale du travail u.a.*; EuGH, Rs. C-379/11, ECLI:EU:C:2012:798, Rn. 51 f. – *Caves Krier Frères*.

[62] Vgl. *Ehlers* (Fn. 3), § 7 Rn. 130, § 14 Rn. 112.

M einen gerichtlich wenn überhaupt nur schwer kontrollierbaren, weiten (Beurteilungs-)Spielraum. Und dies, obwohl dessen Befugnis zur Verweigerung der Genehmigung der jeweiligen Massenentlassungen als Entscheidung von grundlegendem Charakter im Leben eines Unternehmens dessen diesbezügliche Freiheit schwerwiegend beeinträchtigt (vgl.o. B.III.).

Die im GzKvM normierten Kriterien gehen daher über dasjenige hinaus, was zur Erreichung der mit diesem in unionsrechtlicher legitimer Weise angestrebten Ziele erforderlich ist, und sind jedenfalls deshalb insgesamt unverhältnismäßig[63] – so dass die Frage nach der Geeignetheit (s.o. B.IV.2.b)aa)) nicht beantwortet werden muss.

Also ist der Eingriff in den Schutzbereich der sekundären Niederlassungsfreiheit nicht gerechtfertigt, so dass P durch die hier streitige Regelung im GzKvM in ihrem[64] Recht aus Art. 49 Abs. 1 S. 2 AEUV verletzt wird.

V. Ergebnis

P hat mit ihrer Auffassung Recht.

---

[63] Hinweis: Andernfalls wäre Art. 16 EU-GrCh als das Gewicht der Niederlassungsfreiheit im Rahmen der sodann durchzuführenden Verhältnismäßigkeitsprüfung (im engeren Sinne) verstärkende Schranken-Schranke bei der Abwägung mit dem Schutz der Arbeitnehmer und der Beschäftigung zu berücksichtigen, vgl. *Epiney*, in: Bieber/Epiney/Haag/Kotzur, Europarecht, 12. Auflage, 2016, § 10 Rn. 17; *Haratsch/Koenig/Pechstein* (Fn. 5), Rn. 842 m.w.N. Diese Situation ist nicht zu verwechseln mit derjenigen in EuGH, Rs. C-112/00, ECLI:EU:C:2003:333, Rn. 74 – *Schmidberger*; EuGH, Rs. C-36/02, ECLI:EU:C: 2004:614, Rn. 35 – *Omega Spielhallen* (Unionsgrundrechte als Grundfreiheitenschranke). Zu beiden Konstellationen im selben Fall siehe *Herdegen* (Fn. 49), § 14 Rn. 10 unter Hinweis auf EuGH, Rs. C-368/95, ECLI:EU:C:1997:325, Rn. 18 ff. – *Familiapress*.

[64] Sämtliche Grundfreiheiten gelten bzw. wirken unmittelbar im nationalen Recht, sind unmittelbar anwendbar und begründen zugunsten ihrer Berechtigten subjektive Rechte, siehe *Wienbracke*, DVP 2014, 416 (417) m.w.N.

IV. Fall zur Dienstleistungsfreiheit[1]

Art. 56 AEUV – Art. 57 AEUV – passive Dienstleistungsfreiheit – unmittelbare Drittwirkung – offene Diskriminierung – *ordre public*-Vorbehalt – Unionsgrundrechte als Grundfreiheitenschranken

---

1 Beim „Fall zur Dienstleistungsfreiheit" handelt es sich um eine auszugsweise Zweitveröffentlichung von *Wienbracke*, Bayern baden billiger!?, Verwaltungsrundschau (VR) 2017, S. 421-427. Die dortige „Aufgabe 2" wurde vorliegend weggelassen und der dortige „Hinweis" hier als „Bearbeitervermerk" der verbleibenden Aufgabe nachgestellt.

A. Sachverhalt[2]

Der österreichische Staatsangehörige S ist passionierter Schwimmer. Seit in seinem österreichischen Wohnort das letzte Schwimmbad geschlossen wurde, fährt S nahezu täglich über die nur wenige Kilometer entfernte Grenze in den bayerischen Ort O, um im dortigen Freizeitbad seine Bahnen zu ziehen.

Als dessen privater Betreiber B nunmehr allerdings dem Vorschlag eines Marketing-Studenten zur Gewinnsteigerung folgend die Eintrittspreise dahingehend ändert, dass bayerische Staatsbürger i.S.v. Art. 7 Abs. 1 der Verfassung des Freistaates Bayern einen Nachlass von 33% auf den regulären Eintrittspreis erhalten, fühlt sich S diskriminiert. Zwar entrichtete er nach langer Diskussion mit der Kassiererin widerwillig und unter Vorbehalt den regulären Eintrittspreis; die Autofahrt an diesem Tag soll ja schließlich nicht „umsonst" gewesen sein. Doch erhob er kurze Zeit später Klage zum Amtsgericht O, mit der er von B die Rückzahlung der Differenz zwischen dem regulären und dem reduzierten Eintrittspreis nach § 812 Abs. 1 Satz 1 Alt. 1 BGB verlangt. Zur Begründung trägt S vor, dass die jetzige Preisgestaltung des B gegen Art. 56 Abs. 1 AEUV als Verbotsgesetz i.S.v. § 134 BGB verstoße. Demgegenüber macht B unter Hinweis auf Art. 57 Abs. 3 AEUV geltend, dass die Dienstleistungsfreiheit allein ihn als Leistenden – nicht hingegen auch S als Empfänger – schütze. Jedenfalls sei er als Privatperson nicht an Art. 56 Abs. 1 AEUV gebunden. Vielmehr habe er mit dem Einheimischen-Rabatt von seiner grundrechtlich geschützten Vertragsfreiheit Gebrauch gemacht.

Beantworten Sie gutachterlich die Frage, ob die neue Preisgestaltung des B gegen Art. 56 Abs. 1 AEUV verstößt. EU-Sekundärrecht ist nicht zu prüfen.

Bearbeitervermerk:

Bayerischer Staatsbürger i.S.v. Art. 7 Abs. 1 der Verfassung des Freistaates Bayern ist jeder, der die deutsche Staatsangehörigkeit besitzt und in Bayern wohnhaft ist.

B. Lösungshinweise

Die neue Preisgestaltung des B verstößt dann gegen Art. 56 Abs. 1 AEUV,

---

[2] Sachverhalt und Lösung sind EuGH, Rs. C-388/01, ECLI:EU:C:2003:30 – *Dogenpalast* und BVerfG, NJW 2016, 3153 = EWiR 2007, 29 m.Anm. *Wienbracke* nachempfunden.

wenn insofern diese Vorschrift anwendbar und ihr Schutzbereich eröffnet ist sowie ein nicht gerechtfertigter Eingriff in diesen vorliegt.

I. Anwendbarkeit

Bedenken bezüglich der Anwendbarkeit von Art. 56 Abs. 1 AEUV bestehen hier nicht. Wirksames und abschließendes EU-Sekundärrecht, das eine Sperrwirkung bezüglich der Grundfreiheitenprüfung entfalten würde,[3] ist nach der Aufgabenstellung nicht zu prüfen und die speziellen primärrechtlichen Regelungen des Art. 58 Abs. 1 i.V.m. den Art. 90 ff. AEUV betreffend „den freien Dienstleistungsverkehr auf dem Gebiet des Verkehrs" sind vorliegend nicht einschlägig. Desgleichen liegen die Voraussetzungen der Bereichsausnahmevorschrift des Art. 62 i.V.m. Art. 51 Abs. 1 AEUV hinsichtlich der „Ausübung öffentlicher Gewalt" sowie derjenigen des Art. 106 Abs. 2 AEUV[4] „[f]ür Unternehmen, die mit Dienstleistungen von allgemeinem wirtschaftlichem Interesse betraut sind oder den Charakter eines Finanzmonopols haben", im hiesigen Fall ersichtlich nicht vor.

II. Schutzbereich

1. Persönlicher Schutzbereich

In persönlicher Hinsicht verlangt Art. 56 Abs. 1 AEUV seinem Wortlaut nach lediglich in Bezug auf die Dienstleistungserbringer, dass es sich bei diesen jeweils um (Staats-)„Angehörige der Mitgliedstaaten" (Unionsbürger i.S.v. Art. 20 Abs. 1 Satz 2 AEUV) handelt, vgl. ferner Art. 56 Abs. 2 AEUV.[5] Ob Entsprechendes ebenfalls in Bezug auf den Dienstleistungsempfänger zutreffen muss, oder ob es sich bei diesem auch um einen Drittstaats-

---

[3] Vgl. EuGH, Rs. C-322/01, ECLI:EU:C:2003:664, Rn. 64 – *Doc Morris I*; *Frenz*, Europarecht, 2. Auflage, 2016, Rn. 220, jeweils m.w.N. aus der EuGH-Rspr.

[4] Zur Qualifizierung dieser – auch auf Art. 56 Abs. 1 AEUV anwendbaren (EuGH, Rs. C-266/96, ECLI:EU:C:1998:306, Rn. 59 – *Corsica Ferries France*) Bestimmung als Bereichsausnahme siehe *Wienbracke*, WRP 2016, 294 (299) m.w.N. A.A. *Randelzhofer/Forsthoff*, in: Grabitz/Hilf/Nettesheim (Hrsg.), Das Recht der Europäischen Union, Stand: 43. EL, März 2011, Art. 57 AEUV Rn. 172: „Rechtfertigungsgrund".

[5] Siehe auch EuGH, Rs. C-290/04, ECLI:EU:C:2006:630, Rn. 67 – *Scorpio*.

angehörigen handeln kann, ist demgegenüber umstritten.[6] Einer Entscheidung dieses Meinungsstreits bedarf es vorliegend freilich nicht, handelt es sich bei S als Empfänger der präsumtiven Dienstleistung des B doch um einen österreichischen Staatsangehörigen und damit einen Unionsbürger i.S.d. vorgenannten Vorschriften.

Zudem verbietet Art. 56 Abs. 1 AEUV Beschränkungen des freien Dienstleistungsverkehrs innerhalb der Union nur für solche Angehörige der Mitgliedstaaten, „die in einem anderen Mitgliedstaat als demjenigen des Leistungsempfängers ansässig sind". Hieraus folgt, dass nicht nur der Erbringer der Dienstleistung – wie hier B – in einem Mitgliedstaat ansässig sein muss, sondern ebenfalls deren Empfänger.[7] Letzteres ist namentlich dann der Fall, wenn sich dessen Wohnsitz innerhalb der EU befindet.[8] Auch dies trifft in Bezug auf den in Österreich wohnhaften S zu.

Also ist der persönliche Schutzbereich von Art. 56 Abs. 1 AEUV eröffnet.

2. Sachlicher Schutzbereich

a) Schutzgut/Abgrenzung zu den übrigen Grundfreiheiten

Sachlich gewährleistet Art. 56 Abs. 1 AEUV den „freien Dienstleistungsverkehr [...] innerhalb der Union". „Dienstleistungen" i.S.d. Verträge, d.h. des EUV und des AEUV (siehe Art. 1 Abs. 2 Satz 2 AEUV), sind nach der in Art. 57 Abs. 1 AEUV enthaltenen Legaldefinition „Leistungen, die in der Regel gegen Entgelt erbracht werden, soweit sie nicht den Vorschriften über den freien Waren- und Kapitalverkehr und über die Freizügigkeit der Personen unterliegen."

Wie sich nicht zuletzt aus der mit sämtlichen Grundfreiheiten verfolgten ökonomischen Zielsetzung ergibt (vgl. Art. 3 Abs. 2, 3 EUV, Art. 26 Abs. 2 AEUV), schützt auch Art. 56 Abs. 1 AEUV mit dem Merkmal „Leistung" nur

---

6 Siehe einerseits *Randelzhofer/Forsthoff* (Fn. 4), Art. 57 AEUV Rn. 22 und andererseits *Roth*, in: Dauses (Hrsg.), EU-Wirtschaftsrecht, 17. EL, E.I., Rn. 155.

7 So die ganz h.M., siehe etwa *Borchardt*, Die rechtlichen Grundlagen der Europäischen Union, 6. Auflage, 2015, Rn. 1081. Nachweise zur a.A. bei *Müller-Graf*, in: Streinz (Hrsg.), EUV/AEUV, 2. Auflage, 2012, Art. 56 AEUV Rn. 48.

8 Vgl. *Kluth*, in: Calliess/Ruffert (Hrsg.), EUV/AEUV, 5. Auflage, 2016, Art. 57 AEUV Rn. 36.

solche Tätigkeiten, die – wie „insbesondere" bei solchen gewerblicher, kaufmännischer, handwerklicher und freiberuflicher Art der Fall (Art. 57 Abs. 2 AEUV) und im Gegensatz etwa zu rein sozialen (karitativen) Leistungen[9] – Teil des Wirtschaftslebens sind.[10] Das „in der Regel" – gleich von wem – zu erbringende Entgelt muss eine geldwerte Gegenleistung für die betreffende Leistung darstellen (bloßer Erwerbszweck, d.h. Kostendeckung ohne Gewinnerzielungsabsicht, genügt), die ihrerseits nicht-körperlicher[11] (in Abgrenzung zu den Art. 28 ff. AEUV), selbständiger (und nicht i.S.v. Art. 45 AEUV unselbständiger) sowie vorübergehender (Art. 57 Abs. 3 AEUV; im Gegensatz zu dauerhafter gem. Art. 49 Abs. 1 AEUV) Natur sein muss und nicht im Schwerpunkt den Kapitalverkehr i.S.v. Art. 63 Abs. 1 AEUV betreffen darf.[12]

Hier betreibt B weisungsunabhängig ein Freizeitbad, d.h. eine besondere Art von Schwimmbad. Dieses besteht aus einer bestimmten Infrastruktur wie Schwimmbecken, Umkleidekabinen und Duschen, bezüglich derer der Betreiber einen gewissen Service erbringt (z.B. Wasseraufbereitung, Reinigungsmaßnahmen, Beaufsichtigung des Badebetriebs), um den Besuchern eine körperliche Betätigung im Wasser zu ermöglichen. Für die – zeitlich begrenzte – Möglichkeit zur Nutzung dieses aus mithin mehr als nur einzelnen Gegenständen bestehenden und keinerlei Berührungspunkte zum

---

9 *Schroeder*, Grundkurs Europarecht, 4. Auflage, 2015, § 14 Rn. 144 m.w.N. aus der EuGH-Rspr.

10 EuGH, Rs. C-36/74, ECLI:EU:C:1974:140, Rn. 4/10 – *Walrave*; *Randelzhofer/Forsthoff* (Fn. 4), Art. 57 AEUV Rn. 44. Zum – hier nicht relevanten – Ausschluss von in allen Mitgliedstaaten verbotenen Tätigkeiten siehe EuGH, Rs. C-275/92, ECLI:EU:C:1994:119, Rn. 32 – *Schindler*.

11 Hinweis: Auch bei nicht-körperlichen Erzeugnissen kann es sich um „Ware" i.S.d. Art. 28 ff. AEUV handeln, siehe EuGH, Rs. C-393/92, ECLI:EU:C:1994:171, Rn. 28 – *Almelo* zu Elektrizität.

12 *Pache*, in: Ehlers (Hrsg.), Europäische Grundrechte und Grundfreiheiten, 4. Auflage, 2014, § 11 Rn. 47 ff. m.w.N. u.a. aus der EuGH-Rspr. Der „Hinweis, dass es sich um Leistungen handelt, die ‚nicht den Vorschriften über den freien Waren- und Kapitalverkehr und über die Freizügigkeit der Personen unterliegen', [...] erfolgt [...] auf der Ebene der Definition dieses Begriffes, ohne zwischen der Dienstleistungsfreiheit und den übrigen Grundfreiheiten einen Vorrang festzulegen", so EuGH, Rs. C-452/04, ECLI:EU:C:2006:631, Rn. 32 – *Fidium Finanz* zur gemeinhin sog. Subsidiaritätsklausel des Art. 57 Abs. 1 AEUV.

Kapitalverkehr aufweisenden „Gesamtpakets“ wird üblicher Weise ein Eintrittspreis verlangt. Dass dieser für bestimmte Personen vorliegend um 33% reduziert ist, steht der Annahme eines Erwerbszwecks nicht entgegen, hat B diese Reduzierung doch in der Absicht vorgenommen, den mit dem gewerblichen Freizeitbadbetrieb erstrebten Gewinn sogar noch zu steigern.

Eine Dienstleistung i.S.v. Art. 56 Abs. 1 AEUV ist damit gegeben.

b) Grenzüberschreitender Sachverhalt

Des Weiteren müsste ein EU-binnengrenzüberschreitender Sachverhalt vorliegen. Nur ein solcher – nicht hingegen auch ein rein innerstaatlicher Vorgang[13] – wird nämlich von den europäischen Grundfreiheiten erfasst, dienen diese doch sämtlich allein der Verwirklichung des in Art. 3 Abs. 3 UAbs. 1 Satz 1 EUV verankerten Ziels eines „Raum[s] ohne Binnengrenzen“ („Binnenmarkt“) zwischen den Mitgliedstaaten, vgl. Art. 26 Abs. 2 AEUV.

Wie von B geltend gemacht, scheint Art. 56 Abs. 1 AEUV insofern allerdings lediglich die (aktive) Dienstleistungsfreiheit des Erbringers einer Leistung zu schützen, der „in einem anderen Mitgliedstaat als demjenigen des Leistungsempfängers ansässig“ ist. Allein im Hinblick hierauf bestimmt denn auch Art. 57 Abs. 3 AEUV, dass „der Leistende zwecks Erbringung seiner Leistungen seine Tätigkeit vorübergehend in dem Mitgliedstaat ausüben [kann], in dem die Leistung erbracht wird“.

Darüber hinaus subsumiert der EuGH in ständiger Rechtsprechung jedoch u.a.[14] auch solche Fälle unter Art. 56 Abs. 1 AEUV, in denen sich der Leistungsempfänger in denjenigen Mitgliedstaat begibt, in dem der Leistende ansässig ist. Denn diese sog. passive Dienstleistungsfreiheit stellt eine notwendige Ergänzung dar, die dem Ziel entspricht, jedwede gegen Entgelt geleistete Tätigkeit, die nicht unter den freien Waren- und Kapitalverkehr sowie die Personenfreizügigkeiten fällt, zu liberalisieren,[15] vgl. auch Art. 4 Abs. 3 EUV (*effet utile*).

---

[13] *Haratsch/Koenig/Pechstein*, Europarecht, 10. Auflage, 2016, Rn. 1013.

[14] Hinweis: Zu weiteren Konstellationen („auslandsbedingte Dienstleistung“, „Korrespondenzdienstleistung“) siehe *Streinz*, Europarecht, 10. Auflage, 2016, Rn. 944 m.w.N. aus der EuGH-Rspr.

[15] Grundlegend zum Ganzen: EuGH, verb. Rs. 286/82 und 26/83, ECLI:EU:C:1984:35, Rn. 10, 16 – *Luisi und Carbone*. Ebenso das Schrifttum, siehe *Holoubek*, in: Schwarze (Hrsg.), EU-Kommentar, 3. Auflage, 2012, Art. 56 AEUV, Rn. 36.

Vorliegend hat sich S von seinem österreichischen Wohnort in die Bundesrepublik Deutschland begeben, um die von B dort angebotene Dienstleistung (s.o. B.II.2.a)) in Anspruch zu nehmen. Damit liegt hier der vorgenannte Fall der passiven Dienstleistungsfreiheit zwischen zwei Mitgliedstaaten vor.

Somit ist auch das Merkmal eines EU-binnengrenzüberschreitenden Sachverhalts zu bejahen.

c) Gewährleistungsumfang

Über den Wortlaut von Art. 57 Abs. 3 AEUV hinaus, dem zufolge „der Leistende zwecks Erbringung seiner Leistungen seine Tätigkeit vorübergehend in dem Mitgliedstaat ausüben [kann], in dem die Leistung erbracht wird, und zwar unter den Voraussetzungen, welche dieser Mitgliedstaat für seine eigenen Angehörigen vorschreibt", gewährleistet Art. 56 Abs. 1 AEUV im Hinblick auf die hiesige Situation der passiven Dienstleistungsfreiheit (s.o. B.II.2.b)) das subjektive Recht des Dienstleistungsempfängers als „Marktgegenseite"[16], die EU-binnengrenzüberschreitend erbrachte Dienstleistung in Empfang zu nehmen.[17]

Hier hat S das Freizeitbad in O aufgesucht, um darin zu schwimmen, d.h. die diesbezügliche – grenzüberschreitende (s.o. B.II.2.b)) – Dienstleistung ihres Erbringers B in Empfang genommen.

Folglich wird das Verhalten des S vom Gewährleistungsumfang des Art. 56 Abs. 1 AEUV erfasst.

d) Zwischenergebnis

Der sachliche Schutzbereich von Art. 56 Abs. 1 AEUV ist eröffnet.

Randelzhofer/Forsthoff (Fn. 4), Art. 57 AEUV Rn. 53 zufolge handele es sich hierbei um eine „zu Recht" erfolgte „rechtsfortbildend[e]" Rechtsprechung (vgl. Art. 19 Abs. 1 UAbs. 1 Satz 2 EUV), d.h. nicht um einen *ultra vires*-Akt (dazu siehe *Wienbracke*, DVP 2013, 315 [317] m.w.N.).

[16] *Wienbracke*, Jura 2008, 923 (932) m.w.N.

[17] *Haratsch/Koenig/Pechstein* (Fn. 13), Rn. 1003 m.w.N. aus der EuGH-Rspr. Vgl. ferner EuGH, Rs. C-45/93, ECLI:EU:C:1994:101, *Kommission/Spanien*.

III. Eingriff

Es müsste ein Eingriff in den Schutzbereich der Dienstleistungsfreiheit vorliegen. Ein solcher ist gegeben, wenn ein durch Art. 56 Abs. 1 AEUV Verpflichteter eine der danach verbotenen „Beschränkungen des freien Dienstleistungsverkehrs innerhalb der Union“ vornimmt.

1. Verpflichtungsadressat

Wer durch Art. 56 Abs. 1 AEUV verpflichtet wird, ist in dieser Vorschrift nicht ausdrücklich geregelt. Der bloße Umstand, dass sich Art. 57 Abs. 3 und Art. 60 AEUV jeweils speziell auf „[m]itgliedstaat“liche Maßnahmen beziehen, gestattet es allerdings nicht, sich über die allgemeine Fassung von Art. 56 Abs. 1 AEUV hinwegzusetzen, der nicht auf den Ursprung der Beschränkung abstellt.[18] Folglich sind zudem nicht nur Unionsorgane (Art. 13 Abs. 1 UAbs. 2 EUV) an diese Vorschrift gebunden, sondern nimmt der EuGH dies jedenfalls auch in Bezug auf private Verbände wie Gewerkschaften, Rechtsanwaltskammern und Sportverbände an, sog. intermediäre Gewalten.[19] Das Ziel der Beseitigung der Hindernisse für den freien Dienstleistungsverkehr wäre gefährdet, wenn die Beseitigung der staatlichen Schranken dadurch in ihren Wirkungen wieder aufgehoben würde, dass privatrechtliche Vereinigungen oder Einrichtungen kraft ihrer rechtlichen Autonomie derartige Hindernisse statuierten.[20]

Ob Entsprechendes darüber hinaus ebenfalls in Fällen wie dem vorliegenden gilt, ist dagegen umstritten. Während eine Bindung von Einzelnen an Art. 56 Abs. 1 AEUV mitunter aus systematischen, teleologischen und unionsgrundrechtlichen Erwägungen generell abgelehnt wird,[21] vereinzelt im Grundsatz zumindest für die nicht auf der Staatsangehörigkeit, sondern der auswärtigen Ansässigkeit fußenden Ungleichbehandlungen in privaten Rechtsbeziehungen,[22] bejahen manche eine solche Horizontalwirkung ohne

---

18 EuGH, Rs. 36/74, ECLI:EU:C:1974:140, Rn. 20/24 – *Walrave*.

19 *Haratsch/Koenig/Pechstein* (Fn. 13), Rn. 1020 m.w.N. aus der EuGH-Rspr. Ebenso Teile des Schrifttums, etwa *Hobe*, Europarecht, 8. Auflage, 2014, Rn. 823.

20 EuGH, Rs. 36/74, ECLI:EU:C:1974:140, Rn. 16/19 – *Walrave*.

21 *Epiney*, in: Bieber/Epiney/Haag/Kotzur, Europarecht, 12. Auflage, 2016, § 10 Rn. 23; *Kluth* (Fn. 8), Art. 57 AEUV Rn. 49 f.

22 *Tiedje*, in: von der Groeben/Schwarze/Hatje (Hrsg.), Europäisches Unionsrecht, 7. Auflage, 2015, Art. 56 AEUV Rn. 119.

Weiteres,[23] wohingegen andere wiederum zur Begründung dieses Resultats die Konstruktion einer mitgliedstaatlichen Schutzpflicht[24] bemühen.[25]

Dafür, dass die Dienstleistungsfreiheit zwischen Privaten unmittelbare Drittwirkung entfaltet, spricht nicht zuletzt, dass der EuGH in seinem *Angonese*-Urteil[26] eben dies im Kontext der Arbeitnehmerfreizügigkeit u.a.[27] aus den o.g. Gründen zur Bindung intermediärer Gewalten und unter Hinweis auf den nunmehrigen Art. 157 AEUV entschieden hat, sich nach einer weiteren EuGH-Entscheidung die in Art. 56 Abs. 1 AEUV aufgeführten Leistungen ihrer Natur nach aber nicht von den in Art. 45 AEUV erwähnten unterscheiden, sondern lediglich dadurch, dass sie außerhalb eines Arbeitsvertrages erbracht werden. Allein dieser Unterschied könne es jedoch nicht rechtfertigen, beide Vertragsbestimmungen insofern unterschiedlich zu handhaben.[28]

Sind demnach richtigerweise auch Unternehmen und Privatpersonen an Art. 56 Abs. 1 AEUV gebunden, so handelt es sich daher ebenfalls bei B als privatem Betreiber eines Freizeitbads um einen durch die Dienstleistungsfreiheit Verpflichteten.[29]

---

[23] *Schroeder* (Fn. 9), § 14 Rn. 152.

[24] Dazu vgl. EuGH, Rs. C-265/95, ECLI:EU:C:1997:595, Rn. 30 ff. – *Kommission/Frankreich* zur Warenverkehrsfreiheit.

[25] *Haratsch/Koenig/Pechstein* (Fn. 13), Rn. 1020. Hinweis: Zur parallelen Thematik der mittelbaren Drittwirkung der deutschen Grundrechte im Privatrecht siehe *Wienbracke*, Einführung in die Grundrechte, 2013, Rn. 86 ff., 100 m.w.N.

[26] EuGH, Rs. C-281/98, ECLI:EU:C:2000:296, Rn. 36 – *Angonese*. Dazu siehe *Wienbracke*, EuR 2012, 483 (499 f.). Kritisch gegenüber einer Übertragung dieser Entscheidung auf Art. 56 Abs. 1 AEUV hingegen *Pache* (Fn. 12), § 11 Rn. 76; vgl. ebenso *Streinz* (Fn. 14), Rn. 875.

[27] Ferner siehe EuGH, Rs. C-281/98, ECLI:EU:C:2000:296, Rn. 33 – *Angonese* m.w.N.: „Der Gerichtshof hat unterstrichen, daß die Arbeitsbedingungen in den verschiedenen Mitgliedstaaten teilweise durch Gesetze oder Verordnungen und teilweise durch von Privatpersonen geschlossene Verträge oder sonstige von ihnen vorgenommene Akte geregelt sind und daß eine Beschränkung des Verbots der Diskriminierung aufgrund der Staatsangehörigkeit auf behördliche Maßnahmen zu Ungleichheiten bei seiner Anwendung führen könnte“.

[28] Zum Ganzen: EuGH, Rs. 36/74, ECLI:EU:C:1974:140, Rn. 20/24 – *Walrave*.

[29] Hinweis: Eine a.A. ist bei entsprechender Argumentation ebenfalls vertretbar. Die weitere Prüfung müsste sodann hilfsgutachterlich erfolgen.

2. Eingriffsform

Als Spezialausprägung des allgemeinen Diskriminierungsverbots des Art. 18 Abs. 1 AEUV unterfallen zunächst sowohl offene, d.h. unmittelbar an die fremde Staatsangehörigkeit anknüpfende, Diskriminierungen dem in Art. 56 Abs. 1 AEUV genannten Begriff der „Beschränkungen" als auch solche (versteckten) Schlechterbehandlungen, die zwar an ein anderes – scheinbar „neutrales" – Unterscheidungsmerkmal anknüpfen, dessen Anwendung jedoch tatsächlich typischerweise zu demselben Ergebnis führt wie diese (mittelbare Diskriminierung), vgl. Art. 57 Abs. 3 AEUV („[...] Voraussetzungen, welche dieser Mitgliedstaat für seine eigenen Angehörigen vorschreibt"; sog. Gebot der Inländergleichbehandlung).[30] Letzteres trifft insbesondere auf eine Maßnahme zu, die eine Unterscheidung anhand des Kriteriums des Wohnsitzes trifft; sie kann sich hauptsächlich zum Nachteil der Angehörigen anderer Mitgliedstaaten auswirken, sind Gebietsfremde doch meist Ausländer.[31] Ebenso wie bei den übrigen Grundfreiheiten der Fall[32] hat der EuGH aus Gründen von deren praktischer Wirksamkeit allerdings auch Art. 56 Abs. 1 AEUV zu einem allgemeinen Beschränkungsverbot weiterentwickelt. Danach verlangt diese Vertragsbestimmung nicht nur die Beseitigung sämtlicher Diskriminierungen aufgrund der Staatsangehörigkeit, sondern ebenfalls die Aufhebung aller sonstigen Beschränkungen des freien Dienstleistungsverkehrs, die geeignet sind, die Tätigkeiten des Leistenden zu unterbinden, zu behindern oder weniger attraktiv zu machen.[33]

Hier gewährt B den Nachlass von 33% ausschließlich bayerischen Staatsbürgern i.S.v. Art. 7 Abs. 1 der Verfassung des Freistaates Bayern, worunter nach dem Bearbeitervermerk in Bayern wohnhafte deutsche Staats-

---

30 *Jochum*, Europarecht, 2. Auflage, 2012, Rn. 1078 m.w.N. aus der EuGH-Rspr.

31 EuGH, C-224/97, ECLI:EU:C:1999:212, Rn. 14 – *Ciola* m.w.N.

32 Vgl. *Wienbracke*, Jura 2008, 923 (935) m.w.N. aus der EuGH-Rspr.

33 Zum Ganzen: EuGH, Rs. 33/74, ECLI:EU:C:1974:131, Rn. 10/12 – *van Binsbergen*; EuGH, Rs. 205/84, ECLI:EU:C:1986:463, Rn. 25 – *Kommission/Deutschland*; EuGH, Rs. C-58/98, ECLI:EU:C:2000:527, Rn. 33 – *Corsten* m.w.N. Zur Begrenzung dieses im Ausgangspunkt umfassenden Beschränkungsverbots auf Marktzugangshindernisse i.S.d. zur Warenverkehrsfreiheit ergangenen „*Keck*"-Rechtsprechung (EuGH, verb. Rs. C-267/91 und C-268/91, ECLI:EU:C:1993:905, Rn. 16 – *Keck und Mithouard*) siehe *Arndt/Fischer/Fetzer*, Europarecht, 11. Auflage, 2015, Rn. 563 f. m.w.N. aus der EuGH-Rspr.

angehörige zu verstehen sind. Müssen demgegenüber alle übrigen Besucher des Freizeitbads den regulären Eintrittspreis entrichten, so liegt damit ein Fall der Ungleichbehandlung zum Nachteil dieser Gruppe vor. Für die mit Blick auf die nachfolgende Rechtfertigungsprüfung relevante Qualifizierung dieser Diskriminierung als mittelbar bzw. versteckt könnte sprechen, dass nur solche Personen in den Genuss des vergünstigen Eintrittspreises kommen, die in Bayern ihren Wohnsitz haben, handelt es sich bei diesem Kriterium nach dem Vorstehenden doch nachgerade um das „Paradebeispiel“ für diese Eingriffsform. Allerdings ist der bayerische Wohnsitz vorliegend keine hinreichende Voraussetzung für die Vergünstigungserlangung, sondern nur ein weiteres notwendiges Merkmal, das zusätzlich zu demjenigen der deutschen Staatsangehörigkeit von B verlangt wird. So vermag dessen neuer Preisgestaltung zufolge beispielsweise auch ein in Bayern wohnhafter Angehöriger eines anderen Mitgliedstaats nicht von der 33%-igen Reduzierung zu profitieren.

Knüpft diese somit vielmehr zuvorderst an die deutsche Staatsangehörigkeit an, so liegt mithin ein Fall der offenen bzw. unmittelbaren Diskriminierung vor. Abweichendes ergibt sich auch nicht etwa daraus, dass neben nichtdeutschen Staatsangehörigen ebenfalls deutsche Staatsangehörige mit Wohnsitz außerhalb Bayerns nicht nachlassberechtigt sind. Um eine Maßnahme als diskriminierend qualifizieren zu können, muss sie nach ständiger EuGH-Rechtsprechung nämlich keinesfalls bewirken, dass ausnahmslos sämtliche Inländer begünstigt bzw. dass unter Ausschluss der Inländer allein die Staatsangehörigen der anderen Mitgliedstaaten benachteiligt werden.[34]

3. Zwischenergebnis

Also liegt ein Eingriff in den Schutzbereich der Dienstleistungsfreiheit vor.

IV. Rechtfertigung

Der Eingriff könnte jedoch gerechtfertigt sein.

Dann müsste, sofern keine – hier nach der Aufgabenstellung nicht zu prüfende – abschließende unionsrechtliche Harmonisierungsmaßnahme exis-

---

[34] Vgl. *Wienbracke*, NZA-RR 2017, 113 (120) m.w.N. aus der EuGH-Rspr.

tiert,[35] entweder einer der in Art. 62 i.V.m. Art. 52 Abs. 1 AEUV ausdrücklich zugelassenen Gründe der „öffentlichen Ordnung, Sicherheit oder Gesundheit“ (sog. *ordre public*-Vorbehalt) oder ein „zwingender Grund des Gemeinwohls“ i.S.d. der EuGH-Rechtsprechung[36] vorliegen und namentlich der unionsrechtliche Verhältnismäßigkeitsgrundsatz gewahrt sein.[37]

1. Geschriebene Rechtfertigungsgründe

Als für die hier vorliegende Eingriffsform der Diskriminierung (s.o. B.III.2.) ohne Weiteres[38] geltende Ausnahmen von dem durch Art. 56 Abs. 1 AEUV statuierten Grundsatz (vgl. Art. 52 Abs. 1 AEUV: „Sonderregelung für Ausländer“) sind die drei vorgenannten, autonom unionsrechtlichen[39] Begriffe der „öffentlichen Ordnung, Sicherheit“ und „Gesundheit“ nach allgemeiner juristischer Methodik (*singularia non sunt extendenda*)[40] jeweils eng auszulegen[41] und nicht analogiefähig[42].

Demgemäß verlangt der EuGH in Bezug auf die „öffentliche Ordnung“ das Vorliegen einer tatsächlichen und hinreichend schweren Gefährdung, die

---

[35] EuGH, Rs. C-389/05, ECLI:EU:C:2008:411, Rn. 67 – *Kommission/Frankreich*; *Müller-Graf* (Fn. 7), Art. 52 AEUV Rn. 6.

[36] Grundlegend: EuGH, Rs. 120/78, ECLI:EU:C:1979:42, Rn. 8 – *Cassis de Dijon* zur Warenverkehrsfreiheit. Zu diesen Gründen speziell im hiesigen Kontext siehe Art. 4 Nr. 8 der Richtlinie 2006/123/EG des Europäischen Parlaments und des Rates vom 12. Dezember 2006 über Dienstleistungen im Binnenmarkt (ABl. Nr. L 376 S. 36).

[37] Vgl. EuGH, Rs. C-67/98, ECLI:EU:C:1999:514, Rn. 28 – *Zenatti*; EuGH, Rs. C-3/95, ECLI:EU:C:1996:487, Rn. 28 – *Reisebüro Broede*. Zu den Unionsgrundrechten vgl. *Haltern*, Europarecht, 2. Auflage, 2007, Rn. 1108 m.w.N. aus der EuGH-Rspr.

[38] Hinweis: Auf unterschiedslose Beschränkungen sind die in Art. 52 Abs. 1 AEUV genannten Rechtfertigungsgründe im Wege eines „Erst-Recht-Schlusses“ anwendbar, siehe *Hobe* (Fn. 19), Rn. 825.

[39] *Korte*, in: Calliess/Ruffert (Hrsg.), EUV/AEUV, 5. Auflage, 2016, Art. 52 AEUV Rn. 7. A.A. *Forsthoff*, in: Grabitz/Hilf/Nettesheim (Hrsg.), Das Recht der Europäischen Union, Stand: 46. EL Oktober, 2011 Art. 52 AEUV Rn. 23 f.

[40] Vgl. *Wienbracke*, Juristische Methodenlehre, 2013, Rn. 186, 270.

[41] St. Rspr., siehe nur EuGH, Rs. C-348/96, ECLI:EU:C:1999:6, Rn. 23 – *Calfa*.

[42] *Korte* (Fn. 39), Art. 52 AEUV Rn. 2 m.w.N.

ein Grundinteresse der Gesellschaft berührt.[43] Desgleichen setzt ebenfalls das Schutzgut der (inneren und äußeren[44]) „öffentlichen Sicherheit" die Existenzgefährdung eines Mitgliedstaats voraus.[45] Um aus Gründen der „öffentlichen Gesundheit" gerechtfertigt zu sein, muss die betreffende Maßnahme den Schutz der Gesundheit der Bevölkerung v.a. vor Krankheiten mit epidemischem Potential[46] bzw. des Lebens von Menschen zum Gegenstand haben.[47]

Sofern diese geschriebenen Rechtfertigungsgründe überhaupt auf Maßnahmen eines Privaten wie hier derjenigen des B „passen" sollten, so ist diese jedenfalls vorliegend aus Marketingerwägungen heraus zur Gewinnsteige-

---

43 St. Rspr., siehe etwa EuGH, Rs. C-36/02, ECLI:EU:C:2004:614, Rn. 30 – *Omega Spielhallen* m.w.N. Dort (Rn. 31) auch zu dem den Mitgliedstaaten innerhalb des vorbezeichneten Rahmens zustehenden Beurteilungsspielraum. Rein wirtschaftliche Ziele stellen dagegen keine Gründe der „öffentlichen Ordnung" i.S.v. Art. 52 Abs. 1 AEUV dar, siehe EuGH, Rs. C-352/85, ECLI:EU:C:1988:196, Rn. 34 – *Bond van Adverteerders*. Auch darf dieser Begriff des EU-Primärrechts keinesfalls mit dem ungleich weiteren des diesem gegenüber niederrangigen deutschen Polizei- und Ordnungsrechts gleichgesetzt werden, vgl. *Wienbracke*, EuR 2012, 483 (506) m.w.N.

44 Vgl. EuGH, Rs. C-367/89, ECLI:EU:C:1991:376, Rn. 22 – *Richardt*.

45 EuGH, Rs. 72/83, ECLI:EU:C:1984:256, Rn. 34 – *Campus Oil* zum insofern inhaltsgleichen, jetzigen Art. 36 AEUV.

46 *Kotzur*, in: Geiger/Khan/Kotzur, EUV/AEUV, 6. Auflage, 2017, Art. 52 AEUV Rn. 3 m.w.N. Vgl. auch § 6 IfSG und *Seyr*, in: Lenz/Borchardt (Hrsg.), EU-Verträge Kommentar, 6. Auflage, 2013, Art. 62 AEUV Rn. 4, der den Begriff „öffentliche Gesundheit" i.S.v. Art. 52 Abs. 1 AEUV durch Anhang A zu Art. 4 Abs. 1 der – mittlerweile durch Art. 29 Abs. 1 der Richtlinie 2004/38/EG des Europäischen Parlaments und des Rates vom 29. April 2004 über das Recht der Unionsbürger und ihrer Familienangehörigen, sich im Hoheitsgebiet der Mitgliedstaaten frei zu bewegen und aufzuhalten (ABl. Nr. L 158 S. 77) ersetzten – Richtlinie 64/221/EWG des Rates vom 25. Februar 1964 zur Koordinierung der Sondervorschriften für die Einreise und den Aufenthalt von Ausländern, soweit sie aus Gründen der öffentlichen Ordnung, Sicherheit oder Gesundheit gerechtfertigt sind (ABl. Nr. L 56 S. 850), als „abschließend konkretisiert" ansieht.

47 Vgl. EuGH, C-148/15, ECLI:EU:C:2016:776, Rn. 30 – *DocMorris III* m.w.N. Hinweis: Generell unterscheidet der EuGH nicht trennscharf zwischen den in Art. 52 Abs. 1 AEUV genannten Rechtfertigungsgründen, vgl. *Herdegen*, Europarecht, 18. Auflage, 2016, § 17 Rn. 5 m.w.N. aus der EuGH-Rspr.

rung erfolgt. Derart rein ökonomische Ziele stehen jedoch in keinem Zusammenhang zu einem der drei vorgenannten Schutzgüter.

Durch einen der in Art. 62 i.V.m. Art. 52 Abs. 1 AEUV ausdrücklich genannten Rechtfertigungsgründe wird der hiesige Eingriff daher nicht gerechtfertigt.

2. Ungeschriebene Rechtfertigungsgründe

Allerdings könnte es sich bei der neuen Preisgestaltung des B um ein Gebrauchmachen von dessen Privatautonomie handeln, welche im beruflichen Bereich durch das Grundrecht des Art. 12 Abs. 1 GG geschützt wird.[48]

Aus normhierarchischen Gründen vermögen die gegenüber dem EU-Primärrecht niederrangigen Vorschriften des deutschen Grundgesetzes als solche einen Eingriff in die höherrangigen primärrechtlichen Bestimmungen zur Dienstleistungsfreiheit jedoch von vornherein nicht zu rechtfertigen.[49]

Notwendig ist insofern vielmehr, dass das betreffende mitgliedstaatliche Grundrecht auf unionsrechtlicher Ebene eine Entsprechung findet.[50] Dies ist hier in Gestalt der „Berufsfreiheit" des Art. 15 Abs. 1 EU-GrCh bzw. der „unternehmerischen Freiheit" i.S.v. Art. 16 EU-GrCh der Fall, die ihrerseits ebenfalls jeweils die Vertragsfreiheit schützen.[51]

Als mit Art. 56 Abs. 1 AEUV rechtlich gleichrangige Normen (Art. 6 Abs. 1 UAbs. 1 Hs. 2 i.V.m. Art. 1 Abs. 3 Satz 1 EUV) handelt es sich namentlich bei diesen beiden Unionsgrundrechten um immanente Schranken der europäischen Grundfreiheiten.[52] Sofern sie nach Art. 51 Abs. 1 Satz 1 EU-GrCh

---

48 Siehe *Wienbracke* (Fn. 25), Rn. 236, 509.

49 Vgl. *Wienbracke*, Verwaltungsprozessrecht, 2. Auflage, 2014, Rn. 640 (Fn. 190). Speziell zum Menschenwürdeschutz unter dem Aspekt der „öffentlichen Ordnung" i.S.v. Art. 52 Abs. 1 AEUV vgl. EuGH, Rs. C-36/02, ECLI:EU:C:2004:614, Rn. 285 ff. – *Omega Spielhallen*. Dazu: *Wienbracke*, GewArch 2016, 66 (67).

50 *Herdegen* (Fn. 47), § 14 Rn. 10. Vgl. auch *Haltern* (Fn. 37), Rn. 1114 a.E.

51 *Jarass*, Charta der Grundrechte der Europäischen Union, 3. Auflage, 2016, Art. 15 Rn. 8 und Art. 16 Rn. 9 m.w.N. aus der EuGH-Rspr.

52 Sei es als ein Unterfall der „zwingenden Gründe des Gemeinwohls" (so *Ahlt/Dittert*, Europarecht, 4. Auflage, 2011, S. 192) oder als eigenständige Kategorie von ungeschriebenen Rechtfertigungsgründen (so *Streinz* [Fn. 14], Rn. 869). Hinweis: Zur hiervon zu unterscheidenden Situation, in der „die europäische[n] Grundrechte […] die Zulässigkeit von Schranken begrenzen" siehe

anwendbar sind,[53] gestatteten sie es außerhalb von Spezialvorschriften wie Art. 101 und 102 AEUV und unter Wahrung des Verhältnismäßigkeitsgrundsatzes Privaten in der Tat, sich auch freiverkehrshinderlich zu verhalten – also etwa Dienstleistungen nur gegenüber bestimmten Personen zu erbringen.[54]

Hierauf vermag sich B allerdings nur dann mit Erfolg zu berufen, wenn ein Rückgriff auf die Kategorie der ungeschriebenen Rechtfertigungsgründe vorliegend überhaupt möglich ist. Gerade dies verneint der EuGH jedoch im Fall des – hier gegebenen (s.o. B.III.2.) – diskriminierenden Charakters der Eingriffsmaßnahme.[55] Dies überzeugt, wurden die ungeschriebenen Rechtfertigungsgründe der „zwingenden Erfordernisse des Gemeinwohls" doch gerade in Bezug auf eine unterschiedslos geltende Regelung entwickelt.[56] Darüber hinaus laufen jedenfalls offene[57] Diskriminierungen – wie die neue Preisgestaltung des B (s.o. B.III.2.) – dem Binnenmarktkonzept diametral zuwider, d.h. wiegen besonders schwer.[58] Die diesbezüglich in Art. 52 Abs. 1 AEUV zum Ausdruck gebrachte Wertung der Vertragsgeber, eine derartige „Sonderregelung für Ausländer" nur „aus Gründen der öffentlichen Ord-

---

Classen, in: Oppermann/Classen/Nettesheim, Europarecht, 7. Auflage, 2016, § 25 Rn. 20 m.w.N. aus der EuGH-Rspr.

[53] Zur Frage der Drittwirkung der Uniongrundrechte siehe *Ehlers*, in: ders. (Hrsg.), Europäische Grundrechte und Grundfreiheiten, 4. Auflage, 2014, § 14 Rn. 81 m.w.N.

[54] Vgl. *Müller-Graf* (Fn. 7), Art. 56 AEUV Rn. 69, 118 m.w.N. u.a. aus der EuGH-Rspr. Insoweit müsse es *Ehlers* (Fn. 53), § 7 Rn. 121, zufolge Privaten – anders als den Mitgliedstaaten (EuGH, Rs. C-158/96, ECLI:EU:C:1998:171, Rn. 41 – *Kohll* m.w.N.) – daher gestattet werden, sich auf wirtschaftliche Gründe zu berufen.

[55] Siehe nur EuGH, verb. Rs. C-344/13 und C-367/13, ECLI:EU:C:2014:2311, Rn. 37 – *Blanco und Fabretti* m.w.N. Demgegenüber vgl. aus der früheren Rspr. EuGH, C-379/98, ECLI:EU:C:2001:160, Rn. 68 ff. – *PreussenElektra* zur Warenverkehrsfreiheit. Aus dem Schrifttum: *Cremer*, Jura 2015, 39 (53 f.); *Haratsch/Koenig/Pechstein* (Fn. 13), Rn. 842.

[56] Vgl. EuGH, Rs. 120/78, ECLI:EU:C:1979:42 – *Cassis de Dijon.*

[57] Hinweis: Ob auch versteckte Diskriminierungen aus „zwingenden Gründen des Gemeinwohls" gerechtfertigt werden können, ist unklar, vgl. *Epiney* (Fn. 19), § 10 Rn. 21 m.w.N. aus der EuGH-Rspr. In EuGH, Rs. C-137/09, ECLI:EU:C:2010:774, Rn. 58 ff. – *Josemans* wurde diese Frage bejaht.

[58] *Ehlers* (Fn. 53), § 7 Rn. 119 m.w.N. auch zur a.A.

nung, Sicherheit oder Gesundheit“ rechtfertigen zu können, würde es konterkarieren, ließe man insofern noch weitere, ungeschriebene Rechtfertigungsgründe zu.[59]

Somit vermag sich B nicht mit Erfolg auf den ungeschriebenen Rechtfertigungsgrund seiner unionsrechtlichen Berufsfreiheit (Art. 15 EU-GrCh) bzw. unternehmerischen Freiheit (Art. 16 EU-GrCh) zu berufen.[60]

Der Eingriff in den Schutzbereich von Art. 56 Abs. 1 AEUV ist deshalb unionsrechtlich nicht legitimiert.

V. Ergebnis

Die neue Preisgestaltung des B verstößt gegen Art. 56 Abs. 1 AEUV.

---

[59] So *Forsthoff* (Fn. 39), Art. 45 Rn. 325.

[60] Hinweis: Eine a.A. ist bei entsprechender Begründung vertretbar. In diesem Fall müsste die Prüfung mit den „Schranken-Schranken“ fortgesetzt werden.

V. Fall zur Kapitalverkehrsfreiheit[1]

Art. 63 AEUV – Art. 64 AEUV – Art. 65 AEUV – Stillhaltevorschrift – Direktinvestitionen – Drittstaatsangehörige – grenzüberschreitender Sachverhalt – Beschränkung – zwingende Gründe des Allgemeinwohls – Verhältnismäßigkeitsprüfung

[1] Beim „Fall zur Kapitalverkehrsfreiheit" handelt es sich um eine auszugsweise Zweitveröffentlichung von *Wienbracke*, Auf die Lage kommt es an!, Verwaltungsrundschau (VR) 2018, S. 25-31. Die dortige „Aufgabe 2" wurde vorliegend weggelassen und der dortige „Hinweis" hier als „Bearbeitervermerk" der verbleibenden Aufgabe nachgestellt, die um die Angabe „und die Unionsgrundrechte" ergänzt wurde.

A. Sachverhalt[2]

Der im EU-Mitgliedstaat M wohnhafte, US-amerikanische Staatsangehörige U ist Alleinerbe seiner Mutter R (russische Staatsangehörige), die in M ihren letzten Wohnsitz hatte. Der Nachlass von R besteht im Wesentlichen aus demjenigen ihrer drei Jahre zuvor im Drittstaat D vorverstorbenen Tochter T. Dieser wiederum setzt sich hauptsächlich aus einem mit dem Familienheim der T bebauten Grundstück in D zusammen, das diese einige Zeit vor ihrem plötzlichen Tod erworben hatte und in dem bis zu diesem auch R gelebt hatte.

In der daraufhin beim zuständigen Finanzamt von M eingereichten Erbschaftsteuererklärung für den Nachlass von R beantragte U eine Ermäßigung nach § 27 des Erbschaftsteuergesetzes von M (M-ErbStG). Dessen Absatz 1 lautet wie folgt: „*Fällt Personen der Steuerklasse I von Todes wegen Vermögen an, das in den letzten zehn Jahren vor dem Erwerb bereits von Personen dieser Steuerklasse erworben worden ist und für das nach diesem Gesetz eine Steuer zu erheben war, ermäßigt sich der auf dieses Vermögen entfallende Steuerbetrag.*"

Diese im Jahr 1959 in das M-ErbStG eingefügte, durch Gesetz vom 24.12.2008 mit Wirkung vom 1.1.2009 redaktionell überarbeitete Steuerermäßigungsvorschrift betreffend den mehrfachen Erwerb desselben Vermögens durch Personen der Steuerklasse I (zu dieser gehören u.a. Eltern und Kinder des Erblassers) dient dazu, eine übermäßige Verminderung von Familienvermögen durch („Doppel-")Besteuerung nach dem M-ErbStG zu verhindern, wenn dieses Vermögen innerhalb relativ kurzer Zeit wiederholt auf nahe Verwandte übergeht.

Mit der – sachlich zutreffenden – Begründung, dass der Vorerwerb des Vermögens der T durch R nicht der Erbschaftsteuer von M unterlegen habe, weil im Zeitpunkt des Todes von T weder diese noch R Inländer gewesen seien und der Nachlass auch kein inländisches Vermögen umfasst habe, lehnte das Finanzamt von M den Antrag von U auf Gewährung der Steuerermäßigung gem. § 27 Abs. 1 M-ErbStG ab.

U meint, dies verstoße gegen Art. 63 Abs. 1 AEUV. Hat U Recht, wenn EU-Sekundärrecht und die Unionsgrundrechte nicht zu prüfen sind?

---

2 Sachverhalt und Lösung sind EuGH, Rs. C-123/15, ECLI:EU:C:2016:496 – *Feilen* nachempfunden.

Bearbeitervermerk:

Die Finanzbehörden von M sind verpflichtet, Steuern nach Maßgabe der Gesetze festzusetzen und zu erheben. Die Höhe der Erbschaftsteuer für eine Immobilie wird nach dem M-ErbStG entsprechend deren Wert und dem Verwandtschaftsverhältnis zwischen dem Erblasser und dem Erben berechnet.

B. Lösungshinweise

U hat Recht, wenn die Versagung der Steuerermäßigung nach § 27 Abs. 1 M-ErbStG durch das Finanzamt von M gegen den im nationalen Recht unmittelbar geltenden bzw. wirkenden, zwischen Mitgliedstaat und Einzelnem unmittelbar anwendbaren sowie Letzterem ein subjektives Recht vermittelnden[3] Art. 63 Abs. 1 AEUV verstößt. Das setzt voraus, dass diese Vorschrift vorliegend zur Anwendung gelangt und hier ein nicht gerechtfertigter Eingriff in ihren Schutzbereich vorliegt.[4]

I. Anwendbarkeit

Wenngleich EU-Sekundärrecht, das im Fall seiner Wirksamkeit und bei abschließendem Charakter Anwendungsvorrang vor der primärrechtlichen Bestimmung des Art. 63 Abs. 1 AEUV entfalten würde,[5] nach der Aufgabenstellung nicht zu prüfen ist und diese Grundfreiheit vorliegend auch nicht durch spezielleres EU-Primärrecht verdrängt wird,[6] so könnte hier jedoch die „Stillhaltevorschrift“[7] (*standstill-clause*) des Art. 64 Abs. 1 AEUV eingreifen. Nach dessen Satz 1 berührt Art. 63 AEUV nicht die Anwendung derjenigen Beschränkungen auf dritte Länder, die am 31.12.1993 – bzw. in den

---

3 Vgl. *Wienbracke*, DVP 2014, 416 (416 f.) m.w.N. u.a. aus der EuGH-Rspr.

4 Hinweis: Nach ständiger EuGH-Rechtsprechung fallen die direkten Steuern zwar in die Zuständigkeit der Mitgliedstaaten, doch müssen diese ihre Befugnisse unter Wahrung des Unionsrechts ausüben, siehe etwa EuGH, Rs. 282/12, ECLI:EU:C:2013:629, Rn. 26 – *Itelcar* m.w.N.

5 Vgl. *Streinz*, Europarecht, 10. Auflage, 2016, Rn. 967 und siehe allgemein *Ehlers*, in: ders. (Hrsg.), Europäische Grundrechte und Grundfreiheiten, 4. Auflage, 2014, § 7 Rn. 72.

6 Allgemein zum *lex specialis*-Grundsatz: *Wienbracke*, Juristische Methodenlehre, 2013, Rn. 64 m.w.N.

7 *GA Geelhoed*, Schlussanträge in der Rs. C-452/01, ECLI:EU:C:2003:232, Rn. 49 – *Ospelt*.

Fällen des Art. 64 Abs. 1 Satz 2, 3 AEUV am 31.12.1999/31.12.2002 – u.a. aufgrund einzelstaatlicher Rechtsvorschriften für den Kapitalverkehr mit dritten Ländern im Zusammenhang namentlich mit Direktinvestitionen einschließlich Anlagen in Immobilien bestehen, sog. Versteinerungswirkung.

Sofern der hier in Rede stehende § 27 Abs. 1 M-ErbStG eine kapitalverkehrsbeschränkende Wirkung entfalten sollte[8] und soweit er den Kapitalverkehr mit Drittländern erfasst,[9] so erscheint indes fraglich, ob er bereits am 31.12.1993 (bzw. am 31.12.1999/31.12.2002) bestanden hat. Zwar ist diese mitgliedstaatliche Vorschrift schon im Jahr 1959 und damit weit vor diesem Stichtag in Kraft getreten; doch wurde sie nachfolgend durch Gesetz vom 24.12.2008 mit Wirkung vom 1.1.2009 geändert. Allerdings legt der EuGH zur Beantwortung der Frage, ob eine einzelstaatliche Rechtsnorm zum maßgeblichen Zeitpunkt bestanden hat, nicht eine derart formelle Betrachtungsweise zugrunde, bei der es auf das rein technische Regelungsdatum ankäme.[10] Vielmehr unterfällt auch eine nach diesem erlassene nationale Maßnahme Art. 64 Abs. 1 AEUV, wenn sie entweder im Wesentlichen mit der früheren Regelung übereinstimmt oder aber ein Hindernis, das nach der früheren Bestimmung der Ausübung der unionalen Rechte und Freiheiten entgegenstand, abmildert bzw. beseitigt. Abweichendes gilt freilich dann, falls die betreffende Vorschrift auf einem anderen Grundgedanken als das frühere Recht beruht und sie neue Verfahren schafft.[11]

Durch das Gesetz vom 24.12.2008 wurde § 27 Abs. 1 M-ErbStG mit Wirkung vom 1.1.2009 lediglich redaktionell überarbeitet. Hinweise auf eine darüber

---

[8] Hinweis: Dass § 27 Abs. 1 M-ErbStG auch auf Erbschaften in anderen als den in Art. 64 Abs. 1 AEUV genannten Fällen Anwendung finden kann, hindert die Anwendbarkeit dieser Vorschrift insofern nicht, als sich § 27 Abs. 1 M-ErbStG beschränkend auf die in Art. 64 Abs. 1 AEUV erwähnten Kapitalbewegungen auswirkt, vgl. EuGH, Rs. C-317/15, ECLI:EU:C:2017:119, Rn. 21, 25 – *X*.

[9] Hinweis: Darauf, dass § 27 Abs. 1 M-ErbStG sich nicht ausschließlich und konkret auf den Kapitalverkehr mit Drittstaaten bezieht (dazu vgl. *Sedlaczek/Züger*, in: Streinz [Hrsg.], EUV/AEUV, 2. Auflage, 2012, Art. 63 AEUV Rn. 28 m.w.N. u.a. aus der EuGH-Rspr.), wäre dann näher einzugehen, wenn die übrigen Voraussetzungen des Art. 64 Abs. 1 AEUV hier vorliegen würden.

[10] Ebenso: *Bröhmer*, in: Calliess/Ruffert (Hrsg.), EUV/AEUV, 5. Auflage, 2016, Art. 64 AEUV Rn. 6.

[11] Zum Ganzen: EuGH, Rs. C-190/12, ECLI:EU:C:2014:249, Rn. 48 – *Emerging Markets* m.w.N.

hinaus gehende Modifizierung des wesentlichen sachlichen Gehalts dieser Vorschrift ergeben sich aus dem mitgeteilten Sachverhalt dagegen nicht.

Ungeachtet der damit zu bejahenden Wahrung des zeitlichen Kriteriums von Art. 64 Abs. 1 AEUV ist diese (Bereichs-[12])Ausnahmevorschrift – konkret: die darin in einer erschöpfenden[13] Liste aufgeführten Kapitalbewegungen – vom Grundprinzip der Liberalisierung des freien Kapitalverkehrs nach allgemeiner juristischer Methodik[14] im Übrigen jedoch eng auszulegen.[15] Demgemäß interpretiert der EuGH den unionsrechtlich zu verstehenden,[16] ohne mitgliedstaatlichen Spielraum genau formulierten[17] Begriff der „Direktinvestitionen" gemäß dem Wortsinn[18] als Investitionen durch natürliche oder juristische Personen zur Schaffung oder Aufrechterhaltung dauerhafter und direkter Beziehungen zwischen denjenigen, die die Mittel bereitstellen, und den Unternehmen, für welche die Mittel zum Zweck einer wirtschaftlichen Tätigkeit bestimmt sind.[19] Nicht hierunter fallen dagegen zu privaten (Wohn-)Zwecken getätigte, nicht mit der Ausübung einer

---

[12] Ebenso: *Hobe*, Europarecht, 8. Auflage, 2014, Rn. 861; *Sedlaczek/Züger* (Fn. 9), Art. 63 AEUV Rn. 28 f. A.A. die h.M., die Art. 64 AEUV als geschriebenen Rechtfertigungsgrund klassifiziert, siehe nur *Frenz*, Europarecht, 2. Auflage, 2016, S. 133.

[13] EuGH, Rs. C-560/13, ECLI:EU:C:2015:347, Rn. 21 – *Wagner-Raith* m.w.N.

[14] Dazu siehe *Wienbracke* (Fn. 6), Rn. 186, 270 m.w.N.

[15] EuGH, Rs. C-560/13, ECLI:EU:C:2015:347, Rn. 21 – *Wagner-Raith* m.w.N.

[16] *Ress/Ukrow*, in: Grabitz/Hilf/Nettesheim (Hrsg.), Das Recht der Europäischen Union, Stand: 52. EL, Januar 2014, Art. 64 AEUV Rn. 13.

[17] EuGH, verb. Rs. C-163/94, C-165/94 und C-250/94, ECLI:EU:C:1995:451, Rn. 44 – *Sanz de Lera.*

[18] Hinweis: Die Kenntnis, dass Erbschaften unter die Rubrik XI („Kapitalverkehr mit persönlichem Charakter") des vom EuGH zur Auslegung („Hinweischarakter") auch des höherrangigen Art. 64 Abs. 1 AEUV herangezogenen Anhangs I der Richtlinie 88/361/EWG des Rates vom 24. Juni 1988 zur Durchführung von Artikel 67 des Vertrages (ABl. L 178, S. 5) fallen, „Direktinvestitionen" und „Immobilieninvestitionen" nach dieser Nomenklatur hingegen zu anderen Rubriken (nämlich I bzw. II) gehören (darauf abstellend EuGH, Rs. C-181/12, ECLI:EU:C:2013:662, Rn. 20, 23, 31 f. – *Welte* m.w.N.), wird vom Klausurbearbeiter nicht erwartet.

[19] EuGH, Rs. C-181/12, ECLI:EU:C:2013:662, Rn. 32 – *Welte* m.w.N. unter Hinweis auf die Richtlinie 88/361/EWG des Rates vom 24. Juni 1988 zur Durchführung von Artikel 67 des Vertrages (ABl. L 178, S. 5).

wirtschaftlichen Tätigkeit verbundene Vermögensanlagen in Immobilien.[20]

Aufgrund des hiesigen Erbfalls sind alle Rechte und Pflichten der Erblasserin R auf deren Alleinerben U übergegangen, der hinsichtlich des Eigentums an der im Drittstaat D belegenen Immobilie an deren Stelle tritt. Wurde diese aber ursprünglich von T als Familienwohnheim angeschafft und nachfolgend gemeinsam mit R als solches genutzt, so liegt damit der vorstehend letztgenannte Fall einer Vermögensanlage in Immobilien zu rein privaten Zwecken – und nicht eine „Direktinvestition" im Sinne von Art. 64 Abs. 1 Satz 1 AEUV – vor.

Jedenfalls insoweit ist § 27 Abs. 1 M-ErbStG also nicht nach Art. 64 Abs. 1 AEUV der Überprüfung anhand von Art. 63 Abs. 1 AEUV entzogen.

II. Schutzbereich

1. Persönlicher Schutzbereich

In persönlicher Hinsicht stellt Art. 63 Abs. 1 AEUV seinem Wortlaut nach keine Anforderungen an die sich auf die Kapitalverkehrsfreiheit jeweils berufende natürliche oder juristische Person; insbesondere setzt dieser nicht deren Staatsan- bzw. -zugehörigkeit eines EU-Mitgliedstaats voraus. Vermögen sich hiernach folglich ebenfalls Drittstaatsangehörige wie U auf diese Grundfreiheit zu berufen[21] – und dies selbst dann, wenn sie nicht wie dieser innerhalb der EU ansässig sein sollten[22] –, so werden abweichend von dieser h.M.[23] mitunter Systematik und Zweck der Art. 63 ff. AEUV angeführt, um gleichwohl bestimmte Differenzierungen für Drittstaatsangehörige zu begründen.[24] Sofern diesen danach die Berechtigung abgesprochen wird, sich auf die Kapitalverkehrsfreiheit zu berufen,[25] vermag dies allerdings aus folgenden Gründen nicht zu überzeugen:

Ebenso wie bei der Warenverkehrsfreiheit (Art. 28 ff. AEUV) handelt es sich

---

[20] EuGH, Rs. C-181/12, ECLI:EU:C:2013:662, Rn. 35 – *Welte.*

[21] Vgl. *Glaesner*, in: Schwarze (Hrsg.), EU-Kommentar, 3. Auflage, 2012, Art. 63 AEUV, Rn. 18 m.w.N.

[22] Vgl. *Schürmann*, in: Lenz/Borchardt (Hrsg.), EU-Verträge Kommentar, 6. Auflage, 2012, Art. 63 AEUV Rn. 18.

[23] Vgl. *Hobe* (Fn. 12), Rn. 861 m.w.N.

[24] Vgl. *Bröhmer* (Fn. 10), Art. 63 AEUV Rn. 8.

[25] Vgl. *Arndt/Fischer/Fetzer*, Europarecht, 11. Auflage, 2015, Rn. 580.

auch bei der Kapitalverkehrsfreiheit des Art. 63 Abs. 1 AEUV nicht um eine zumindest die Unionsbürgerschaft (so Art. 45 Abs. 2 AEUV) – und gegebenenfalls sogar noch die Unionsansässigkeit (so Art. 49 Abs. 1 Satz 2 AEUV) – postulierende Personenverkehrsfreiheit,[26] sondern liegt dieser vielmehr eine rein verkehrsorientierte, „produkt"bezogene Betrachtungsweise zugrunde.[27] Auch ist das in der Vorgängervorschrift des Art. 67 Abs. 1 EWG-Vertrag noch enthalte Merkmal der Gebietsansässigkeit mittlerweile gerade ersatzlos aus dem Vertragstext gestrichen worden.[28] Schließich spricht für eine derartige Öffnung der Kapitalverkehrsfreiheit deren Funktion für die Europäische Wirtschafts- und Währungsunion, soll Art. 63 Abs. 1 AEUV doch dazu beitragen, das weltweite Vertrauen in den Euro zu stärken, seine Attraktivität als globale Handels- und Reservewährung zu erhöhen sowie die Aufrechterhaltung von Finanzzentren in den Mitgliedstaaten zu sichern.[29]

2. Sachlicher Schutzbereich

a) Schutzgut/Gewährleistungsumfang

In sachlicher Hinsicht verbietet Art. 63 Abs. 1 AEUV Beschränkungen des „Kapitalverkehrs", worunter gemeinhin die einseitige, regelmäßig der Vermögensanlage dienende Wertübertragung in Form von Sachkapital (z.B. Immobilien) oder Geldkapital (z.B. Wertpapiere) verstanden wird.[30]

Der EuGH konkretisiert diesen Begriff mangels primärrechtlicher Legaldefinition in ständiger Rechtsprechung anhand der nicht erschöpfenden

---

[26] *Haratsch/Koenig/Pechstein*, Europarecht, 10. Auflage, 2016, Rn. 1063. Auch auf den Kapitalanlageort kommt es nicht an, siehe *Borchardt*, Die rechtlichen Grundlagen der Europäischen Union, 6. Auflage, 2015, § 11 Rn. 1136.

[27] *Leible/Streinz*, in: Grabitz/Hilf/Nettesheim (Hrsg.), Das Recht der Europäischen Union, Stand: 55. EL, Januar 2015, Art. 34 AEUV Rn. 43; *Ress/Ukrow* (Fn. 16), Art. 63 AEUV Rn. 120.

[28] Hierauf weist *Wojcik*, in: von der Groeben/Schwarze/Hatje (Hrsg.), Europäisches Unionsrecht, 7. Auflage, 2015, Art. 63 AEUV Rn. 10 m.w.N. hin.

[29] *Sedlaczek/Züger* (Fn. 9), Art. 63 AEUV Rn. 4 m.w.N.

[30] Statt vieler siehe nur *Haag*, in: Bieber/Epiney/Haag, Die Europäische Union, 12. Auflage, 2016, § 11 Rn. 144 m.w.N.; *Herdegen*, Europarecht, 18. Auflage, 2016, § 18 Rn. 1; *Nettesheim*, in: Oppermann/Classen/Nettesheim, Europarecht, 7. Auflage, 2016, § 30 Rn. 9. Zum dort ferner noch genannten „grenzüberschreitende[n]" Merkmal s.u. B.II.2.b).

Nomenklatur für den Kapitalverkehr im Anhang I zur Richtlinie 88/361/EWG[31], welcher er „Hinweischarakter“ für die Definition des Begriffs „Kapitalverkehr“ auch im Sinne des höherrangigen Art. 63 Abs. 1 AEUV beimisst.[32] Nach Rubrik XI.-D. dieses Anhangs I gehören u.a. Erbschaften zum Kapitalverkehr.

Eben eine solche liegt hier vor. Mit dem dieser zugrundeliegenden Erbfall ist das von der verstorbenen R hinterlassene Vermögen auf deren Alleinerben U übergegangen, konkret das Eigentum an dem Hausgrundstück, aus dem der Nachlass der R im Wesentlichen besteht.

Somit handelt es sich bei dieser Erbschaft um „Kapitalverkehr“ im Sinne von Art. 63 Abs. 1 AEUV.[33]

b) Grenzüberschreitender Sachverhalt

Wie von den übrigen Grundfreiheiten[34] wird allerdings auch von Art. 63 Abs. 1 AEUV ein rein innerstaatlicher Sachverhalt nicht geschützt.[35] Anders als diese verbietet Art. 63 Abs. 1 AEUV Beschränkungen in Bezug auf sein Schutzgut jedoch nicht nur unionsintern „zwischen den Mitgliedstaaten“, sondern nach dem ausdrücklichen Wortlaut dieser Vertragsbestimmung ebenfalls *erga omnes* „zwischen den Mitgliedstaaten und dritten Ländern“.

Ein derart transnationales Element ist nicht nur dann gegeben, wenn Kapital den Ort seiner Belegenheit ändert und dabei eine Staatsgrenze überquert; vielmehr ist es auch dann zu bejahen, wenn Veräußerer und Erwerber in demselben Staat sitzen und sich der Auslandsbezug allein aus der

---

31 Richtlinie 88/361/EWG des Rates vom 24. Juni 1988 zur Durchführung von Artikel 67 des Vertrages (ABl. L 178, S. 5).

32 EuGH, Rs. C-317/15, ECLI:EU:C:2017:119, Rn. 27 – *X*. Näher EuGH, Rs. C-513/03, ECLI:EU:C:2006:131, Rn. 39 – *van Hilten-van der Heijden*, jeweils m.w.N. Aus Gründen der Normenhierarchie ist dies freilich nur im Sinne einer „Auslegungshilfe“ zulässig, so zutreffend *Wojcik* (Fn. 28), Art. 63 AEUV Rn. 3.

33 Hinweis: Die Frage der Abgrenzung zu den übrigen Grundfreiheiten stellt sich vorliegend – anders als beispielsweise im Fall *Scheunemann* (EuGH, Rs. C-31/11, ECLI:EU:C:2012:481), in dem die Erbschaft u.a. aus einer 100%-Beteiligung an einer Kapitalgesellschaft mit Sitz in einem Drittstaat bestand – nicht.

34 *Wienbracke*, Jura 2008, 929 (932).

35 Vgl. EuGH, Rs. C-244/15, ECLI:EU:C:2016:359, Rn. 25 – *Kommission/Griechenland.*

Belegenheit des übertragenen Vermögensgegenstands in einem anderen Staat ergibt, sog. auslandsbedingter Kapitalverkehr.[36]

Letzteres ist hier der Fall: Der in M ansässige U hat das Eigentum von der zum Zeitpunkt ihres Todes dort ebenfalls wohnhaften R an der im Drittstaat D belegenen Immobilie erworben.[37]

Ein im Sinne von Art. 63 Abs. 1 AEUV grenzüberschreitender Sachverhalt ist demnach gegeben.

III. Eingriff

Das in Art. 63 Abs. 1 AEUV normierte Verbot von „Beschränkungen" des grenzüberschreitenden Kapitalverkehrs ist primär an die Mitgliedstaaten adressiert[38] und nach dem Wortlaut dieser Vertragsbestimmung („alle") sowie aus Gründen ihrer praktischen Wirksamkeit (*effet utile*, vgl. Art. 4 Abs. 3 EUV) weit zu verstehen.[39] Es erfasst in Anlehnung an die zur Warenverkehrsfreiheit ergangene *Dassonville*-Rechtsprechung[40] über (offene und

---

[36] Vgl. EuGH, Rs. C-11/07, ECLI:EU:C:2008:489, Rn. 40 – *Eckelkamp*; EuGH, Rs. C-510/08, ECLI:EU:C:2010:216, Rn. 21 – *Mattner* und siehe *Haratsch/Koenig/Pechstein* (Fn. 26), Rn. 1055; *von Wilmowsky*, in: Ehlers (Hrsg.), Europäische Grundrechte und Grundfreiheiten, 4. Auflage, 2014, § 12 Rn. 3.

[37] Hinweis: Im zugrundeliegenden Fall hat der EuGH (Rs. C-123/15, ECLI:EU:C:2016:496, Rn. 17 – *Feilen*) den grenzüberschreitenden Bezug nicht allein damit begründet, dass der in Rede stehende Nachlass Vermögen enthält aus einem Erbanfall zwischen der Schwester und der Mutter des Alleinerben im Ausland, wo das Vermögen belegen war, sondern zudem darauf abgestellt, dass die Mutter und die Schwester zur Zeit des Todes der Schwester dort wohnten. Wie hier im zugrundeliegenden Fall allein auf den Erwerb ausländischen Vermögens abstellend: *GA Wathelet*, Schlussanträge in der Rs. C-123/15, ECLI:EU:C:2016:193, Rn. 32 – *Feilen.*

[38] *Schroeder*, Grundkurs Europarecht, 4. Auflage, 2015, § 14 Rn. 172.

[39] *Ress/Ukrow* (Fn. 16), Art. 63 AEUV Rn. 158 m.w.N.; *Wojcik* (Fn. 28), Art. 63 AEUV Rn. 15.

[40] EuGH, Rs. 8/74, ECLI:EU:C:1974:82, Rn. 5 – *Dassonville.* Zur umstrittenen Frage der analogen Heranziehung ebenfalls der *Keck*-Rechtsprechung (EuGH, verb. Rs. C-267/91 und C-268/91, ECLI:EU:C:1993:905, Rn. 16 – *Keck und Mithouard*) mit der Folge, dass bloße „Rahmen-" bzw. „Verfahrensmodalitäten", die den Marktzugang nicht behindern, nicht als Eingriff in die Kapitalverkehrsfreiheit zu qualifizieren sind, siehe einerseits *Kotzur*, in: Geiger/Khan/Kotzur, EUV/AEUV, 6. Auflage, 2017, Art. 63 AEUV Rn. 7 und andererseits

versteckte[41]) Diskriminierungen hinaus[42] sämtliche unmittelbaren oder mittelbaren, aktuellen oder potenziellen Behinderungen, Begrenzungen oder Untersagungen für den Zufluss, Abfluss oder Durchfluss von Kapital.[43] Ob eine solche Maßnahme von der mitgliedstaatlichen Legislative, Exekutive oder Judikative ausgeht ist dabei ebenso irrelevant wie die jeweilige Verhaltensform (Tun, Dulden oder Unterlassen).[44]

Speziell in Bezug auf erbschaftsteuerliche Regelungen eines Mitgliedstaats bejaht der EuGH eine im Sinne von Art. 63 Abs. 1 AEUV verbotene Beschränkung dann, wenn die Anwendung einer Steuervergünstigung vom Wohnsitz des Erblassers und des Erwerbers oder der Belegenheit des zum Nachlass gehörenden Vermögens abhängig gemacht wird, sofern sie dazu führt, dass Erwerbe von Todes wegen, an denen Gebietsfremde beteiligt oder von denen Vermögensgegenstände in einem anderen (Mitglied-)Staat erfasst sind, einer höheren Besteuerung unterliegen als Erwerbe, an denen nur Gebietsansässige beteiligt oder von denen nur Vermögensgegenstände im Mitgliedstaat der Besteuerung erfasst sind, und daher eine Wertminderung des Nachlasses bewirken.[45]

Die in § 27 Abs. 1 M-ErbStG vorgesehene, U durch das Finanzamt von M – in nach nationalem Recht zutreffender Anwendung dieser für die Finanzbehörden von M laut Bearbeitervermerk bindenden Vorschrift – versagte Steuerermäßigung[46] setzt u.a. voraus, dass für das nunmehr erworbene

---

von Wilmowsky, in: Ehlers (Hrsg.), Europäische Grundrechte und Grundfreiheiten, 4. Auflage, 2014, § 12 Rn. 6, jeweils m.w.N. u.a. aus der EuGH-Rspr.

41 *von Wilmowsky* (Fn. 36), § 12 Rn. 6.

42 *Jochum*, Europarecht, 2. Auflage, 2012, Rn. 1142 m.w.N.

43 *Ress/Ukrow* (Fn. 16), Art. 63 AEUV Rn. 158 m.w.N.

44 *Ehlers* (Fn. 5), § 7 Rn. 88; *Sedlaczek/Züger* (Fn. 9), Art. 63 AEUV Rn. 12 m.w.N. aus der EuGH-Rspr.

45 Vgl. EuGH, Rs. C-256/06, ECLI:EU:C:2008:20, Rn. 30 ff. – *Jäger*; EuGH, Rs. C-181/12, ECLI:EU:C:2013:662, Rn. 23 ff. – *Welte*; EuGH, Rs. C-127/12, ECLI:EU:C:2014:2130, Rn. 57 ff. – *Kommission/Spanien*; EuGH, Rs. C-211/13, ECLI: EU:C:2014:2148, Rn. 40 ff. – *Kommission/Deutschland*. Allgemeiner EuGH, Rs. C-190/12, ECLI:EU:C:2014:249, Rn. 39 – *Emerging Markets* m.w.N.: Zu den „Beschränkungen des Kapitalverkehrs [...] gehören [Maßnahmen], die geeignet sind, Gebietsfremde von Investitionen in einem Mitgliedstaat oder die dort Ansässigen von Investitionen in anderen Staaten abzuhalten“.

46 Hinweis: Nachfolgend wird verkürzt allein auf die gesetzliche Regelung des § 27 Abs. 1 M-ErbStG abgestellt.

Vermögen innerhalb der letzten zehn Jahre bereits eine Steuer nach diesem Gesetz zu erheben war. Letzteres wiederum bedingt, dass entweder der Erblasser zur Zeit seines Todes oder der Erwerber zur Zeit der Entstehung der Steuer Inländer ist oder aber die Vermögensgegenstände aus Inlandsvermögen bestehen. Hängt der Vorteil der Ermäßigung der Erbschaftsteuer damit vom Wohnsitz des Erblassers oder Erben („Inländer") bzw. vom Ort der Belegenheit der zum Nachlass gehörenden Vermögensgegenstände beim Vorerwerb in M ab, so hat diese mitgliedstaatliche Regelung zur Folge, dass ein Nachlass wie derjenige des U, der Vermögensgegenstände enthält (hier: bebautes Grundstück), die beim Vorerwerb von Todes wegen, bei dem keiner der Beteiligten seinen Wohnsitz in M hatte (hier: T und R), in einem anderen Staat belegen waren (hier: D), einer höheren Erbschaftsteuer unterliegt – und insoweit folglich in seinem Wert gemindert ist –, als ein Nachlass, der entweder ausschließlich Vermögensgegenstände enthält, die bei einem Vorerwerb von Todes wegen in M belegen waren, oder aber zwar im Ausland belegene Vermögensgegenstände, bei deren Vorerwerb von Todes wegen aber mindestens einer der Beteiligten in M wohnte.[47]

Mithin ist ein Eingriff in den Schutzbereich von Art. 63 Abs. 1 AEUV zu bejahen.

IV. Rechtfertigung

Der Eingriff könnte jedoch gerechtfertigt sein.

Dann müsste entweder einer der im AEUV ausdrücklich genannten Gründe[48] für die Rechtfertigung von Eingriffen in die Kapitalverkehrsfreiheit vorliegen oder aber der Eingriff durch zwingende Gründe des Allgemeininteresses gerechtfertigt sein (vorausgesetzt, es existiert keine – hier nach der Aufgabenstellung ohnehin nicht zu prüfende – unionsrechtliche Harmoni-

---

[47] Hinweis: Eine a.A. ist an dieser Stelle trotz der Ausführungen von *GA Wathelet*, Schlussanträge in der Rs. C-123/15, ECLI:EU:C:2016:193, Rn. 50 ff. – *Feilen* im zugrundeliegenden Fall (demnach liege mangels objektiver Vergleichbarkeit innerstaatlicher und grenzüberschreitender Situationen – für den fraglichen Mitgliedstaat bestehe nur im ersten Fall ein Besteuerungsrecht – bereits kein Eingriff in den Schutzbereich von Art. 63 Abs. 1 AEUV vor) angesichts des weiten Eingriffsbegriffs kaum vertretbar. Zur Erfüllung des Kriteriums des Marktzutrittshindernisses (Fn. 40) im Fall von wertmindernden Erbschaftsteuervorschriften eines Mitgliedstaats vgl. EuGH, C-256/ 06, CLI:EU:C:2008:20, Rn. 30 – *Jäger*.

[48] Zu diesen siehe *Kotzur* (Fn. 40), Art. 63 AEUV Rn. 2.

sierungsregelung, welche die zur Gewährleistung des Schutzes dieser Interessen erforderlichen Maßnahmen vorsieht), die für alle im Hoheitsgebiet des Mitgliedstaats tätigen Personen oder Unternehmen gelten, und die nationale Regelung zudem insbesondere[49] den Anforderungen des Verhältnismäßigkeitsgrundsatzes genügen.[50]

1. Schranken

a) Geschriebene Rechtfertigungsgründe

Von den geschriebenen Rechtfertigungsgründen kommt hier allein derjenige des Art. 65 Abs. 1 lit. a) AEUV in Betracht. Danach berührt Art. 63 AEUV nicht das Recht der Mitgliedstaaten, die einschlägigen Vorschriften ihres Steuerrechts anzuwenden, die Steuerpflichtige mit unterschiedlichem Wohnort oder Kapitalanlageort unterschiedlich behandeln.[51]

Allerdings wird Art. 65 Abs. 1 lit. a) AEUV seinerseits durch Art. 65 Abs. 3 AEUV eingeschränkt, wonach auch die in Art. 65 Abs. 1 AEUV genannten Maßnahmen und Verfahren weder ein Mittel zur willkürlichen Diskriminierung noch eine verschleierte Beschränkung des freien Kapital- und Zahlungsverkehrs im Sinne des Art. 63 AEUV darstellen dürfen. Folglich kann Art. 65 Abs. 1 lit. a) AEUV nicht dahingehend verstanden werden, dass jedwede Steuerregelung, die zwischen Steuerpflichtigen nach ihrem Wohnort oder nach dem Staat ihrer Kapitalanlage unterscheidet, ohne Weiteres mit dem AEUV vereinbar wäre.[52]

---

[49] Zu den Unionsgrundrechten siehe *Ress/Ukrow* (Fn. 16), Art. 63 AEUV Rn. 260 m.w.N.

[50] Vgl. EuGH, Rs. C-503/99, ECLI:EU:C:2002:328, Rn. 45 – *Société nationale de transport par canalisations*; EuGH, Rs. C-387/11, ECLI:EU:C:2012:670, Rn. 74 – *Kommission/Belgien* m.w.N. Dazu, dass im Verhältnis zu Drittstaaten gegebenenfalls weitergehende Maßnahmen „gerechtfertigt" sein können als zwischen Mitgliedstaaten, vgl. Art. 64 (s.o. B.I.) und siehe Art. 66 und Art. 215 AEUV sowie ferner *Ahlt/Dittert*, Europarecht, 4. Auflage, 2011, S. 256 m.w.N. aus der EuGH-Rspr.

[51] Hinweis: Zur Bedeutung der Erklärung zur Vorgängervorschrift des Art. 73 d EGV (ABl. 1992 Nr. C 191, S. 99) im – hier nicht vorliegenden – Fall der Beschränkung des Kapital- und Zahlungsverkehrs zwischen Mitgliedstaaten siehe *Jochum* (Fn. 42), Rn. 1146 m.w.N.

[52] Zum Ganzen: EuGH, Rs. C-387/11, ECLI:EU:C:2012:670, Rn. 43 – *Kommission/Belgien*; EuGH, Rs. C-211/13, ECLI:EU:C:2014:2148, Rn. 46 – *Kom-*

Vielmehr ist zwischen den nach Art. 65 Abs. 1 lit. a) AEUV zulässigen Ungleichbehandlungen einerseits und den nach Art. 65 Abs. 3 AEUV verbotenen willkürlichen Diskriminierungen andererseits zu differenzieren. Was insbesondere mitgliedstaatliche Steuerregelungen anbelangt, die zur Berechnung der Erbschaftsteuer eine Unterscheidung zwischen Gebietsansässigen und -fremden oder zwischen Vermögensgegenständen im und solchen außerhalb des Hoheitsgebiets vornehmen, so können diese daher namentlich nur dann als mit den Bestimmungen des AEUV über den freien Kapitalverkehr vereinbar angesehen werden, wenn sie Situationen betreffen, die nicht objektiv miteinander vergleichbar sind.[53]

Dem Bearbeitervermerk zufolge wird die Höhe der Erbschaftsteuer für eine Immobilie nach dem M-ErbStG entsprechend deren Wert und dem Verwandtschaftsverhältnis zwischen dem Erblasser und dem Erben berechnet. Weder das eine noch das andere dieser Kriterien ist aber vom Wohnort dieser Personen bzw. der Belegenheit der Immobilie abhängig. Behandelt der Gesetzgeber von M Immobilienerben mithin unabhängig von diesen Kriterien – bis auf die hinsichtlich des Vorerwerbs an diese beiden Merkmale gerade anknüpfende Steuerermäßigungsvorschrift des § 27 Abs. 1 M-ErbStG – für Zwecke der Erbschaftsteuer gleich, so erkennt er damit aber selbst an, dass insoweit kein objektiver Unterschied besteht, der eine unterschiedliche Behandlung rechtfertigen könnte.[54]

Eine nach Art. 65 Abs. 1 lit. a) AEUV zulässige Ungleichbehandlung liegt daher nicht vor.[55]

---

mission/Deutschland, jeweils m.w.N.

[53] St. Rspr., siehe nur EuGH, Rs. C-127/12, ECLI:EU:C:2014:2130, Rn. 73 – *Kommission/Spanien* m.w.N. Zu einem solchen Fall siehe EuGH, Rs. C-133/13, ECLI:EU:C:2014:2460, Rn. 22 ff. – *Q.*

[54] Hinweis: Eine andere Begründung dieses Ergebnisses – etwa: im Hinblick auf den Steuerentlastungszweck von § 27 Abs. 1 M-ErbStG macht es keinen Unterschied, ob der Vorerwerb mit in- oder ausländischer Erbschaftsteuer belastet ist (vgl. BFH, DStR 2015, 569 [572]; Hessisches FG, IStR 2014, 456 [457]) – ist ebenfalls vertretbar.

[55] Hinweis: Eine a.A. (keine objektive Vergleichbarkeit der Situationen, vgl. im zugrundeliegenden Fall *GA Wathelet*, Schlussanträge in der Rs. C-123/15, ECLI:EU:C:2016:193, Rn. 50 ff. – *Feilen*) ist an dieser Stelle bei entsprechender Argumentation ebenfalls vertretbar.

b) Ungeschriebene Rechtfertigungsgründe

Jedoch könnte der Eingriff durch einen der vorgenannten zwingenden Gründe des Allgemeininteresses gerechtfertigt sein. Ein Rückgriff auf diese Kategorie von Rechtfertigungsgründen ist aufgrund des nicht offen diskriminierenden Charakters der hiesigen Eingriffsmaßnahme möglich (vgl.o. B.III.).[56] Als ein solcher Grund wird vom EuGH speziell in Bezug auf mitgliedstaatliche Steuerregelungen namentlich die Notwendigkeit der Gewährleistung von deren Kohärenz anerkannt.[57] Dies setzt den Nachweis voraus, dass ein unmittelbarer Zusammenhang zwischen dem betreffenden steuerlichen Vorteil einerseits und dem Ausgleich dieses Vorteils durch eine bestimmte steuerliche Belastung andererseits besteht, wobei die Unmittelbarkeit dieses Zusammenhangs anhand des mit der fraglichen Regelung verfolgten Ziels zu beurteilen ist.[58]

Der in § 27 Abs. 1 M-ErbStG vorgesehene Vorteil der Ermäßigung der Erbschaftsteuer knüpft entsprechend dem Ziel dieser Regelung, eine unangemessene „Doppelbesteuerung" desselben Vermögens durch M im Fall des

---

56 Hierzu vgl. *Haratsch/Koenig/Pechstein* (Fn. 26), Rn. 1068. Kritisch zu dieser Begrenzung: *von Wilmowsky* (Fn. 36), § 12 Rn. 13.

57 *Wienbracke*, EWS 2012, 176 (181); *ders.*, Jura 2008, 929 (935), jeweils m.w.N. aus der EuGH-Rspr. Speziell zum Aspekt der „ausgewogenen Aufteilung der Besteuerungsbefugnis" siehe im zugrundeliegenden Fall *GA Wathelet*, Schlussanträge in der Rs. C-123/15, ECLI:EU:C:2016:193, Rn. 74 ff. – *Feilen* m.w.N. Bei der Vermeidung des Rückgangs der Steuereinnahmen handelt es sich dagegen nicht um einen zwingenden Grund des Allgemeininteresses, siehe EuGH, Rs. C-244/15, ECLI:EU:C:2016:359, Rn. 43 – *Kommission/Griechenland* m.w.N.

58 EuGH, Rs. C-322/11, ECLI:EU:C:2013:716, Rn. 66 – *K* m.w.N. Die weitere diesbezügliche EuGH-Rspr., nach der es an einem solchen unmittelbaren Zusammenhang fehlt, wenn es um verschiedene Steuern oder die steuerliche Behandlung verschiedener Steuerpflichtiger geht (vgl. EuGH, C-168/01, ECLI:EU:C:2003:479, Rn. 30 – *Bosal*; EuGH, Rs. C-322/11, ECLI:EU:C:2013:716, Rn. 69 f. – *K*; EuGH, Rs. C-559/13, ECLI:EU:C:2015:109, Rn. 49 – *Grünewald*) kann nach dessen nunmehriger Entscheidung in einem Fall wie dem des § 27 Abs. 1 M-ErbStG denknotwendig nicht gelten, da die Person, welche die Erbschaftsteuer beim früheren Erwerb von Todes wegen entrichtet hat, zwangsläufig verstorben ist; der nach einer solchen Vorschrift gewährte Steuervorteil und die frühere Besteuerung betreffen aber immerhin dieselbe Steuer, dasselbe Vermögen und die nahen Verwandten derselben Familie, siehe EuGH, Rs. C-123/15, ECLI:EU:C:2016:496, Rn. 36 f. – *Feilen*.

Übergangs auf nahe Verwandte innerhalb kurzer Zeit zu vermeiden, tatbestandlich an dessen Vorbelastung mit Erbschaftsteuer von M an. Somit existiert ein unmittelbarer Zusammenhang zwischen der in § 27 Abs. 1 M-ErbStG enthaltenen, für alle „Personen der Steuerklasse I" geltenden Ermäßigung bei der Besteuerung des Nacherwerbs und der steuerlichen Belastung beim Vorerwerb (Besteuerung nach dem M-ErbStG). Diese spiegelbildliche Logik, dass M beim nachfolgenden Übergang des Vermögens auf Erbschaftsteuer verzichtet, weil dieses in jüngerer Zeit schon einmal von M mit Erbschaftsteuer belastet worden ist, wäre jedoch gestört, wenn die Ermäßigung nach § 27 Abs. 1 M-ErbStG auch Personen wie U zugutekäme, die Vermögen erben, für das nur im Ausland, nicht aber in M, eine Erbschaftsteuer erhoben wurde.

Die Voraussetzungen des ungeschriebenen Rechtfertigungsgrunds der Kohärenz der mitgliedstaatlichen Steuerregelung sind damit erfüllt.

2. Schranken-Schranken

Um den Anforderungen des nach dem Vorstehenden fernerhin zu wahrenden unionsrechtlichen Verhältnismäßigkeitsgrundsatzes[59] zu genügen, muss die mitgliedstaatliche Eingriffsmaßnahme dazu geeignet, erforderlich und angemessen sein, das mit ihr in unionsrechtlich legitimer Weise verfolgte Ziel zu erreichen.[60]

Die für die Bejahung der Geeignetheit notwendige Tauglichkeit des Mittels zur Erreichung des mit ihm zu erreichen gesuchten Zwecks[61] resultiert vorliegend daraus, dass § 27 Abs. 1 M-ErbStG unter den übrigen in dieser Vorschrift genannten Voraussetzungen eine die „Doppelbesteuerung" durch M vermeidende Steuerermäßigung gerade für den Fall vorsieht, dass für das nunmehr übergehende Vermögen bereits zuvor eine Steuer nach diesem Gesetz zu erheben war.

---

[59] Dieser wurde ursprünglich als allgemeiner (ungeschriebener) Rechtsgrundsatz des Unionsrechts (Art. 340 Abs. 2 AEUV) entwickelt und ist nunmehr in Art. 5 Abs. 1 Satz 2, Abs. 4 EUV und Art. 52 Abs. 1 Satz 2 EU-GrCh positiviert, siehe *Wienbracke*, DVP 2014, 416 (417 f.) m.w.N. u.a. aus der EuGH-Rspr.

[60] Vgl. *Haratsch/Koenig/Pechstein* (Fn. 26), Rn. 1079 m.w.N. aus der EuGH-Rspr.

[61] Vgl. *Ehlers* (Fn. 5), § 7 Rn. 130.

Die im Rahmen der Erforderlichkeit zunächst zu untersuchende Existenz eines milderen Mittels als des tatsächlich eingesetzten[62] könnte hier möglicherweise unter dem Aspekt zu bejahen sein, dass es sich im Vergleich zur Vorenthaltung der Steuerermäßigung nach § 27 Abs. 1 M-ErbStG hinsichtlich Vorerwerben, die nur im Ausland besteuert worden sind, bei der Einbeziehung auch eben dieser Vermögensübergänge in die Steuerermäßigung aus Sicht der nach dem M-ErbStG Steuerpflichtigen um ein milderes Mittel handelt – jedenfalls, sofern die ausländische Steuer mit der im M-ErbStG geregelten vergleichbar ist. Jedoch verfügt M insofern nicht über die Besteuerungsbefugnis (vgl.o. B.IV.1.b)), weshalb dieses Alternativmittel im Hinblick auf das mit § 27 Abs. 1 M-ErbStG verfolgte Ziel nicht geeignet ist. Das in dieser Bestimmung enthaltene Mittel ist folglich erforderlich.

Schließlich ist ebenfalls dessen Angemessenheit zur Zweckerreichung[63] zu bejahen, sind die Mitgliedstaaten beim gegenwärtigen Entwicklungsstand des Unionsrechts nach ständiger EuGH-Rechtsprechung[64] doch keineswegs dazu verpflichtet, ihr eigenes Steuersystem den verschiedenen Steuersystemen anderer (Mitglied-)Staaten anzupassen, um insbesondere „Doppelbesteuerungen" zu beseitigen; vielmehr verfügen sie insoweit über eine gewisse Autonomie.

Also ist der Verhältnismäßigkeitsgrundsatz gewahrt und der Eingriff in den Schutzbereich des anwendbaren Art. 63 Abs. 1 AEUV gerechtfertigt.

V. Ergebnis

U hat nicht Recht.[65]

---

[62] Vgl. *Ehlers* (Fn. 5), § 7 Rn. 130.

[63] Vgl. ebd.

[64] EuGH, Rs. C-67/08, ECLI:EU:C:2009:92, Rn. 30 f. – *Block*; EuGH, Rs. C-253/09, ECLI:EU:C:2011:795, Rn. 83 – *Kommission/Ungarn*, jeweils m.w.N.

[65] Hinweis: An diesem Ergebnis würde sich auch dann nichts ändern, wenn M nicht Mitgliedstaat der EU, sondern des EWR wäre, hat Art. 40 des EWR-Abkommens doch dieselbe rechtliche Tragweite wie die im Wesentlichen identische Bestimmung des Art. 63 AEUV, siehe EuGH, Rs. C-387/11, ECLI:EU:C: 2012:670, Rn. 88 – *Kommission/Belgien*; EuGH, Rs. C-244/15, ECLI:EU:C: 2016:359, Rn. 48 – *Kommission/Griechenland*, jeweils m.w.N.

B. Fall zum allg. Diskriminierungsverbot und allg. Freizügigkeitsrecht

Art. 18 AEUV – Art. 21 AEUV – Unionsbürger – versteckte Diskriminierung – öffentliches Interesse – Geeignetheitsprüfung

A. Sachverhalt[1]

Der drittstaatsangehörige D hat seit acht Jahren rechtmäßig seinen gewöhnlichen Aufenthalt in Mitgliedstaat E. In seinem daraufhin bei der zuständi-

[1] Sachverhalt und Lösung sind EuGH, Rs. C-73/08, ECLI:EU:C:2010:181 – *Bressol u.a.* und *GA Sharpston*, Schlussanträge in der Rs. C-73/08, ECLI:EU:C:2009:396 – *Bressol u.a.* nachempfunden.

gen Behörde von E gestellten Antrag auf Einbürgerung beantwortete D die Frage nach Angaben über Straftaten wahrheitswidrig mit „nein", obwohl er erst kurz zuvor von einem Gericht in E wegen einer rechtswidrigen Tat zu einer Strafe verurteilt worden war. Weil dieser Umstand der für die Einbürgerung zuständigen Behörde von E allerdings nicht bekannt war, gab sie dem Antrag des D nachfolgend statt und händigte ihm die Einbürgerungsurkunde aus.

Nachdem D auch seinen Schulabschluss in E erlangt hatte, verzog er in den Mitgliedstaat U, um dort an einer staatlichen Hochschule Medizin zu studieren; schon seit Kindheitstagen hegt D nämlich den Berufswunsch „Chirurg".

Kurz vor Semesterbeginn muss D allerdings feststellen, dass sein Antrag auf Zulassung zum Studium der Humanmedizin abgelehnt wurde. Zur Begründung heißt es – sachlich zutreffend –, dass nach dem vom Parlament von U erlassenen Universitätsgesetz (UnivGU) nur solche Personen freien Zugang[2] zum Studiengang „Humanmedizin" an einer staatlichen Hochschule haben, die ihren zum Universitätsstudium berechtigenden Schulabschluss an einer Schule in U erworben haben. Personen, die ihre Hochschulzugangsberechtigung nicht in U erlangt haben, erhalten zu diesem Studienfach dagegen nur in einem beschränkten Umfang Zugang. Ihre Gesamtzahl ist auf 30% aller Einschreibungen des vorangegangenen akademischen Jahres begrenzt, wobei die konkrete Studienplatzvergabe innerhalb dieses Kontingents durch Losentscheidung erfolgt.

D meint, hierdurch entgegen dem AEUV diskriminiert zu werden. Demgegenüber ist U der Auffassung, dass ungeachtet des dortigen Systems der studierendenzahlunabhängigen Steuerfinanzierung aller staatlichen Hochschulen die vorstehende „30%-Regelung" notwendig sei, um übermäßige Belastungen zur Finanzierung des Hochschulunterrichts zu vermeiden. Auch diene diese Regelung dem Schutz der öffentlichen Gesundheit in U. Diese sei einem Gutachten zufolge nämlich gefährdet, wenn die Unterrichtsqualität infolge zu hoher Studierendenzahlen sinke. Unabhängig hiervon sei zudem zu befürchten, dass Bildungsausländer nach dem Studium in ihre Herkunftsländer zurückkehrten, um dort ihren Beruf auszuüben, was in U zu einer Knappheit an medizinischen Fachkräften und damit einer Gefährdung der Qualität des öffentlichen Gesundheitssystems in U führen könnte.

Hat D mit seiner Auffassung Recht?

---

2 Zur Unterscheidung zwischen Hochschulzugang und Hochschulzulassung im deutschen Hochschulrecht siehe *Sasse*, VerwArch 2013, S. 237 (254 f.) m.w.N.

Bearbeitervermerk:

Gem. § 10 Abs. 1 S. 1 Nr. 5 Alt. 1 des Staatsangehörigkeitsgesetzes von E (StAGE) ist ein Ausländer, der seit acht Jahren rechtmäßig seinen gewöhnlichen Aufenthalt im Inland hat, auf Antrag einzubürgern, wenn er nicht wegen einer rechtswidrigen Tat zu einer Strafe verurteilt worden ist. Nach § 16 S. 1 StAGE wird die Einbürgerung wirksam mit der Aushändigung der von der zuständigen Verwaltungsbehörde ausgefertigten Einbürgerungsurkunde. § 35 Abs. 1 StAGE bestimmt, dass eine rechtswidrige Einbürgerung zurückgenommen werden kann, wenn der Verwaltungsakt durch vorsätzlich unrichtige Angaben erwirkt worden ist. Zudem enthält das Verwaltungsverfahrensgesetz von E (VwVfGE) in seinen §§ 1, 13, 41, 43 und 44 Regelungen, die §§ 1, 13, 41, 43 bzw. 44 VwVfG entsprechen.

Unionsgrundrechte und EU-Sekundärrecht sind jeweils nicht zu prüfen; auf Art. 6 S. 2 lit. e), Art.165 f. AEUV ist nicht einzugehen.

Von der Gleichwertigkeit des von D in Mitgliedstaat E erworbenen Schulabschlusses mit den von U vergebenen Schulabschlüssen ist auszugehen.

B. Lösungshinweise

D hat mit seiner Auffassung, dass er durch die Ablehnung seines Antrags auf Zulassung zum Studium der Humanmedizin an einer staatlichen Hochschule von U entgegen dem AEUV diskriminiert wird, Recht, wenn ein derartiger Verstoß tatsächlich vorliegt.

I. Art. 45 Abs. 2 AEUV

Möglicherweise liegt ein Verstoß gegen Art. 45 Abs. 2 AEUV vor.

Soweit diese Vorschrift anwendbar ist, schützt sie „Arbeitnehmer“ vor nicht gerechtfertigten, auf der Staatsangehörigkeit beruhenden unterschiedlichen Behandlungen, d.h. Diskriminierungen, in Bezug auf Beschäftigung, Entlohnung und sonstige Arbeitsbedingungen.[3]

Arbeitnehmer im Sinne von Art. 45 AEUV ist, wer während einer bestimmten Zeit für einen anderen nach dessen Weisung Leistungen erbringt, für die er als Gegenleistung eine Vergütung erhält.[4]

Als (angehender) Student erbringt D weder während einer bestimmten Zeit für einen anderen nach dessen Weisung Leistungen, noch erhält er hierfür als Gegenleistung eine Vergütung. Auch handelt es sich bei D (noch) nicht

---

3 Vgl. *Wienbracke*, Grundwissen Europarecht, 2018, S. 142 ff., 189 m.w.N.

4 *Wienbracke* (Fn. 3), S. 167 m.w.N.

um einen Stellenbewerber, d.h. Arbeitssuchenden; in dieser Eigenschaft würde er ebenfalls durch Art. 45 AEUV geschützt, vgl. dessen Absatz 3 lit. a).[5]

Also ist bereits der Schutzbereich von Art. 45 Abs. 2 AEUV nicht eröffnet, so dass kein Verstoß gegen das darin enthaltene Diskriminierungsverbot vorliegt.

II. Art. 56 Abs. 1 AEUV

Jedoch könnte die Nichtberücksichtigung des D bei der Studienplatzvergabe gegen Art. 56 Abs. 1 AEUV verstoßen; vom in dieser Bestimmung normierten Verbot der „Beschränkungen" des freien Dienstleistungsverkehrs innerhalb der Union für Angehörige der Mitgliedstaaten, die in einem anderen Mitgliedstaat als demjenigen des Leistungsempfängers ansässig sind, werden neben unterschiedslosen Beeinträchtigungen ebenfalls Diskriminierungen erfasst.[6]

Das setzt zusätzlich zur Anwendbarkeit dieser Grundfreiheit voraus, dass ein nicht gerechtfertigter Eingriff in ihren Schutzbereich vorliegt (vgl.o. B.I.).

Wie sich nicht zuletzt aus der mit sämtlichen Grundfreiheiten verfolgten ökonomischen Zielsetzung[7] ergibt (vgl. Art. 3 Abs. 2, 3 EUV, Art. 26 Abs. 2 AEUV), schützt ebenfalls Art. 56 Abs. 1 AEUV mit dem Merkmal „Leistung" nur solche Tätigkeiten, die – wie „insbesondere" bei solchen gewerblicher, kaufmännischer, handwerklicher und freiberuflicher Art der Fall (Art. 57 Abs. 2 AEUV) und im Gegensatz etwa zu rein sozialen (karitativen) Leistungen – Teil des Wirtschaftslebens sind. Das „in der Regel" – gleich von wem – zu erbringende Entgelt (Art. 57 Abs. 1 AEUV) muss eine geldwerte Gegenleistung für die betreffende Leistung darstellen (bloßer Erwerbszweck, d.h. Kostendeckung ohne Gewinnerzielungsabsicht, genügt), die ihrerseits nicht-körperlicher (in Abgrenzung zu den Art. 28 ff. AEUV), selbständiger (und nicht i.S.v. Art. 45 AEUV unselbständiger) sowie vorübergehender (Art. 57 Abs. 3 AEUV; im Gegensatz zu dauerhafter gem. Art. 49 Abs. 1

5 Dazu siehe *Wienbracke*, EuR 2012, S. 483 (493) m.w.N.

6 *Wienbracke* (Fn. 3), S. 189, 195 f. m.w.N.

7 Näher hierzu siehe *Wienbracke*, ReWir Nr. 45/2018, abrufbar unter www.logos-verlag.de.

AEUV) Natur sein muss und nicht im Schwerpunkt den Kapitalverkehr i.S.v. Art. 63 Abs. 1 AEUV betreffen darf.[8]

Insoweit geschützt wird nicht nur die sog. aktive Dienstleistungsfreiheit des Erbringers einer Leistung, der „in einem anderen Mitgliedstaat als demjenigen des Leistungsempfängers ansässig" ist (Art. 56 Abs. 1 AEUV) und „zwecks Erbringung seiner Leistungen seine Tätigkeit vorübergehend in dem Mitgliedstaat ausüb[t], in dem die Leistung erbracht wird" (Art. 57 Abs. 3 AEUV). Vielmehr subsumiert der EuGH in ständiger Rechtsprechung u.a. auch solche Fälle unter Art. 56 Abs. 1 AEUV, in denen sich der Leistungsempfänger in denjenigen Mitgliedstaat begibt, in dem der Leistende ansässig ist. Denn diese sog. passive Dienstleistungsfreiheit stelle eine notwendige Ergänzung dar, die dem Ziel entspricht, jedwede gegen Entgelt geleistete Tätigkeit, die nicht unter den freien Waren- und Kapitalverkehr sowie die Personenfreizügigkeiten fällt (s.o.), zu liberalisieren, vgl. auch Art. 4 Abs. 3 EUV (*effet utile*).[9]

D verzog zwar eigens deshalb von Mitgliedstaat E in den Mitgliedstaat U, um an einer von dessen staatlichen Hochschulen Medizin zu studieren, d.h., um dieses Bildungsangebot in Anspruch zu nehmen. Doch im Gegensatz zu Unterricht an privaten Bildungseinrichtungen, die im Wesentlichen insbesondere durch die Studierenden oder deren Eltern finanziert werden, nehmen Mitgliedstaaten, die durch die Errichtung und Erhaltung eines staatlichen Bildungssystems, das in der Regel ganz oder hauptsächlich aus öffentlichen Mitteln (dem Staatshaushalt) und nicht von den Studierenden oder deren Eltern finanziert wird, keine gewinnbringende Tätigkeit auf, sondern erfüllen vielmehr auf sozialem, kulturellem und bildungspolitischem Gebiet ihre Aufgaben gegenüber ihren Bürgern. Folglich ist der Unterricht an derartigen Einrichtungen vom Begriff der „Dienstleistung" im Sinne von Art. 57 AEUV ausgeschlossen.[10]

In U herrscht ein System der Finanzierung aller staatlichen Hochschulen – und damit auch derjenigen, bei der D seinen Antrag auf Zulassung zum Studium der Humanmedizin gestellt hat – durch Steuern, d.h. öffentliche Mittel.

---

8 Zum Ganzen s.o. „Fall zur Dienstleistungsfreiheit" unter B.II.2.a) m.w.N.

9 Zum Ganzen s.o. „Fall zur Dienstleistungsfreiheit" unter B.II.2.b) m.w.N. u.a. aus der EuGH-Rspr.

10 Zum Ganzen siehe EuGH, Rs. C-56/09, ECLI:EU:C:2010:288, Rn. 31 f. – *Zanotti* und vgl. *Frenz*, JA 2007, S. 4 (5); *Lecheler/Gundel*, Übungen im Europarecht, 1999, S. 188; *Wienbracke* (Fn. 3), S. 219 f. Näher: *Tiedje*, in: von der Groeben/Schwarze/Hatje, Europäisches Unionsrecht, 7. Auflage 2015, Art. 57 AEUV Rn. 18, jeweils m.w.N.

Beim dortigen Unterricht handelt es sich nach dem Vorstehenden daher nicht um eine von Art. 56 Abs. 1 AEUV geschützte Dienstleistung im Sinne von Art. 57 AEUV.

Folglich ist mangels Eröffnung des Schutzbereichs von Art. 56 Abs. 1 AEUV ebenfalls die Dienstleistungsfreiheit nicht verletzt.

III. Art. 21 Abs. 1 AEUV

In Betracht kommt allerdings ein Verstoß gegen Art. 21 Abs. 1 AEUV, wofür wiederum die o.g. Voraussetzungen von Anwendbarkeit, Schutzbereichseröffnung, Eingriff hierin und fehlende Rechtfertigung vorliegen müssen (vgl.o. B.I., II.).[11]

1. Anwendbarkeit

Art. 21 Abs. 1 AEUV ist anwendbar, soweit kein wirksames und abschließendes EU-Sekundärrecht sowie kein spezielleres Primärrecht einschlägig ist; eine Bereichsausnahme existiert in Bezug auf Art. 21 Abs. 1 AEUV nicht.[12]

EU-Sekundärrecht ist hier laut Bearbeitervermerk nicht zu prüfen. Die gegenüber dem allgemeinen Freizügigkeitsrecht des Art. 21 Abs. 1 AEUV jeweils spezielleren Grundfreiheiten aus Art. 45 Abs. 2 AEUV und Art. 56 Abs. 1 AEUV greifen vorliegend nicht Platz, s.o. B.I., II.

Somit ist die Anwendbarkeit von Art. 21 Abs. 1 AEUV zu bejahen.

2. Schutzbereich

a) Persönlicher Schutzbereich

Art. 21 Abs. 1 AEUV schützt in persönlicher Hinsicht „[j]ede[n] Unionsbürger".

Gem. Art. 20 Abs. 1 S. 2 AEUV, Art. 9 S. 2 EUV ist Unionsbürger, wer die Staatsangehörigkeit eines Mitgliedstaats besitzt. Der Erwerb der Staatsangehörigkeit eines Mitgliedstaats, an welche die Unionsbürgerschaft demnach akzessorisch anknüpft, richtet sich nach dem Recht des jeweiligen Mitgliedstaats.[13]

---

11 *Wienbracke* (Fn. 3), S. 142 ff., 217 ff. m.w.N. Dort auch zur unmittelbaren Geltung bzw. Wirkung und zur unmittelbaren Anwendbarkeit von Art. 21 Abs. 1 AEUV.

12 Vgl. *Wienbracke* (Fn. 3), S. 149 ff., 217 ff. m.w.N.

13 *Wienbracke* (Fn. 3), S. 215 f. m.w.N.

Ursprünglich besaß D allein die Staatsangehörigkeit eines Drittstaats. Seinem nachfolgend bei der zuständigen Behörde des Mitgliedstaats E gestellten Antrag auf Einbürgerung gab diese allerdings statt. Sofern dieser Verwaltungsakt (vgl. § 35 Abs. 1 StAGE) wirksam ist, handelt es sich bei D daher (ggf. „auch“[14]) um einen Staatsangehörigen eines Mitgliedstaats und folglich um einen Unionsbürger.

Nach § 43 Abs. 1 S. 1 VwVfGE wird ein Verwaltungsakt gegenüber demjenigen, für den er bestimmt ist oder der von ihm betroffen wird, in dem Zeitpunkt wirksam, in dem er ihm bekannt gegeben wird (dazu siehe § 41 VwVfGE) und bleibt dies solange und soweit er nicht zurückgenommen, widerrufen, anderweitig aufgehoben oder durch Zeitablauf oder auf andere Weise erledigt ist, siehe § 43 Abs. 2 VwVfGE. Dies gilt grundsätzlich unabhängig davon, ob der betreffende Verwaltungsakt rechtmäßig oder rechtswidrig ist. Eine Ausnahme von diesem Grundsatz der Wirksamkeit auch rechtswidriger Verwaltungsakte gilt neben den in § 44 Abs. 2 VwVfGE genannten Fällen nach § 44 Abs. 1 VwVfGE allein für offensichtlich an einem besonders schwerwiegenden Fehler leidende Verwaltungsakte. Ein solcher ist nicht nur rechtswidrig, sondern darüber hinaus ebenfalls *ipso iure* nichtig, d.h. unwirksam, siehe § 43 Abs. 3 VwVfGE.[15]

aa) Der Verwaltungsakt „Einbürgerung des D“ ist mit der Aushändigung der Einbürgerungsurkunde nach § 16 S. 1 StAGE als § 41 Abs. 1 S. 1 VwVfGE gem. § 1 Abs. 1 VwVfGE verdrängender besonderer Bekanntgabeform[16] an diesen Antragsteller („Beteiligter“ im Sinne von § 13 Abs. 1 Nr. 1 Alt. 1 VwVfGE) als Inhaltsadressat gem. § 43 Abs. 1 S. 1 VwVfGE bekannt gegeben und damit wirksam geworden.[17] Auch ist dieser Verwaltungsakt bislang weder aufgehoben worden noch hat er sich erledigt.

---

[14] Am Unionsbürgerstatus von D würde sich auch dann nichts ändern, wenn er zusätzlich zur Staatsangehörigkeit des Mitgliedstaats E weiterhin die Staatsangehörigkeit des Drittstaats D besitzen sollte, vgl. *Haag*, in: von der Groeben/Schwarze/Hatje, Europäisches Unionsrecht, 7. Auflage 2015, Art. 20 AEUV Rn. 13; *Khan*, in: Geiger/Khan/Kotzur, EUV/AEUV, 6. Auflage 2017, Art. 18 AEUV Rn. 5, jeweils m.w.N.

[15] Zum Ganzen vgl. *Wienbracke*, Allgemeines Verwaltungsrecht, 5. Auflage 2020, Rn. 251 f. m.w.N.

[16] Vgl. *Tegthoff*, in: Kopp/Ramsauer, VwVfG, 21. Auflage 2020, § 41 Rn. 5; *Stelkens*, in: ders./Bonk/Sachs, VwVfG, 9. Auflage 2018, § 41 Rn. 9 m.w.N. Siehe aber auch BVerwG, NVwZ 2014, S. 1679 (1679 f.).

[17] Eines Eingehens auf die umstr. Frage nach den Rechtsfolgen einer (form-)fehlerhaften Bekanntgabe (dazu siehe *Wienbracke* [Fn. 15], Rn. 267 m.w.N.) bedarf es vorliegend daher nicht.

bb) Zudem liegt hier ebenfalls kein Fall der Unwirksamkeit infolge Nichtigkeit gem. § 43 Abs. 3 i.V.m. § 44 Abs. 2 Nr. 2 VwVfGE vor, wonach ein Verwaltungsakt ohne Rücksicht auf das Vorliegen der Voraussetzungen des § 44 Abs. 1 VwVfGE nichtig ist, der nach einer Rechtsvorschrift nur durch die Aushändigung einer Urkunde erlassen werden kann, aber dieser Form nicht genügt. Die im Sinne dieser Vorschrift[18] durch § 16 S. 1 StAGE vorgeschriebene Aushändigung der von der zuständigen Verwaltungsbehörde ausgefertigten Einbürgerungsurkunde ist an D erfolgt.

cc) Eine Unwirksamkeit des Verwaltungsakts „Einbürgerung des D" könnte sich aber aus § 43 Abs. 3 i.V.m. § 44 Abs. 1 VwVfGE ergeben. Nach der letztgenannten Bestimmung ist ein Verwaltungsakt nichtig, soweit er an einem besonders schwerwiegenden Fehler leidet und dies bei verständiger Würdigung aller in Betracht kommenden Umstände offensichtlich ist.

„Besonders schwerwiegend" im Sinne von § 44 Abs. 1 VwVfGE ist ein solcher Mangel, der den Verwaltungsakt als schlechterdings unerträglich, d.h. mit tragenden Verfassungsprinzipien oder der Rechtsordnung immanenten wesentlichen Wertvorstellungen unvereinbar, erscheinen lässt. Im Sinne von § 44 Abs. 1 VwVfGE „offensichtlich" (evident) ist ein Fehler dann, wenn die besonders schwere Fehlerhaftigkeit des Verwaltungsakts für einen unvoreingenommenen, mit den in Betracht kommenden Umständen vertrauten und verständigen Durchschnittsbetrachter ohne Weiteres ersichtlich ist, d.h. sich diesem geradezu aufdrängt; die Fehlerhaftigkeit muss dem Verwaltungsakt „auf die Stirn geschrieben" stehen.[19]

Der hier in Rede stehende Mangel, mit dem der Verwaltungsakt „Einbürgerung des D" behaftet ist, besteht darin, dass D eingebürgert wurde, obwohl bei ihm die Einbürgerungsvoraussetzung der strafrechtlichen Unbescholtenheit (§ 10 Abs. 1 S. 1 Nr. 5 Alt. 1 StAGE) nicht vorlag. Dieser Umstand war der für die Einbürgerung zuständigen Behörde von E nicht bekannt, da D im bei dieser gestellten Antrag auf Einbürgerung die Frage nach Angaben über Straftaten wahrheitswidrig mit „nein" beantwortet hatte, obwohl er erst kurz zuvor von einem Gericht in E wegen einer rechtswidrigen Tat zu einer Strafe verurteilt worden war.

Eben eine solche Situation der Rechtswidrigkeit einer durch vorsätzlich unrichtige Angaben erwirkten Einbürgerung hat der Gesetzgeber von E in § 35 Abs. 1 StAGE tatbestandlich erfasst und dort mit der Rechtsfolge belegt, dass eine derartige Einbürgerung zurückgenommen werden kann. Da es dieser im behördlichen Ermessen („kann") stehenden Aufhebung (vgl. § 43

[18] Vgl. OVG Münster, NVwZ 1986, S. 936.

[19] Zum Ganzen vgl. *Wienbracke* (Fn. 15), Rn. 273 m.w.N.

Abs. 2 VwVfGE) allerdings dann nicht bedürfte, wenn Verwaltungsakte in Fällen der vorbeschriebenen Art bereits kraft Gesetzes (gem. § 43 Abs. 3 i.V.m. § 44 Abs. 1 VwVfGE) ohne Weiteres unwirksam wären, lässt sich hieraus die gesetzgeberische Wertung entnehmen, dass es sich bei der Erwirkung einer rechtswidrigen Einbürgerung durch vorsätzlich unrichtige Angaben nicht um einen Fehler handelt, der nach § 44 Abs. 1 VwVfGE zur Nichtigkeit und damit Unwirksamkeit (§ 43 Abs. 3 VwVfG) eines solchen Verwaltungsakts führt.[20]

Weitere Anhaltspunkte für eine etwaige Unwirksamkeit des Verwaltungsakts „Einbürgerung des D" sind nicht ersichtlich. Dieser ist daher wirksam, D folglich Staatsangehöriger des Mitgliedstaats E und damit nach Art. 20 Abs. 1 S. 2 AEUV, Art. 9 S. 2 EUV Unionsbürger, so dass er als solcher dem persönlichen Schutzbereichs von Art. 21 Abs. 1 AEUV unterfällt.

b) Sachlicher Schutzbereich

Sachlich gewährleistet Art. 21 Abs. 1 AEUV das Recht, sich im Hoheitsgebiet der Mitgliedstaaten frei zu bewegen und aufzuhalten, d.h. aus seinem Herkunftsmitgliedstaat aus- und in den Aufnahmemitgliedstaat einzureisen („Recht auf Bewegung") sowie sich in Letzterem dauerhaft aufzuhalten, zu bewegen und seinen Wohnsitz zu nehmen („Recht zum Bleiben") – und dies als politische „Grundfreiheit" jeweils unabhängig von der Verfolgung eines bestimmten (z.B. wirtschaftlichen) Ziels, d.h. insofern nach freiem Belieben, also u.a. auch zu Bildungszwecken.[21] „In diesem Zusammenhang hat der Gerichtshof bereits entschieden, dass ein Angehöriger eines Mitgliedstaats, der sich in einen anderen Mitgliedstaat begibt und dort eine weiterführende Schule besucht, von der durch Art. [21 Abs. 1 AEUV] garantierten Freizügigkeit Gebrauch macht."[22]

Hier ist D, der zunächst für mehrere Jahre seinen gewöhnlichen Aufenthalt in Mitgliedstaat E hatte, nach dem dortigen Erwerb seines Schulabschlusses in den Mitgliedstaat U verzogen, um dort an einer staatlichen Hochschule Medizin zu studieren.

---

[20] Vgl. BVerwG, NJW 1985, S. 2658 (2659); BVerwG, NVwZ 2014, S. 1679 (1680); BVerwG, NVwZ 2017, S. 1312 (1314); *Wienbracke* (Fn. 15), Rn. 273.

[21] Zum Ganzen siehe *Wienbracke* (Fn. 3), S. 222 f. m.w.N. Der in Art. 21 Abs. 1 AEUV enthaltene Vorbehalt „der in den Verträgen und in den Durchführungsvorschriften vorgesehenen Beschränkungen und Bedingungen" bezieht sich nach h.M. auf die Ebene der Eingriffsrechtfertigung (einheitlicher Schrankenvorbehalt), siehe *ders.*, a.a.O., S. 226 f.

[22] EuGH, Rs. C-158/07, ECLI:EU:C:2008:630, Rn. 38 – *Förster* m.w.N.

Dadurch hat D von seinem allgemeinen Freizügigkeitsrecht nach Art. 21 Abs. 1 AEUV Gebrauch gemacht, dessen sachlicher Schutzbereich somit eröffnet ist.

Insbesondere handelt es sich auch nicht etwa um ein missbräuchliches Verhalten, das als solches von Art. 21 Abs. 1 AEUV nicht mehr umfasst wäre, wenn Unionsbürger in einen anderen Mitgliedstaat ziehen, um dort ihre Ausbildung zu absolvieren, nehmen sie hierdurch doch schließlich ihr Recht auf Freizügigkeit wahr, das sie als Unionsbürger ohne Diskriminierung aus Gründen der Staatsangehörigkeit ausüben dürfen.[23] Die Möglichkeit eines Unionsbürgers, der seinen Schulabschluss in einem anderen Mitgliedstaat als demjenigen erworben hat, in dem sich die Hochschule befindet, an der er studieren möchte, unter den gleichen Voraussetzungen wie die Inhaber von in letztgenanntem Mitgliedstaat erworbenen Schulabschlüssen Zugang zum dortigen Hochschulstudium zu erhalten, gehört vielmehr gerade zum „Kernbereich" des vom AEUV garantierten Grundsatzes der Freizügigkeit der Studenten.[24]

3. Eingriff

Art. 21 Abs. 1 AEUV untersagt den durch diese Vorschrift insbesondere[25] verpflichteten Mitgliedstaaten (vgl. Art. 52 Abs. 1 i.V.m. Art. 1 Abs. 3 S. 1 EUV) neben Diskriminierungen aus Gründen der Staatsangehörigkeit bei der Ausübung des allgemeinen Rechts auf Freizügigkeit ebenfalls unterschiedslos wirkenden Maßnahmen (Beschränkungen), die geeignet sind, die Ausübung dieses Rechts weniger attraktiv zu machen oder davon gar ganz abzuhalten.[26]

Hier konnte D ungehindert aus Mitgliedstaat E aus- und in Mitgliedstaat U einreisen. Auch sind aus dem mitgeteilten Sachverhalt keine Anhaltspunkte dafür ersichtlich, dass ihm der dauerhafte Aufenthalt in U verwehrt würde.

---

[23] Siehe *GA Sharpston*, Schlussanträge in der Rs. C-73/08, ECLI:EU:C:2009:396, Rn. 95 – *Bressol u.a.* und vgl. *Frenz*, JA 2007, S. 4 (5); *Wienbracke* (Fn. 3), S. 168 ff., 217, jeweils m.w.N.

[24] EuGH, Rs. C-147/03, ECLI:EU:C:2005:427, Rn. 70 – *Kommission/Österreich*. Vgl. auch Art. 165 Abs. 2 Spglstr. 2 („Förderung der Mobilität von Lernenden") und Art. 166 Abs. 2 Spglstr. 3 („Förderung der Mobilität [...] der in beruflicher Bildung befindlichen Personen") AEUV, auf die nach dem Bearbeitervermerk vorliegend freilich nicht einzugehen war.

[25] Zur Bindung der EU und von Privaten an Art. 21 Abs. 1 AEUV siehe *Wienbracke* (Fn. 3), S. 224 m.w.N.

[26] *Wienbracke* (Fn. 3), S. 224 ff. m.w.N.

Ein Eingriff in den sachlichen Schutzbereich des allgemeinen Freizügigkeitsrechts aus Art. 21 Abs. 1 AEUV liegt demnach nicht vor.[27]

Dass D – in seiner Auffassung nach diskriminierender Weise – nicht der von ihm begehrte Zugang zum Studiengang „Humanmedizin" an einer staatlichen Hochschule von U gewährt wird, ist ein Einwand, der sich nicht auf die von Art. 21 Abs. 1 AEUV in sachlicher Hinsicht allein gewährleisteten Rechte auf Bewegung und Aufenthalt (s.o. B.III.2.b)) bezieht, sondern vielmehr auf die Rechte anlässlich des Aufenthalts in einem anderen Mitgliedstaat („Rechte im Aufenthalt") – und daher richtigerweise am Maßstab des allgemeinen Diskriminierungsverbots des Art. 18 Abs. 1 AEUV zu messen ist.[28]

IV. Art. 18 Abs. 1 AEUV

Auch ein Verstoß gegen Art. 18 Abs. 1 AEUV setzt neben dessen Anwendbarkeit einen nicht gerechtfertigten Eingriff in seinen Schutzbereich voraus (vgl.o. B.I., II., III.).[29]

1. Anwendbarkeit

Im Hinblick auf die Anwendbarkeit von Art. 18 Abs. 1 AEUV gelten die insoweit zu Art. 21 Abs. 1 AEUV gemachten Ausführungen entsprechend (s.o.

---

[27] Vgl. auch *Fischer/Fetzer*, Europarecht, 12. Auflage 2019, Rn. 606; *Haratsch/Koenig/Pechstein*, Europarecht, 12. Auflage 2020, Rn. 810, jeweils m.w.N. Siehe aber auch den Hinweis bei *Classen/Nettesheim*, in: Oppermann/Classen/Nettesheim, Europarecht, 9. Auflage 2021, § 16 Rn. 21 m.w.N., wonach über konkrete Aufenthaltsverbote hinaus auch solche mitgliedstaatlichen Maßnahmen als Eingriffe in Art. 21 Abs. 1 AEUV qualifiziert werden, die sich lediglich mittelbar nachteilig auf das allgemeine Freizügigkeitsrecht auswirken. Allgemein zum Verhältnis von Art. 21 Abs. 1 AEUV zu Art. 18 Abs. 1 AEUV siehe *Heselhaus*, in: Pechstein/Nowak/Häde, Frankfurter Kommentar zu EUV, GRC und AEUV, Band 2, 2017, Art. 21 AEUV Rn. 21 ff. und vgl. *Musil/Burchard*, Klausurenkurs im Europarecht, 5. Auflage 2019, Rn. 288 ff.; *Pechstein/Kubicki*, Jura 2008, S. 871 (876), jeweils m.w.N.

[28] Vgl. *Wienbracke* (Fn. 3), S. 225 f. m.w.N. Unionsgrundrechte, namentlich Art. 14 und Art. 21 Abs. 2 EU-GrCh, sind nach dem Bearbeitervermerk nicht zu prüfen. Zum Verhältnis von Art. 18 Abs. 1 AEUV zum letztgenannten Unionsgrundrecht siehe *Kingreen*, in: Ehlers (Hrsg.), Europäische Grundrechte und Grundfreiheiten, 4. Auflage 2014, § 13 Rn. 3.

[29] *Wienbracke* (Fn. 3), S. 143 f., 217, 223 ff. m.w.N. Dort auch zur unmittelbaren Geltung bzw. Wirkung und zur unmittelbaren Anwendbarkeit von Art. 18 Abs. 1 AEUV.

B.III.1.).[30] Insbesondere sieht der AEUV „[f]ür den Zugang zur beruflichen Bildung [...] keine Sonderbestimmungen vor, die im Hinblick auf Art. [18] Abs. 1 [AEUV] vorrangig geprüft werden müssten."[31]

2. Schutzbereich

a) Persönlicher Schutzbereich

Seinem Wortlaut nach enthält Art. 18 Abs. 1 AEUV in persönlicher Hinsicht keine Einschränkungen. Dies und ein Umkehrschluss (*argumentum e contrario*[32]) aus den subjektbezogenen Freiheiten der Art. 45 Abs. 2, Art. 49 Abs. 1 und Art. 56 Abs. 1 AEUV, die jeweils ausdrücklich zumindest[33] die Staatsangehörigkeit eines Mitgliedstaats voraussetzen, spricht dafür, dass neben Unionsbürgern und diesen nach Art. 54 Abs. 1 AEUV gleichgestellten Gesellschaften ebenfalls Drittstaatsangehörige und Staatenlose vom persönlichen Schutzbereich des Art. 18 Abs. 1 AEUV erfasst werden.[34]

Demgegenüber legen systematische (enge Verbindung von Art. 18 Abs. 1 AEUV zur Unionsbürgerschaft[35]) und teleologische Erwägungen (Art. 18 Abs. 1 AEUV bezweckt eine engere europäische Integration durch die Beseitigung des Fremdenstatus von EU-Ausländern) es nahe, dass sich ausschließlich Unionsbürger, d.h. Staatsangehörige der Mitgliedstaaten (Art. 20 Abs. 1 S. 2 AEUV, Art. 9 S. 2 EUV), mit Erfolg auf Art. 18 Abs. 1 AEUV zu berufen vermögen.[36]

Eine Entscheidung dieses Meinungsstreits kann vorliegend freilich dahinstehen, handelt es sich bei D doch (zumindest „auch") um einen Unions-

---

30 Dazu siehe *Wienbracke* (Fn. 3), S. 149 ff., 217, 232 ff. m.w.N.

31 EuGH, Rs. C-65/03, ECLI:EU:C:2004:402, Rn. 26 – *Kommission/Belgien*.

32 Allgemein dazu siehe *Wienbracke*, Juristische Methodenlehre, 2. Auflage 2020, Rn. 184, 256 m.w.N.

33 Art. 49 Abs. 1 S. 2 und Art. 56 Abs. 1 AEUV verlangen zusätzlich zur Unionsbürgerschaft jeweils noch die Ansässigkeit im Hoheitsgebiet eines Mitgliedstaats.

34 Zum Ganzen siehe *Wienbracke* (Fn. 3), S. 157 f., 234 f. m.w.N.

35 Siehe aber freilich *Streinz*, Europarecht, 11. Auflage 2019, Rn. 1029: Bei Art. 18 Abs. 1 AEUV handelt es sich nicht um ein aus der Unionsbürgerschaft resultierendes Recht. A.A. wohl *Borchardt*, Die rechtlichen Grundlagen der Europäischen Union, 7. Auflage 2020, Rn. 244.

36 Zum Ganzen siehe *Wienbracke* (Fn. 3), S. 235 m.w.N. Dort (S. 158) auch zur Gleichstellung bestimmter Drittstaatsangehöriger mit den Staatsangehörigen der Mitgliedstaaten aufgrund von völkerrechtlichen Abkommen nach Art. 217 AEUV.

bürger (s.o. B.III.2.a)), so dass er selbst unter Zugrundlegung der „strengsten“ der beiden vorgenannten Auffassungen dem persönlichen Schutzbereich von Art. 18 Abs. 1 AEUV unterfällt.

b) Sachlicher Schutzbereich

In sachlicher Hinsicht setzt Art. 18 Abs. 1 AEUV voraus, dass der betreffende Sachverhalt in den „Anwendungsbereich der Verträge“, d.h. des EUV und/oder des AEUV (vgl. Art. 1 Abs. 2 AEUV), fällt.

Dies trifft zu sowohl auf Sachverhalte in Bereichen mit bestehender Rechtsetzungskompetenz der EU[37] als auch auf Sachverhalte in Bereichen ohne eine solche, die aber unionsvertraglich geregelt sind.[38] Letzteres wiederum ist u.a. bei rechtmäßiger Wahrnehmung der unionsbürgerlichen Freizügigkeit nach Art. 21 Abs. 1 AEUV der Fall, die insoweit als „Türöffner“ für die Heranziehung von Art. 18 Abs. 1 AEUV als Prüfungsmaßstab fungiert.[39] Danach kann „ein Unionsbürger, der sich rechtmäßig im Gebiet des Aufnahmemitgliedstaats aufhält, in allen Situationen, die in den sachlichen Anwendungsbereich des [Unions]rechts fallen, auf Art. [18 Abs. 1 AEUV] berufen. Zu diesen Situationen gehören auch [...] diejenigen, die die Ausübung der

---

[37] Ob die EU von dieser Kompetenz durch den Erlass entsprechenden Sekundärrechts Gebrauch gemacht haben muss, ist umstr., siehe *Wienbracke* (Fn. 3), S. 236 m.w.N.

[38] Während es an einer derart EU-rechtlich geregelten Situation namentlich bei rein innerstaatlichen Sachverhalten fehlt (auch von Art. 18 Abs. 1 AEUV werden Inländerdiskriminierungen mithin nicht erfasst), so werden sog. „Rückkehrer-Fälle“ hingegen sehr wohl geschützt, siehe *Wienbracke* (Fn. 3), S. 236 (mit Fn. 735) m.w.N.

[39] Zum Ganzen siehe *Wienbracke* (Fn. 3), S. 236 ff. Zur Kritik an der zugrundeliegenden Rechtsprechung siehe *Epiney*, in: Biber/Epiney/Haag/Kotzur, Europarecht, 13. Auflage 2019, § 10 Rn. 7, jeweils m.w.N. Auf die Art. 165 f. AEUV (dazu siehe EuGH, Rs. C-184/99, ECLI:EU:C:2001:458, Rn. 35 – *Grzelczyk*; EuGH, Rs. C-224/98, ECLI:EU:C:2002:432, Rn. 32 – *D'Hoop*; EuGH, Rs. C-65/03, ECLI:EU:C:2004:402, Rn. 25 – *Kommission/Belgien* m.w.N.; EuGH, Rs. C-147/03, ECLI:EU:C:2005:427, Rn. 70 – *Kommission/Österreich*) war dem Bearbeitervermerk zufolge ebenso wenig einzugehen wie auf Art. 6 S. 2 lit. e) AEUV. Auch danach verbleibt die Sachkompetenz zur Regelung der Hochschulzulassung und des Hochschulzugangs zwar bei den Mitgliedstaaten (vgl. Art. 2 Abs. 5 UAbs. 1 AEUV), die diese aber unter Beachtung insbesondere von Art. 18 Abs. 1 AEUV auszuüben haben, siehe EuGH, Rs. C-11/06 und C-12/06, ECLI:EU:C:2007:626, Rn. 24 – *Morgan* m.w.N.; EuGH, verb. Rs. C-523/11 und C-585/11, ECLI:EU:C:2013:524, Rn. 26 – *Prinz und Seeberger* m.w.N.; *Frenz*, Europarecht, 2. Auflage 2016, Rn. 337; *Sasse*, VerwArch 2013, S. 237 (244, 257).

durch Art. [21 Abs. 1 AEUV] verliehenen Freiheit, sich im Hoheitsgebiet der Mitgliedstaaten zu bewegen und aufzuhalten, betreffen."[40] Soweit dies zutrifft („Inzidentprüfung"[41]), erfasst Art. 18 Abs. 1 AEUV mithin auch „Situationen [...], die die Voraussetzungen für den Zugang zur Berufsausbildung betreffen, wobei sowohl das Hochschul- als auch das Universitätsstudium eine Berufsausbildung darstellen."[42]

Vorliegend ist D in Ausübung seines allgemeinen Freizügigkeitsrechts aus Art. 21 Abs. 1 AEUV von Mitgliedstaat E in den Mitgliedstaat U verzogen (s.o. B.III.2.b)).

Damit fällt der hiesige Sachverhalt in den „Anwendungsbereich der Verträge" im Sinne von Art. 18 Abs. 1 AEUV.

3. Eingriff

Gem. Art. 18 Abs. 1 AEUV, der namentlich[43] die Mitgliedstaaten verpflichtet (vgl. Art. 52 Abs. 1 i.V.m. Art. 1 Abs. 3 S. 1 EUV), ist jede Diskriminierung aus Gründen der Staatsangehörigkeit, d.h. die auf Letzterer basierende Schlechterbehandlung von EU-Ausländern gegenüber eigenen Staatsangehörigen, verboten.[44]

Nach dem vom Parlament des Mitgliedstaats U erlassenen UnivGU haben nur solche Personen freien Zugang zum Studiengang „Humanmedizin" an einer dortigen staatlichen Hochschule, die ihren zum Universitätsstudium berechtigenden Schulabschluss an einer Schule in U erworben haben. Personen, die ihre Hochschulzugangsberechtigung nicht in U erlangt haben,

---

[40] EuGH, Rs. C-158/07, ECLI:EU:C:2008:630, Rn. 36 f. – *Förster* m.w.N.

[41] *Hobe/Fremuth*, Europarecht, 10. Auflage 2020, Rn. 14. Vgl. auch *Lorenzmeier*, in: Vedder/Heintschel von Heinegg, Europäisches Unionsrecht, 2. Auflage 2018, Art. 21 AEUV Rn. 5 m.w.N.

[42] EuGH, Rs. C-73/08, ECLI:EU:C:2010:181, Rn. 32 – *Bressol u.a.* m.w.N. Vgl. auch EuGH, Rs. 293/83, ECLI:EU:C:1985:69, Rn. 25 – *Gravier*; EuGH, Rs. C-184/99, ECLI:EU:C:2001:458, Rn. 36 f. – *Grzelczyk*; EuGH, Rs. C-224/98, ECLI:EU:C:2002:432, Rn. 32 – *D'Hoop*; EuGH, Rs. C-209/03, ECLI:EU:C:2005:169, Rn. 33 ff. – *Bidar*; EuGH, Rs. C-158/07, ECLI:EU:C:2008:630, Rn. 41, 43 f. – *Förster*; EuGH, Rs. C-75/11, ECLI:EU:C:2012:605, Rn. 40 – *Kommission/Österreich*; EuGH, verb. Rs. C-523/11 und C-585/11, ECLI:EU:C:2013:524, Rn. 29 – *Prinz und Seeberger*; *Herdegen*, Europarecht, 22. Auflage 2020, § 12 Rn. 18; *Lecheler/Gundel* (Fn. 10), S. 188 f. m.w.N.

[43] Zur Bindung der EU und von Privaten an Art. 18 Abs. 1 AEUV siehe *Wienbracke* (Fn. 3), S. 239 f. m.w.N.

[44] *Wienbracke* (Fn. 3), S. 239 ff. m.w.N.

erhalten zu diesem Studienfach nach dem UnivGU dagegen nur in einem beschränkten Umfang Zugang: Ihre Gesamtzahl ist auf 30% aller Einschreibungen des vorangegangenen akademischen Jahres begrenzt, wobei die konkrete Studienplatzvergabe innerhalb dieses Kontingents durch Losentscheidung erfolgt.

Wie am Beispiel des D deutlich wird, der seinen Schulabschluss nicht in U, sondern in Mitgliedstaat E erworben hat, aus diesem Grund der vorgenannten „30%-Regel" des UnivGU unterfällt und dessen Name in der danach maßgeblichen Studienplatzauslosung in diesem Jahr nicht gezogen wurde mit der Folge, dass sein Antrag auf Zulassung zum Studium der Humanmedizin an einer staatlichen Hochschule von U abgelehnt wurde, werden derartige Studienplatzbewerber schlechter behandelt im Vergleich zu solchen Personen, die ihren zum Universitätsstudium berechtigenden Schulabschluss an einer Schule in U erworben und deshalb ohne Weiteres Zugang zum Studiengang „Humanmedizin" an einer dortigen Universität haben.

Diese Benachteiligung knüpft zwar nicht direkt an das durch Art. 18 Abs. 1 AEUV verbotene Kriterium der „Staatsangehörigkeit" an, sondern vielmehr an den Ort des Erwerbs des Schulabschlusses. Doch erfasst Art. 18 Abs. 1 AEUV über offen bzw. unmittelbar aufgrund der Staatsangehörigkeit erfolgende Diskriminierungen hinaus ebenfalls solche Schlechterbehandlungen von EU-Ausländern gegenüber eigenen Staatsangehörigen, die formal zwar an ein anderes Unterscheidungsmerkmal als das der Staatsangehörigkeit anknüpfen, bei „‚typisierende[r]' Betrachtungsweise"[45] tatsächlich[46] aber zu im Wesentlichen gleichen Ergebnissen führen wie Differenzierungen anhand der Nationalität, sog. indirekte, mittelbare bzw. versteckte Diskriminierung.[47]

Dies wiederum trifft insbesondere auf unterschiedliche Behandlungen nach Maßgabe desjenigen Ortes zu, an dem der Schulabschluss erworben wurde.[48] Die Schulen eines Landes werden nämlich gewöhnlich von solchen

---

[45] *Epiney*, in: Calliess/Ruffert, EUV/AEUV, 5. Auflage 2016, Art. 18 AEUV Rn. 13.

[46] Die bloße Eignung der betreffenden Regelung zur Benachteiligung vorwiegend von Ausländern reicht insofern aus; ein diesbezüglicher Nachweis ist nicht notwendig, siehe *von Bogdandy*, in: Grabitz/Hilf/Nettesheim, Das Recht der Europäischen Union, Werkstand: 71. EL August 2020, Art. 18 AEUV Rn. 15; *Schroeder*, Grundkurs Europarecht, 6. Auflage 2019, § 12 Rn. 13, jeweils m.w.N.

[47] Zum Ganzen siehe *Wienbracke* (Fn. 3), S. 243 f. m.w.N.

[48] *Wienbracke* (Fn. 3), S. 244. Vgl. auch EuGH, Rs. C-65/03, ECLI:EU:C:2004:402, Rn. 29 – *Kommission/Belgien*; EuGH, Rs. C-147/03, ECLI:EU:C:2005:427, Rn. 46

Schülern besucht, die jeweils in einer gewissen räumlichen Nähe zu diesen im Inland wohnen.[49] Sind Gebietsansässige aber zumeist eigene Staatsangehörige bzw. Gebietsfremde meist Ausländer, so handelt es sich beim Großteil der Abiturienten eines Staates um dessen Angehörige.[50]

Gerade an dieses Kriterium des Ortes des Schulabschlusses knüpft das UnivGU an, indem es eben nur den Inhabern von in U erworbenen Schulabschlüssen einen uneingeschränkten Zugang zum Studiengang „Humanmedizin" an einer dortigen Universität gewährt bzw. Inhaber von in einem anderen Mitgliedstaat als U erworbenen (gleichwertigen[51]) Schulabschluss – wie vorliegend D – lediglich unter den Restriktionen der „30%-Regel" Zugang zum vorgenannten Studium erhalten.[52]

Eine Diskriminierung aus Gründen der Staatsangehörigkeit im Sinne von Art. 18 Abs. 1 AEUV liegt somit vor.[53]

– *Kommission/Österreich*; *Holoubek*, in: Schwarze, EU-Kommentar, 4. Auflage 2019, Art. 18 AEUV Rn. 16, jeweils m.w.N.

[49] Vgl. EuGH, Rs. C-224/98, ECLI:EU:C:2002:432, Rn. 33 – *D'Hoop*; EuGH, Rs. C-65/03, ECLI:EU:C:2004:402, Rn. 29 – *Kommission/Belgien*; EuGH, Rs. C-147/03, ECLI:EU:C:2005:427, Rn. 42 ff., 60 – *Kommission/Österreich*; EuGH, Rs. C-73/08, ECLI:EU:C:2010:181, Rn. 40 ff. – *Bressol u.a.*; *Jochum*, Europarecht, 3. Auflage 2018, Rn. 789 f.; *Lenz*, in: ders./Borchardt, EU-Verträge Kommentar, 6. Auflage 2012, Art. 18 Rn. 5 m.w.N.; *Wienbracke*, NZA-RR 2020, S. 8 (10) m.w.N.

[50] Vgl. EuGH, Rs. C-73/08, ECLI:EU:C:2010:181, Rn. 45 f. – *Bressol u.a.* m.w.N.; *Michl*, in: Pechstein/Nowak/Häde, Frankfurter Kommentar zu EUV, GRC und AEUV, Band 2, 2017, Art. 18 AEUV Rn. 17; *Wienbracke* (Fn. 3), S. 194 f., 243 m.w.N.

[51] Von der Gleichwertigkeit des von D in E erworbenen Schulabschlusses mit den von U vergebenen ist laut Bearbeitervermerk auszugehen.

[52] Vgl. auch EuGH, Rs. C-147/03, ECLI:EU:C:2005:427, Rn. 44 f. m.w.N. – *Kommission/Österreich*, wonach (1) die durch den AEUV im Bereich der Freizügigkeit begründeten Rechte nicht ihre volle Wirkung (*effet utile*, vgl. Art. 4 Abs. 3 EUV) entfalten, wenn einer Person wegen der bloßen Inanspruchnahme dieser Rechte Nachteile entstehen und (2) der Unionsbürgerstatus dazu bestimmt ist, der grundlegende Status der Angehörigen der Mitgliedstaaten zu sein, der es denjenigen unter ihnen, die sich in der gleichen Situation befinden, erlaubt, unabhängig von ihrer Staatsangehörigkeit und unbeschadet der insoweit ausdrücklich vorgesehenen Ausnahmen die gleiche rechtliche Behandlung zu genießen.

[53] An diesem Ergebnis ändert sich auch dadurch nichts wieder, dass ebenfalls solche (eigenen) Staatsangehörigen von U, die nach Erwerb ihrer Hochschulzugangsberechtigung im Ausland nach U zurückkehren, um an einer dortigen

4. Rechtfertigung

Ein Verstoß gegen Art. 18 Abs. 1 AEUV resultiert hieraus allerdings nur dann, wenn die Diskriminierung nicht gerechtfertigt ist.

a) Schranken

Voraussetzung hierfür ist zunächst, dass Eingriffe in Art. 18 Abs. 1 AEUV überhaupt einer Rechtfertigung zugänglich sind. Im Gegensatz zu den Grundfreiheiten der Art. 28 ff. AEUV als bereichsspezifische Konkretisierungen des allgemeinen Diskriminierungsverbots, die jeweils geschriebene Schranken enthalten (Art. 36 S. 1, Art. 45 Abs. 3, Art. 52 Abs. 1 [ggf. i.V.m. Art. 62] und Art. 65 Abs. 1 AEUV), sieht Art. 18 Abs. 1 AEUV die Möglichkeit einer Eingriffsrechtfertigung nicht ausdrücklich vor.

Abweichend von Teilen der Literatur, die hieraus zumindest für offene Diskriminierungen folgern, dass Art. 18 Abs. 1 AEUV ein absolutes Diskriminierungsverbot statuiere,[54] ist nach der EuGH-Rechtsprechung[55] mittlerweile allerdings jedwede Art von Diskriminierung im Sinne von Art. 18 Abs. 1 AEUV einer Rechtfertigung zugänglich, der demzufolge also nur ein relatives Diskriminierungsverbot beinhaltet. Namentlich eine mittelbar unterschiedliche Behandlung aufgrund der Staatsangehörigkeit, wie sie hier vorliegt (s.o. B.IV.3.), kann folglich dann gerechtfertigt sein, wenn sie – ähnlich wie bei den Grundfreiheiten der Fall[56] – auf objektiven, von der Staatsangehörigkeit der Betroffenen unabhängigen Erwägungen beruht. Hierzu zählen alle öffentlichen Interessen, nicht hingegen rein wirtschaftliche Gründe.[57]

Zugunsten dieser Sichtweise spricht insbesondere, dass andernfalls ein Wertungswiderspruch zur Ausgestaltung der Grundfreiheiten einträte, denen selbst im Hinblick auf den integrationsintensivsten Bereich des europäischen Binnenmarkts ein ausnahmsloses Verbot der Diskriminierung aufgrund der Staatsangehörigkeit fremd ist (s.o.).[58] Auch steht Art. 18 Abs. 1 AEUV na-

---

staatlichen Hochschule „Humanmedizin" zu studieren, ebenfalls der 30%-Regel unterfallen, vgl. *Wienbracke* (Fn. 3), S. 195 m.w.N. Dieser Aspekt wird im mitgeteilten Sachverhalt – ebenso wie im zugrundeliegenden Urteil und den Schlussanträgen (s.o. Fn. 1) – nicht näher thematisiert.

[54] Zum Meinungsstand siehe *Streinz*, in: ders., EUV/AEUV, 3. Auflage 2018, Art. 18 AEUV Rn. 58 ff. m.w.N.

[55] Siehe nur EuGH, Rs. C-524/06, ECLI:EU:C:2008:724, Rn. 75 – *Huber*; EuGH, Rs. C-191/16, ECLI:EU:C:2018:222, Rn. 46 – *Pisciotti*, jeweils m.w.N.

[56] Zu den „zwingenden Gründe des Allgemeinwohls" im Sinne der *Cassis de Dijon*-Rechtsprechung des EuGH siehe *Wienbracke* (Fn. 3), S. 205 ff. m.w.N.

[57] Zum Ganzen siehe *Wienbracke* (Fn. 3), S. 189, 201 ff., 245 f. m.w.N.

[58] *Michl* (Fn. 50), Art. 18 AEUV Rn. 29 m.w.N.

mentlich dem in Art. 20 EU-GrCh positivierten, allgemeinen Grundsatz der Gleichbehandlung nahe, der nach ständiger EuGH-Rechtsprechung[59] der unterschiedlichen Behandlung vergleichbarer Sachverhalte bzw. der Gleichbehandlung von unterschiedlichen Sachverhalten jedoch dann nicht entgegensteht, wenn eine solche Behandlung objektiv gerechtfertigt ist.[60]

Insoweit, als U vorbringt, dass die „30%-Regel" notwendig sei, um übermäßige Belastungen zur Finanzierung des Hochschulunterrichts zu vermeiden, handelt es sich gerade um ein ausschließlich ökonomisches Argument, das als solches nach dem Vorstehenden im hiesigen Kontext unbeachtlich ist.[61] Darauf, dass die Steuerfinanzierung der staatlichen Hochschulen in U unabhängig von der Zahl der Studierenden erfolgt („System[...] der ‚geschlossenen Dotierung' [...], bei dem die globale Mittelzuweisung nicht von der Gesamtzahl der Studierenden abhängt"[62]), die Belastung zur Finanzierung des Hochschulunterrichts für U damit auch ohne die der Beschränkung des Zugangs von EU-Ausländern zum Studiengang „Humanmedizin" dienende „30%-Regel" dieselbe wäre (eine Begrenzung „der Studentenzahl (gleich welcher Staatsangehörigkeit) [würde] keine entsprechende Mittelersparnis auf Seiten [von U] nach sich zieh[en]"[63]) und Letztere daher ebenfalls aus diesem Grund von vornherein nicht durch die Sorge vor einer übermäßigen Belastung zur Finanzierung des Hochschulunterrichts infolge eines unreglementierten „Ansturm[s] ausländischer Studierender"[64] hierauf gerechtfertigt zu werden vermag,[65] kommt es mithin nicht an.

---

59 Siehe nur EuGH, Rs. C-555/19, ECLI:EU:C:2021:89, Rn. 95 – *Fussl Modestraße Mayr.*

60 *Frenz*, JA 2007, S. 4 (5) m.w.N. Entsprechendes gilt für das hier nach dem Bearbeitervermerk nicht zu prüfende Unionsgrundrecht des Art. 21 Abs. 2 EU-GrCh, vgl. *Jarass*, EU-GrCh, 4. Auflage 2020, Art. 21 Rn. 51 f. m.w.N. Zu Art. 21 Abs. 1 EU-GrCh s.u. „Fall zu den Unionsgrundrechten" unter B.I.1.c).

61 Vgl. *GA Sharpston*, Schlussanträge in der Rs. C-73/08, ECLI:EU:C:2009:396, Rn. 87, 89 ff. – *Bressol u.a.* Siehe aber auch *Epiney*, NVwZ 2011, 976 (982); *Frenz*, JA 2007, S. 4 (5 f.); *Hilpold*, EuZW 2010, S. 471 (472); *Kaupa/Topal-Gökceli*, ZfRV 2010, S. 244 (247); *Reichert*, EuZW 2009, S. 637 (638), jeweils m.w.N.

62 EuGH, Rs. C-73/08, ECLI:EU:C:2010:181, Rn. 50 – *Bressol u.a.*

63 *GA Sharpston*, Schlussanträge in der Rs. C-73/08, ECLI:EU:C:2009:396, Rn. 97 – *Bressol u.a.* A.A. *Hilpold*, EuZW 2010, S. 471 (472); *Kaupa/Topal-Gökceli*, ZfRV 2010, S. 244 (246).

64 *GA Sharpston*, Schlussanträge in der Rs. C-73/08, ECLI:EU:C:2009:396, Rn. 77 – *Bressol u.a.* Vgl. auch *Reichert*, EuZW 2009, S. 637 (638): „Mobilitätswelle".

65 Vgl. EuGH, Rs. C-73/08, ECLI:EU:C:2010:181, Rn. 50 – *Bressol u.a.*; *GA Sharpston*, Schlussanträge in der Rs. C-73/08, ECLI:EU:C:2009:396, Rn. 97 – *Bressol u.a.*

Demgegenüber handelt es sich bei dem von U zudem noch angeführten, weiteren Zweck des Schutzes der öffentlichen Gesundheit um ein primärrechtlich legitimes „öffentliches Interesse" im Sinne der o.g. EuGH-Rechtsprechung, vgl. Art. 36 S. 1, Art. 45 Abs. 3 und Art. 52 Abs. 1 (ggf. i.V.m. Art. 62) AEUV sowie Art. 6 Abs. 1 S. 1 EUV i.V.m. Art. 2 Abs. 1, Art. 3 Abs. 1 EU-GrCh.[66]

b) Schranken-Schranken

Um hierdurch gerechtfertigt zu sein, muss die „30%-Regel" allerdings den Anforderungen des unionsrechtlichen Verhältnismäßigkeitsgrundsatzes genügen. Das ist dann der Fall, wenn die betreffende „Eingriffsmaßnahme [das Mittel] dazu geeignet, erforderlich und angemessen [ist], das mit ihr in unionsrechtlich legitimer Weise verfolgte Ziel zu erreichen."[67]

In diesem Sinne „geeignet" ist die eingesetzte Maßnahme dann, wenn sie sich als tauglich zur Förderung des mit ihr verfolgten Ziels erweist. Insoweit verlangt der EuGH namentlich von den Mitgliedstaaten die Vorlage entsprechender Beweise bzw. einer objektiven Untersuchung.[68] Bezogen auf den hiesigen Fall folgt hieraus insbesondere, dass sich anhand einer solchen objektiven, eingehenden und auf Zahlenangaben gestützten Untersuchung mittels zuverlässiger, übereinstimmender und beweiskräftiger Daten nachweisen lassen muss, dass überhaupt eine tatsächliche Gefahr für die öffentliche Gesundheit existiert.[69]

aa) Soweit U zur Rechtfertigung der „30%-Regel", d.h. des durch dieses Instrument bewirkten und beabsichtigten Eingriffs in Art. 18 Abs. 1 AEUV (s.o. B.IV.3.), vorbringt, dass diese deshalb dem Schutz der öffentlichen Gesundheit in U diene, weil ausländische Studierende nach Erlangung des Hochschulabschlusses wieder in ihre jeweiligen Herkunftsländer zurückkehrten, um dort ihren Beruf auszuüben, was wiederum in U zu einer Knappheit an medizinischen Fachkräften und damit letztlich zu einer Gefährdung der Qualität des dortigen öffentlichen Gesundheitssystems führen könnte, ist festzustellen, dass ein Mangel an medizinischem Personal im Allgemeinen zwar in der Tat – ggf. sogar schwerwiegende – Probleme für den Schutz der öffentlichen Gesundheit mit sich bringen kann.[70]

---

[66] Vgl. EuGH, Rs. C-73/08, ECLI:EU:C:2010:181, Rn. 62 – *Bressol u.a.* m.w.N.

[67] *Wienbracke* (Fn. 3), S. 209, 247 m.w.N.

[68] Zum Ganzen siehe *Wienbracke* (Fn. 3), S. 210, 247 m.w.N.

[69] EuGH, Rs. C-73/08, ECLI:EU:C:2010:181, Rn. 71 – *Bressol u.a.* m.w.N.

[70] EuGH, Rs. C-73/08, ECLI:EU:C:2010:181, Rn. 68 – *Bressol u.a.*

Im konkreten Fall hegt U jedoch bloß eine dahingehende Befürchtung, dass ohne die „30%-Regel" ein solches Defizit eintritt. Eine objektive, auf Zahlenangaben gestützte Untersuchung mittels zuverlässiger Daten hat U insoweit hingegen nicht vorgelegt. Folglich ist nicht bewiesen, dass der durch die „30%-Regel" gerade zu verhindern gesuchte unbeschränkte Zugang ebenfalls von solchen Personen zum Studiengang „Humanmedizin" an einer staatlichen Hochschule in U, die ihre Hochschulzugangsberechtigung nicht in diesem Mitgliedstaat erlangt haben, unter dem Aspekt zu einer medizinischen Unterversorgung der dortigen Bevölkerung, d.h. einer diesbezüglichen Gefahr für die öffentliche Gesundheit, führt, dass sie nach dem Abschluss ihres Studiums in U wieder in ihre Herkunftsländer zurückkehren und in diesen ihren Beruf ausüben.[71]

---

[71] Vgl. *GA Sharpston*, Schlussanträge in der Rs. C-73/08, ECLI:EU:C:2009:396, Rn. 119 – *Bressol u.a.* m.w.N. Dort auch weiter: „Dabei wird insbesondere davon ausgegangen, dass nicht [über die Staatsangehörigkeit von U verfügende Absolventen] nach Erwerb des Hochschulabschlusses ungeachtet der örtlichen Beschäftigungsmöglichkeiten generell wieder in ihren eigenen Mitgliedstaat zurückkehren. Man sollte eigentlich (ganz im Gegenteil) annehmen, dass im Fall eines Mangels an qualifizierten [M]edizinern [in U] dieser Mangel eine Reaktion (seitens des Marktes oder seitens der öffentlichen Stellen) auslösen würde, die die örtlichen Beschäftigungsmöglichkeiten attraktiver macht und einige der neu qualifizierten [M]ediziner [mit einer ausländischen Staatsangehörigkeit] zum Eintritt in ihren Beruf in dem Mitgliedstaat veranlasst, in dem sie ihre Ausbildung absolviert haben" (Hervorh. im Original). Ferner siehe EuGH, Rs. C-73/08, ECLI:EU:C:2010:181, Rn. 69 ff. – *Bressol u.a.* m.w.N.: „Bei der Prüfung dieser Gefahren [ist] zu berücksichtigen, dass zwischen der Ausbildung des künftigen medizinischen Personals und dem Ziel der Aufrechterhaltung einer qualitativ hochwertigen, ausgewogenen und allgemein zugänglichen medizinischen Versorgung nur ein mittelbarer Zusammenhang besteht, der weniger kausal ist als der Zusammenhang zwischen dem Ziel der öffentlichen Gesundheit und der Tätigkeit des bereits auf dem Markt verfügbaren medizinischen Personals [...]. Die Würdigung eines solchen Zusammenhangs hängt nämlich u.a. von einer Untersuchung der voraussichtlichen Entwicklung ab, bei der ausgehend von vielen zufallsabhängigen und ungewissen Elementen extrapoliert und die künftige Entwicklung des betreffenden Gesundheitssektors berücksichtigt werden muss, aber auch von einer Untersuchung der zum Ausgangszeitpunkt, d.h. gegenwärtig, bestehenden Situation." In dieser Untersuchung „muss angegeben werden, wie viele Absolventen zur Ausübung eines medizinischen [...] Berufs in das Gebiet [von U] ziehen müssen, damit eine ausreichende öffentliche Gesundheitsversorgung gewährleistet ist. Im Übrigen darf in der genannten Untersuchung nicht lediglich mit Zahlen der Studierenden dieser oder jener Gruppe gearbeitet werden, die insbesondere auf der Extrapolation beruhen, dass sämtliche [ausländi-

bb) Demgegenüber sehr wohl durch ein Gutachten belegt U, dass die Unterrichtsqualität bei zu hoher Studierendenzahlen sinkt, was letztlich wiederum die öffentliche Gesundheit gefährdet. Es „kann nicht von vornherein ausgeschlossen werden, dass eine etwaige Verringerung der Qualität der Ausbildung des künftigen medizinischen Personals letztlich die Qualität der Versorgung in dem betroffenen Gebiet beeinträchtigt, da die Qualität der medizinischen [...] Versorgung in einem bestimmten Gebiet von den Befähigungen des dort tätigen medizinischen Personals abhängt."[72]

Existiert unter dem vorgenannten Aspekt mithin tatsächlich eine Gefahr für die öffentliche Gesundheit in U, so erscheint allerdings fraglich, ob das von U zu ihrer Abwendung eingesetzte Mittel, d.h. die „30%-Regel", die Erreichung des Ziels fördert. Denknotwendige Voraussetzung hierfür wäre, dass

---

schen] Studierenden nach ihrem Studium zur Ausübung [ihrer] Berufe in den Staat ziehen, in dem sie vor Aufnahme des Studiums ansässig waren. In der Untersuchung muss folglich in Rechnung gestellt werden, welches Gewicht der Gruppe der [ausländischen] Studierenden bei der Verfolgung des Ziels zukommt, in [U] eine Verfügbarkeit an Berufsangehörigen zu gewährleisten. Überdies ist die Möglichkeit zu berücksichtigen, dass [...] Studierende [mit der Staatsangehörigkeit von U] beschließen, nach ihrem Studium ihrem Beruf in einem anderen Staat als [U] nachzugehen. Ebenso ist zu berücksichtigen, in welchem Umfang Personen, die nicht in [U] studiert haben, später dorthin ziehen, um [den] genannten Beruf [...] auszuüben".

72 EuGH, Rs. C-73/08, ECLI:EU:C:2010:181, Rn. 67 – *Bressol u.a.* Vgl. auch *GA Sharpston*, Schlussanträge in der Rs. C-73/08, ECLI:EU:C:2009:396, Rn. 101 f. – *Bressol u.a.* m.w.N.: „In dem [...] Verfahren hat [U] geltend gemacht, [die „30%-Regel"] richte sich gegen die ‚absurden Folgen absoluter Mobilität': dass nämlich eine ständig steigende Zahl nichtansässiger Studenten die Qualität des Unterrichts zulasten aller Studenten gefährde. Die Bildungseinrichtungen hätten nur beschränkte Kapazitäten zur Aufnahme von Studenten. Lehrkräfte, Haushaltsmittel und Möglichkeiten für eine praktische Ausbildung stünden nur begrenzt zur Verfügung. Studierende und Dozenten kennen das Problem überfüllter Hörsäle. Es handelt sich um ein legitimes Bedenken. Der Gerichtshof hat festgestellt, dass ‚die Erhaltung und Verbesserung des Bildungssystems' und ‚das Ziel, einen hohen Standard der Hochschulausbildung sicherzustellen' legitime Ziele im Sinne des Vertrags sind". Allgemein EuGH, Rs. C-410/18, ECLI:EU:C:2019:582, Rn. 31 – *Aubriet* m.w.N.: „[D]as Ziel der Förderung des Hochschulstudiums [ist] ein im allgemeinen Interesse liegendes und auf Unionsebene anerkanntes Ziel, so dass mit einer Maßnahme, die ein Mitgliedstaat trifft, um ein hohes Ausbildungsniveau der gebietsansässigen Bevölkerung zu gewährleisten, ein legitimes Ziel verfolgt wird, das eine mittelbare Ungleichbehandlung aufgrund der Staatsangehörigkeit rechtfertigen kann".

diese Regelung zu einer Begrenzung der Gesamtzahl der Studierenden im Studiengang „Humanmedizin“ an einer staatlichen Hochschule von U auf ein solches Maß führt, bei dem die zur Verfügung stehenden Kapazitäten ausreichen, um die Qualität der medizinischen Ausbildung sicherzustellen.[73] Eine derartige Wirkung entfaltet die „30%-Regel“ aber gerade nicht. Indem sie die Gesamtzahl der Personen, die ihre Hochschulzugangsberechtigung nicht in U erlangt haben, zum Studiengang „Humanmedizin“ an einer dortigen staatlichen Hochschule auf 30% aller Einschreibungen des vorangegangenen akademischen Jahrs begrenzt, wirkt sie sich lediglich auf die Zusammensetzung der Studierendenschaft aus, beschränkt aber nicht die Anzahl der Studierenden in den medizinischen Studiengängen an den staatlichen Hochschulen von U insgesamt auf ein solches Niveau, bei dem der gewünschte Standard für die Ausbildungsqualität noch gewährleistet ist (kein *numerus clausus*). Die „Studentenzahlen, so sie denn ein Problem darstellen, [sind] nicht problematischer oder unproblematischer je nachdem […], woher die […] Studenten kommen. Das Problem besteht in der zu hohen Zahl der Studenten an sich, nicht in der zu hohen Zahl [ausländischer] Studenten.“[74]

Damit ist die 30%-Regelung nicht dazu geeignet, das mit ihr verfolge Ziel des Schutzes der öffentlichen Gesundheit in U zu erreichen. Sie ist deshalb unverhältnismäßig, so dass der durch sie bewirkte Eingriff in den Schutzbereich von Art. 18 Abs. 1 AEUV nicht gerechtfertigt ist, d.h. hiergegen verstößt.[75]

---

[73] Vgl. EuGH, Rs. C-73/08, ECLI:EU:C:2010:181, Rn. 72 – *Bressol u.a.* Ebenso wie in Bezug auf die Grundrechte des deutschen Grundgesetzes grundsätzlich der Fall (dazu siehe *Wienbracke*, Einführung in die Grundrechte, 2013, Rn. 70 ff.), ergeben sich auch aus den unionsrechtlichen Diskriminierungsverboten keine originären Leistungsrechte (z.B. auf Kapazitätserweiterung, vgl. *Jarass* [Fn. 60], Art. 51 Rn. 8), sondern im Ausgangspunkt ebenfalls nur derivative Teilhaberechte, siehe *Frenz*, JA 2007, S. 4 (6), jeweils m.w.N.

[74] *GA Sharpston*, Schlussanträge in der Rs. C-73/08, ECLI:EU:C:2009:396, Rn. 104 – *Bressol u.a.* (im Original mit Hervorh.). Vgl. auch *Hailbronner*, in: Dauses/Ludwigs, Handbuch des EU-Wirtschaftsrechts, Werkstand: 51. EL Oktober 2020, D. Freizügigkeit, Rn. 118 m.w.N.

[75] A.A. wohl *Epiney*, NVwZ 2011, 976 (982); *Reichert*, EuZW 2009, S. 637 (68). Zur weiteren, hier freilich nicht mehr angezeigten (vgl. *Wienbracke*, VR 2020, S. 361 [365] m.w.N.) Verhältnismäßigkeitsprüfung siehe EuGH, Rs. C-73/08, ECLI:EU:C:2010:181, Rn. 78 ff. – *Bressol u.a.* m.w.N.: Bezüglich der Erforderlichkeit „ist […] insbesondere nachzuprüfen, ob das angeführte im Allgemeininteresse liegende Ziel nicht durch weniger einschränkende Maßnahmen erreicht werden könnte, mit denen für Studierende, die ihr Studium in [U]

V. Ergebnis

Also hat D hat mit seiner Auffassung, dass er durch die Ablehnung seines Antrags auf Zulassung zum Studium der Humanmedizin an einer staatlichen Hochschule von U entgegen dem AEUV diskriminiert wird, Recht.[76]

---

absolvieren, ein Anreiz geschaffen würde, nach Abschluss des Studiums dort zu bleiben, oder für außerhalb [von U] ausgebildete Berufsangehörige ein Anreiz, sich dort niederzulassen." Ferner ist „zu prüfen, ob die zuständigen Stellen die Erreichung dieses Ziels angemessen mit den sich aus dem Unionsrecht ergebenden Erfordernissen in Einklang gebracht haben, insbesondere mit dem den Studierenden aus anderen Mitgliedstaaten zustehenden Recht auf Zugang zum Hochschulunterricht, das zum Kernbereich des Grundsatzes der Freizügigkeit der Studierenden gehört [...]. Von einem Mitgliedstaat eingeführte Einschränkungen des Zugangs zu diesem Unterricht müssen daher auf das beschränkt sein, was zur Erreichung der verfolgten Ziele erforderlich ist, und müssen den genannten Studierenden einen ausreichend weiten Zugang zum Hochschulunterricht lassen. Hierzu geht aus den Akten hervor, dass die an dem Hochschulunterricht interessierten [ausländischen] Studierenden, die eingeschrieben werden, durch Auslosung ermittelt werden, bei der als solcher ihre Kenntnisse und Erfahrungen nicht berücksichtigt werden. Daher ist [...] nachzuprüfen, ob [...] diese Auswahlmethode, bei der nicht die Kapazitäten der betroffenen Kandidaten zugrunde gelegt werden, sondern der Zufall den Ausschlag gibt, zur Erreichung der verfolgten Ziele erforderlich ist".

76 Zu den Folgen eines Verstoßes gegen Art. 18 Abs. 1 AEUV siehe *Fischer/Fetzer* (Fn. 27), S. 139 und vgl. *Wienbracke*, Jura 2008, S. 929 (936) m.w.N. Bei Letzterem und EuGH, Rs. C-73/08, ECLI:EU:C:2010:181, Rn. 89 ff. – *Bressol u.a.* m.w.N. ferner auch zur zeitlichen Wirkung eines einen solchen Verstoß feststellenden Urteils, das im Rahmen eines Vorabentscheidungsersuchens nach Art. 267 AEUV ergeht.

C. Fall zu den Unionsgrundrechten

Art. 15 EU-GrCh – Art. 21 EU-GrCh – Art. 51 EU-GrCh – Art. 52 EU-GrCh – Art. 100 AEUV – EMRK – GG – EU-Verordnung – Diskriminierung wegen des Alters – EU-Rechtsetzungskompetenz – Verhältnismäßigkeitsprüfung – Kohärenz

(d) Erforderlichkeit
(aa) Höhere Altersgrenze
(bb) Flexible Altersgrenze
(cc) Zwischenergebnis
(e) Angemessenheit
(f) Zwischenergebnis
(2) Wesensgehaltsgarantie
(3) Zwischenergebnis
dd) Zwischenergebnis
e) Ergebnis
2. Weitere Gleichheitsrechte
a) Allgemeiner unionsrechtlicher Grundsatz des Verbots der Altersdiskriminierung
b) Art. 20 EU-GrCh
c) Allgemeiner unionsrechtlicher Grundsatz der Gleichbehandlung
3. Art. 15 Abs. 1 EU-GrCh
a) Anwendbarkeit
b) Schutzbereich
c) Eingriff
d) Rechtfertigung
e) Ergebnis
II. Verstoß gegen EMRK-Grundrechte
III. Verstoß gegen nationale Grundrechte
1. EuGH
2. BVerfG
3. Zwischenergebnis
IV. Ergebnis

A. Sachverhalt[1]

Das Europäische Parlament und der Rat haben gemäß dem ordentlichen Gesetzgebungsverfahren nach Anhörung des Wirtschafts- und Sozialausschusses sowie des Ausschusses der Regionen eine Verordnung zur Festlegung technischer Vorschriften und von Verwaltungsverfahren in Bezug auf das fliegende Personal in der Zivilluftfahrt mit nachfolgendem Inhalt erlassen.

---

[1] Sachverhalt und Lösung sind EuGH, Rs. C-190/16, ECLI:EU:C:2017:513, Rn. 27 ff. – *Fries* und *GA Bobek*, Schlussanträge in der Rs. C-190/16, ECLI:EU:C:2017: 225, Rn. 20 ff. – *Fries* nachempfunden.

Diese Verordnung ist nach zuvor erfolgter Unterzeichnung sowohl durch den Präsidenten des Europäische Parlaments als auch des Rates im Amtsblatt der Europäischen Union veröffentlicht worden.

> „Erwägungsgrund 11: *Um [...] ein hohes einheitliches Sicherheitsniveau der Zivilluftfahrt in der Europäischen Union zu gewährleisten, sollten die [M]aßnahmen [...] dem wissenschaftlichen [...] Fortschritt im Bereich [...] der flugmedizinischen Tauglichkeit des fliegenden Personals entsprechen [...].*
>
> Art. 3 Erteilung von Pilotenlizenzen und Tauglichkeitszeugnissen: *„Unbeschadet Art. 7 haben Piloten von Luftfahrzeugen [...] die in Anhang I und Anhang IV der vorliegenden Verordnung festgelegten [...] Anforderungen [...] zu erfüllen.*
>
> Anhang I [Teil-FCL]:
>
> FCL.010 Begriffsbestimmungen: *„Für die Zwecke dieses Teils gelten die folgenden Begriffsbestimmungen: ‚Gewerblicher Luftverkehr' bezeichnet die entgeltliche Beförderung von Fluggästen [...].“*
>
> FCL.065 Einschränkung der Rechte von Lizenzinhabern [...] im gewerblichen Luftverkehr: *„[...] b) Altersgruppe ab 65 Jahren. Ein Inhaber einer Pilotenlizenz, der das Alter von 65 Jahren erreicht hat, darf nicht als Pilot eines Luftfahrzeugs im gewerblichen Luftverkehr tätig sein.“*
>
> Anhang IV [Teil-MED]:
>
> MED.A.005 Geltungsbereich: *„a) Dieser Teil enthält Anforderungen in Bezug auf [...] die Ausstellung, die Gültigkeit, die Verlängerung und die Erneuerung des Tauglichkeitszeugnisses, das zur Ausübung der mit einer Pilotenlizenz verbundenen Rechte oder zur Ausübung der Rechte eines Flugschülers erforderlich ist [...];“*
>
> MED.A.030 Tauglichkeitszeugnisse: *„f) [...] Inhaber [...] von Lizenzen für Verkehrspiloten (Airline Transport Pilot Licence, ATPL) benötigen ein Tauglichkeitszeugnis der Klasse 1 [...].“*
>
> MED.A.040 Ausstellung, Verlängerung und Erneuerung von Tauglichkeitszeugnissen: *„a) Ein Tauglichkeitszeugnis darf erst ausgestellt, verlängert oder erneuert werden, wenn die erforderlichen Untersuchungen und/oder Beurteilungen abgeschlossen sind und die untersuchte Person als tauglich beurteilt wurde [...].“*
>
> MED.A.045 Gültigkeit, Verlängerung und Erneuerung von Tauglichkeitszeugnissen: *„a) Gültigkeit (1) Tauglichkeitszeugnisse der Klasse 1 sind für einen Zeitraum von 12 Monaten gültig. (2) Die Gültigkeitsdauer von Tauglichkeitszeugnissen der Klasse 1 ist auf 6 Monate herabzusetzen, wenn der Lizenzinhaber [...]: ii) das 60. Lebensjahr vollendet hat.“*

F war seit dem Jahr 1986 bei dem deutschen Luftfahrtunternehmen L als Flugkapitän beschäftigt. Obwohl sein Arbeitsvertrag gemäß dem einschlägigen Tarifvertrag erst am 31.12.2013 endete, kündigte L ihm unter Hinweis auf die vorgenannte Verordnung bereits zum 31.10. des Jahres, da F an diesem Tag 65 Jahre alt wurde.

F meint, die Kündigung sei rechtswidrig, weil FCL.065 lit. b) des Anhangs I der Verordnung grundrechtswidrig und damit ungültig sei. Abweichendes ergebe sich auch nicht etwa daraus, dass dieser Vorschrift weder Leer- noch Überführungsflüge noch Tätigkeiten im Zusammenhang mit der Ausbildung und Prüfung von Piloten unterfallen. Im Gegenteil resultiere hieraus vielmehr die Inkohärenz dieser Bestimmung. Zudem schieße der Unionsgesetzgeber mit dieser auch über das von ihm erstrebte Ziel hinaus, Flugzeugunglücke infolge mangelnder körperlicher Eignung der Piloten von Luftfahrzeugen im gewerblichen Luftverkehr zu vermeiden. Die physische Leistungsfähigkeit möge zwar mit zunehmendem Alter im Allgemeinen zurückgehen. Auf F treffe dieser Befund aber nicht zu, da er außerordentlich viel Sport treibe, sich gesund ernähre und daher für sein Alter noch äußerst „fit" sei. Die flugmedizinischen Tauglichkeitsprüfungen habe er dann auch sämtlich mit Bravour bestanden.

Hat F Recht?

Bearbeitervermerk:

Die Altersgrenze von 65 Jahren steht im Einklang mit den von der Internationalen Zivilluftfahrtorganisation (*International Civil Aviation Organisation*, ICAO) erarbeiteten Normen. Gehen Sie davon aus, dass diese wiederum auf einer intensiven Fachdiskussion sowie auf Sachverstand beruhen und den aktuellen Stand des (flug-)medizinischen Fachwissens auf diesem Gebiet widerspiegeln. Danach ist es wissenschaftlich belegt, dass Piloten ab Erreichen des 65. Lebensjahrs regelmäßig nicht mehr den körperlichen Anforderungen des gewerblichen Luftverkehrs genügen.

Art. 5 Abs. 1 S. 2 EUV und Art. 296 Abs. 1 AEUV sind gewahrt. Auf anderes EU-Sekundärrecht als die im Sachverhalt genannte Verordnung ist ebenso wenig einzugehen wie auf Vertrauensschutzgesichtspunkte (Übergangsregelung).

B. Lösungshinweise

F hat mit seiner Auffassung, dass FCL.065 lit. b) des Anhangs I der hiesigen Verordnung (i.V.m. deren Art. 3) aufgrund eines Grundrechtsverstoßes ungültig sei, dann Recht, wenn ein solcher Verstoß tatsächlich vorliegt.

I. Verstoß gegen Unionsgrundrechte

1. Art. 21 Abs. 1 EU-GrCh[2]

Indem FCL.065 lit. b) des Anhangs I der Verordnung Inhabern einer Pilotenlizenz, die das Alter von 65 Jahren erreicht haben, verbietet, als Pilot eines Luftfahrzeugs im gewerblichen Luftverkehr tätig zu sein, könnte diese Verordnungsbestimmung gegen das in Art. 21 Abs. 1 EU-GrCh enthaltene, unmittelbar anwendbare[3] Verbot der Diskriminierung wegen des Alters verstoßen.[4] Dann müsste im hiesigen Fall die Anwendbarkeit der EU-GrCh zu bejahen sein und eine nicht gerechtfertigte Ungleichbehandlung im Sinne des vorgenannten Unionsgrundrechts vorliegen.[5]

a) Anwendbarkeit

Gem. Art. 51 Abs. 1 S. 1 Hs. 1 EU-GrCh gilt die EU-GrCh für die Organe, Einrichtungen und sonstigen Stellen der Union unter Wahrung des Sub-

---

2 Zur vom allgemeinen Grundsatz („Freiheits- vor Gleichheitsgrundrechten") hier abweichenden Prüfungsreihenfolge vgl. *Offenbächer*, in: Ludwigs/Schmidt-Preuß, Klausurenkurs Europäische Grundrechte und Grundfreiheiten, 2016, S. 167 (173 f.) m.w.N. Hierzu in Bezug auf die Grundrechte des deutschen Grundgesetzes siehe *Wienbracke*, Einführung in die Grundrechte, 2013, Rn. 17; *ders.* JA 2015, S. (609), jeweils m.w.N.

3 Dazu siehe *Wienbracke*, Grundwissen Europarecht, 2018, S. 254 f. m.w.N. Dort (S. 253 f.) auch zur unmittelbaren Geltung bzw. Wirkung.

4 Die EU-GrCh steht als Teil des EU-Primärrechts (vgl. Art. 6 Abs. 1 UAbs. 1 S. 1 Hs. 2 EUV) im Rang über dem von diesem abgeleiteten und damit nachrangigen EU-Sekundärrecht wie Verordnungen im Sinne von Art. 288 Abs. 2 AEUV; soweit Letzteres gegen Ersteres verstößt, ist dieses daher nichtig bzw. ungültig, vgl. EuGH, Rs. C-293/12, ECLI:EU:C:2014:238, Rn. 69, 71 – *Digital Rights Ireland*; *Wienbracke* (Fn. 3), S. 33, 253 f. m.w.N. Dort (S. 35 m.w.N.) auch dazu, dass dieser Geltungsvorrang aufgrund der vom EuGH aufgestellten Vermutung der Gültigkeit von EU-Rechtsakten allerdings erst dann Platz greift, wenn der betreffende EU-Rechtsakt aufgehoben, auf eine Nichtigkeitsklage nach Art. 263 AEUV hin für nichtig oder im Rahmen eines Vorabentscheidungsverfahrens gem. Art. 267 AEUV für ungültig erklärt worden ist.

5 Vgl. *Wienbracke* (Fn.3), 2018, S. 251 (mit Fn. 788) m.w.N. *Fischer/Fetzer*, Europarecht, 12. Auflage 2019, Rn. 408 m.w.N. zufolge sei der (allgemeine) Gleichheitssatz (des Art. 20 EU-GrCh) dreistufig wie folgt zu prüfen: (1) Vergleichbarkeit, (2) Diskriminierung und (3) Rechtfertigung. Nach der Anwendbarkeit wie hier dagegen zweistufig *Pache*, in: Pechstein/Nowak/Häde, Frankfurter Kommentar zu EUV, GRC und AEUV, Band 1, 2017, Art. 52 GRC Rn. 8: „Vorliegen einer Ungleichbehandlung/Rechtfertigung".

sidiaritätsprinzips.[6]

Während Letzteres in Bezug auf den Unionsgrundrechtsschutz gegenüber der europäischen Hoheitsgewalt keinerlei Einschränkungen bedeutet, sondern vielmehr im Sinne von Art. 51 Abs. 2 EU-GrCh zu verstehen ist,[7] ist der in Art. 51 Abs. 1 S. 1 Hs. 1 EU-GrCh verwendete Begriff „Organe" nach den Erläuterungen zur Charta der Grundrechte[8] (Art. 6 Abs. 1 UAbs. 3 EUV, Art. 52 Abs. 7 EU-GrCh) in den Verträgen, d.h. dem EUV und dem AEUV (vgl. Art. 1 Abs. 3 S. 1 EUV, Art. 1 Abs. 2 AEUV), festgelegt. Gem. Art. 13 Abs. 1 UAbs. 2 EUV sind Organe der Union u.a. das Europäische Parlament und der Rat. Diese sind unabhängig vom Rechtscharakter ihrer jeweiligen Verhaltensweise umfassend an die EU-GrCh gebunden,[9] die nach Art. 6 Abs. 1 UAbs. 1 Hs. 2 EUV mit den beiden vorgenannten Verträgen rechtlich gleichrangig ist.

FCL.065 lit. b) des Anhangs I der Verordnung wurde vom Europäischen Parlament und dem Rat, d.h. Organen der Union, erlassen.

Also gilt für diese Art. 21 Abs. 1 der EU-GrCh nach deren Art. 51 Abs. 1 S. 1 Hs. 1.

b) Ungleichbehandlung

Art. 21 Abs. 1 EU-GrCh, auf den sich jedenfalls alle natürlichen Personen wie F unabhängig von ihrer Staatsangehörigkeit zu berufen vermögen,[10] verbietet „Diskriminierungen" insbesondere wegen des Alters.[11]

---

[6] Zur Nichtanwendung von Art. 21 Abs. 1 EU-GrCh durch den EuGH bei Einschlägigkeit von konkretisierendem EU-Sekundärrecht siehe *Michl*, in: Pechstein/Nowak/Häde, Frankfurter Kommentar zu EUV, GRC und AEUV, Band 1, 2017, Art. 21 GRC Rn. 14; *van der Decken*, in: Heselhaus/Nowak, Handbuch der Europäischen Grundrechte, 2. Auflage 2020, § 49 Rn. 92. Allgemein vgl. *Wienbracke*, Juristische Methodenlehre, 2. Auflage 2020, Rn. 61, jeweils m.w.N. Dem Bearbeitervermerk zufolge ist auf anderes EU-Sekundärrecht als die im Sachverhalt genannte Verordnung nicht einzugehen.

[7] *Wienbracke* (Fn. 3), S. 260 m.w.N.

[8] ABl. C 303 vom 14.12.2007, S. 17 (32).

[9] Vgl. *Wienbracke* (Fn. 3), S. 260 m.w.N.

[10] Vgl. *Jarass*, EU-GrCh, 4. Auflage 2021, Art. 21 Rn. 8 m.w.N.

[11] **Art. 52 Abs. 2 EU-GrCh** („Bedingungen") gelangt in Bezug auf Art. 21 Abs. 1 EU-GrCh nicht zur Anwendung, vermitteln Art. 10 und Art. 19 AEUV doch jeweils keine subjektiven „Rechte", siehe *Jarass* (Fn. 10), Art. 21 Rn. 1; *Grabenwarter*, in: Grabitz/Hilf/Nettesheim, Das Recht der Europäischen Union, Werkstand: 71. EL August 2020, Art. 19 AEUV Rn. 6, jeweils m.w.N.; bzgl. Art. 19

Voraussetzung für die Bejahung einer solchen ist wiederum das Vorliegen einer diesbezüglichen Ungleichbehandlung, handelt es sich bei Art. 21 Abs. 1 EU-GrCh doch um eine Spezialausprägung des in Art. 20 EU-GrCh normierten allgemeinen unionsrechtlichen Grundsatzes der Gleichbehandlung.[12] Im Ergebnis untersagt Art. 21 Abs. 1 EU-GrCh es daher, dass vergleichbare Sachverhalte zum Nachteil der geschützten Personengruppe hinsichtlich des verbotenen Diskriminierungsgrundes durch dieselbe Stelle unmittelbar

---

AEUV vgl. aber auch *Michl* (Fn. 6), Art. 21 GRC Rn. 4. Entsprechendes gilt für **Art. 52 Abs. 3 S. 1 EU-GrCh** („Bedeutung") schon deshalb, weil sich das Diskriminierungsverbot des Art. 14 EMRK akzessorisch nur auf den Genuss der Konventionsrechte und -freiheiten bezieht, Art. 21 Abs. 1 EU-GrCh hingegen ein selbstständiges Recht ist, siehe *Hölscheidt*, in: Meyer/Hölscheidt, Charta der Grundrechte der Europäischen Union, 5. Auflage 2019, Art. 21 Rn. 32 m.w.N. Und auch wenn Art. 52 Abs. 3 S. 1 EU-GrCh ebenfalls die Protokolle zur EMRK – und damit u.a. das allgemeine Diskriminierungsverbot des Art. 1 des 12. ZP – erfasst (siehe Erläuterung zur Charta der Grundrechte, ABl. C 303 vom 14.12.2007, S. 17 [33]), so wird in der Erläuterung zur Charta der Grundrechte (a.a.O.) Art. 21 Abs. 1 EU-GrCh gleichwohl nicht als Artikel der Charta genannt, der dieselbe Bedeutung und Tragweite hat wie die entsprechenden Artikel der EMRK, siehe aber *Sachs*, in: Stern/Sachs, GrCh, 2016, Art. 21 Rn. 8; anders als in Art. 21 Abs. 1 EU-GrCh wird im – freilich nicht abschließenden („insbesondere [...] oder eines sonstigen Status") – Art. 1 des 12. ZP das Merkmal „Alter" nicht ausdrücklich genannt. Hinsichtlich **Art. 52 Abs. 4 EU-GrCh** sei verwiesen auf *Hölscheidt*, a.a.O., Rn. 16, wo lediglich drei mitgliedstaatliche Verfassungen benannt werden, die entweder generell oder speziell in Bezug auf das Arbeitsleben Benachteiligungen oder Bevorzugungen aufgrund des Alters verbieten bzw. *van der Decken* (Fn. 6), § 49 Rn. 64 ff., wo sogar nur zwei mitgliedstaatliche Verfassungen mit Verboten der Diskriminierung wegen des Altes identifiziert werden; siehe denn auch *Sachs*, a.a.O., Art. 21 Rn. 11. Vgl. aber allgemein *Pache* (Fn. 5), Art. 52 GRC Rn. 50 m.w.N. und speziell EuGH, Rs. C-144/04, ECLI:EU:C:2005:709, Rn. 74 f. – *Mangold* (freilich betreffend einen Zeitraum, in dem Art. 21 Abs. 1 EU-GrCh noch nicht rechtsverbindlich war; dies erfolgte erst mit Inkrafttreten des Vertrags von Lissabon zur Änderung des Vertrags über die Europäische Union und des Vertrags zur Gründung der Europäischen Gemeinschaft vom 13. Dezember 2007 [Abl. C 306 vom 17.12.2007, S. 1; BGBl. 2008 II S. 1038] durch Art. 6 Abs. 1 UAbs. 1 EUV); *van der Decken*, a.a.O., § 49 Rn. 67. Dazu siehe BVerfGE 126, 286 (312 f.); *Skouris*, in: Merten/Papier, Handbuch der Grundrechte in Deutschland und Europa, Band VI/1, 2010, § 157 Rn. 21 ff. m.w.N.

12 EuGH, Rs. C-528/13, ECLI:EU:C:2015:288, Rn. 48 – *Léger*; *Frenz*, Handbuch Europarecht, Band 4, 2009, Rn. 3256.

(offen) oder mittelbar (versteckt) unterschiedlich behandelt werden.[13] Dabei sind zwei Sachverhalte dann miteinander vergleichbar, wenn die zu vergleichenden Personen unter einen gemeinsamen Oberbegriff als Bezugspunkt (*tertium comparationis*) abschließend und vollständig fallen.[14]

Bei der von der Einschränkung nach FCL.065 lit. b) des Anhangs I der Verordnung erfassten Gruppe handelt es sich ebenso wie bei den nicht hierunter fallenden Personen jeweils um Inhaber von Lizenzen, aufgrund derer sie als Piloten eines Luftfahrzeugs im gewerblichen Luftverkehr tätig sein dürfen, vgl. auch die amtliche Überschrift dieser Bestimmung („Einschränkung der Rechte von *Lizenzinhabern* [...] im gewerblichen Luftverkehr" – Hervorh. d.d. Verf.). Beide üben die gleiche Tätigkeit aus und unterliegen im Übrigen demselben Rechtsrahmen.[15] Diese folglich miteinander vergleichbaren Sachverhalte werden durch das Europäische Parlament und den Rat als Urheber von FCL.065 lit. b) des Anhangs I der Verordnung unterschiedlich behandelt, dürfen nach dieser Regelung doch allein solche Inhaber einer Pilotenlizenz nicht mehr als Pilot eines Luftfahrzeugs im gewerblichen Luftverkehr tätig sein, die das Alter von 65 Jahren erreicht haben. Hierdurch werden Pilotenlizenzinhaber der Altersgruppe ab 65 Jahren weniger günstig behandelt als ihre lebensjüngeren Kollegen, denen die vorgenannte Tätigkeit durch FCL.065 lit. b) des Anhangs I der Verordnung nicht untersagt wird. (Einziger) Anknüpfungspunkt für diese Ungleichbehandlung ist das im Wortlaut von FCL.065 lit. b) des Anhangs I der Verordnung ausdrücklich genannte Merkmal „Alter".

Eine „Diskriminierung" wegen des Alters im Sinne von Art. 21 Abs. 1 EU-GrCh liegt mithin vor.

c) Rechtfertigung

Wenngleich der Begriff „Diskriminierung" im Allgemeinen negativ konnotiert ist[16] und Art. 21 Abs. 1 EU-GrCh diese explizit als „verboten" bezeichnet, sofern sie aus einem der dort genannten Gründe erfolgt, so wird hierdurch rechtlich gleichwohl kein absolutes Diskriminierungsverbot statu-

---

[13] *GA Bobek*, Schlussanträge in der Rs. C-190/16, ECLI:EU:C:2017:225, Rn. 22 – *Fries*; *Jarass* (Fn. 10), Art. 21 Rn. 10 f., 14, jeweils m.w.N.

[14] *Kingreen*, in: Ehlers (Hrsg.), Europäische Grundrechte und Grundfreiheiten, 4. Auflage 2014, § 21 Rn. 14. Dies entspricht der Rechtslage bei Art. 3 Abs. 1 GG, siehe *Wienbracke* (Fn. 2), Rn. 539 ff., jeweils m.w.N.

[15] Vgl. EuGH, Rs. C-447/09, ECLI:EU:C:2011:573, Rn. 44 – *Prigge u.a.*; *GA Bobek*, Schlussanträge in der Rs. C-190/16, ECLI:EU:C:2017:225, Rn. 22 – *Fries*.

[16] *Hölscheidt* (Fn. 11), Art. 21 Rn. 35.

iert.[17] Vielmehr ist nach Art. 52 Abs. 1 S. 1 EU-GrCh „[j]ede“ Einschränkung der Ausübung der in der EU-GrCh anerkannten Rechte und Freiheiten einer Rechtfertigung zugänglich, vorausgesetzt, die betreffende Einschränkung ist gesetzlich vorgesehen und achtet den Wesensgehalt dieser Rechte und Freiheiten;[18] beim Diskriminierungsverbot des Art. 21 Abs. 1 EU-GrCh handelt es sich um ein „Recht“ in diesem Sinne[19] – und nicht etwa um einen bloßen „Grundsatz“ nach Art. 52 Abs. 5 EU-GrCh.[20] Zudem dürfen unter Wahrung des Verhältnismäßigkeitsgrundsatzes Einschränkungen nur vorgenommen werden, wenn sie erforderlich sind und den von der Union anerkannten dem Gemeinwohl dienenden Zielsetzungen oder den Erfordernissen des Schutzes der Rechte und Freiheiten anderer tatsächlich entsprechen, Art. 52 Abs. 1 S. 2 EU-GrCh. Schließlich muss die Eingriffsmaßnahme neben den vorgenannten materiellen Voraussetzungen auch noch die an sie gestellten formellen unionsrechtlichen Anforderungen wahren.[21]

aa) Schranken

Im Sinne von Art. 52 Abs. 1 S. 1 EU-GrCh[22] „gesetzlich vorgesehen“ ist die Einschränkung der Ausübung der in der EU-GrCh anerkannten Rechte und Freiheiten dann, wenn sie auf einer unmittelbar anwendbaren Bestimmung des EU-Rechts oder einer abstrakt-generellen (Außen-)Rechtsnorm eines

---

17 *GA Bobek*, Schlussanträge in der Rs. C-190/16, ECLI:EU:C:2017:225, Rn. 26 – *Fries*. Ebenso *Graser/Reiter*, in: Schwarze, EU-Kommentar, 4. Auflage 2019, Art. 52 GRC Rn. 7. Differenzierend: *Folz*, in: Vedder/Heintschel von Heinegg, Europäisches Unionsrecht, 2. Auflage 2018, Art. 21 GR-Charta Rn. 6. Vgl. auch *Kingreen*, in: Calliess/Ruffert, EUV/AEUV, 5. Auflage 2016, Art. 52 EU-GrCh Rn. 60.

18 Terminologisch hat der EuGH, Rs. C-356/12, EU:C:2014:350, Rn. 49 – *Glatzel* m.w.N. denn auch das Vorliegen einer „Diskriminierung“, d.h. eines Verstoßes gegen Art. 21 Abs. 1 EU-GrCh, bei Gelingen einer Rechtfertigung der betreffenden Ungleichbehandlung verneint. Vgl. auch *Michl* (Fn. 6), Art. 21 GRC Rn. 2. Nach *Jarass/Kment*, EU-Grundrechte, 2. Auflage 2019, § 25 Rn. 20 m.w.N. könne man von einer „Diskriminierung“ i.S.v. Art. 21 Abs. 1 EU-GrCh sprechen, wenn die Ungleichbehandlung i.S.d. Vorschrift zu einem Nachteil für den Grundrechtsträger führt.

19 Vgl. EuGH, Rs. C-176/12, ECLI:EU:C:2014:2, Rn. 47 – *Association de médiation sociale* und siehe *Schwerdtfeger*, in: Meyer/Hölscheidt, Charta der Grundrechte der Europäischen Union, 5. Auflage 2019, Art. 52 Rn. 25 m.w.N.

20 *Jarass* (Fn. 10), Art. 21 Rn. 3 m.w.N.

21 Vgl. *Kühling/Karl*, JuS 2012, S. 1111 (1114).

22 Art. 52 Abs. 2 („Grenzen“) und Art. 52 Abs. 3 S. 1 („Tragweite“) EU-GrCh sind vorliegend nicht einschlägig, vgl.o. Fn. 11.

EU-Mitgliedstaats beruht.[23] Darüber hinaus wird mitunter noch verlangt, dass es sich bei dem grundrechtseinschränkenden Gesetz nicht nur um ein solches im materiellen, sondern ebenfalls im formellen Sinn handeln muss, so dass im Fall eines Eingriffs durch den Unionsgesetzgeber der betreffende Rechtsakt nach Art. 289 Abs. 3 AEUV in einem Gesetzgebungsverfahren angenommen worden sein muss.[24]

Bei der vom Europäischen Parlament und dem Rat erlassenen Verordnung, in deren Anhang I die hier gegenständliche Regelung (FCL.065 lit. b)) enthalten ist, handelt es sich um eine unmittelbar anwendbare Bestimmung des EU-Rechts, siehe Art. 288 Abs. 2 S. 2 AEUV. Zudem wurde diese auch in einem (ordentlichen) Gesetzgebungsverfahren angenommen, so dass ebenfalls den strengen Anforderungen der vorstehend zuletzt wiedergegebenen Auffassung Genüge getan ist.

Die Einschränkung der Rechte von Inhabern einer Pilotenlizenz in der Altersgruppe ab 65 Jahren aus Art. 21 Abs. 1 EU-GrCh ist damit gesetzlich vorgesehen.

bb) Formelle Unionsrechtskonformität

Voraussetzung für die formelle Unionsrechtskonformität von FCL.065 lit. b) des Anhangs I der Verordnung ist, dass diese zuständigkeitshalber sowie unter Einhaltung der einschlägigen Verfahrens- und Formvorschriften erlassen wurde.[25]

(1) Zuständigkeit

(a) Kompetenzverteilung

Für die Abgrenzung der Zuständigkeiten der Union gilt gem. Art. 5 Abs. 1 S. 1 EUV der Grundsatz der begrenzten Einzelermächtigung. Danach wird die Union nur innerhalb der Grenzen der Zuständigkeiten tätig, welche die Mitgliedstaaten ihr in den Verträgen zur Verwirklichung der darin niedergelegten Ziele übertragen haben, Art. 5 Abs. 2 S. 1 EUV. Alle der Union nicht in den Verträgen übertragenen Zuständigkeiten verbleiben nach Art. 5 Abs. 2 S. 2 EUV bei den Mitgliedstaaten, siehe auch Art. 4 Abs. 1 EUV. Der Umfang der Zuständigkeiten der Union und die Einzelheiten ihrer Ausübung

---

23 *Wienbracke* (Fn. 3), S. 275. Näher: *Haratsch/Koenig/Pechstein*, Europarecht, 12. Auflage 2020, Rn. 740 f. m.w.N.

24 Siehe die Nachweise bei *Pache* (Fn. 5), Art. 52 GRC Rn. 18 ff.

25 Vgl. *Jarass/Kment* (Fn. 18), § 25 Rn. 20 m.w.N.; *Kühling/Karl*, JuS 2012, S. 1111 (1114 f.); *Offenbächer* (Fn. 2), S. 167 (177). Zur hier jeweils ohne Weiteres zu bejahenden Zugänglichkeit und Bestimmtheit der Norm vgl. *Krämer*, in: Stern/Sachs, GrCh, 2016, Art. 52 Rn. 32 m.w.N.

ergeben sich gem. Art. 2 Abs. 6 AEUV aus den Bestimmungen der Verträge, d.h. des EUV und des AEUV (Art. 1 Abs. 2 AEUV), zu den einzelnen Bereichen. Soweit dort EU-Organen Kompetenzen zugewiesen werden, folgt hieraus zugleich die Verbandskompetenz der Union.[26]

(aa) Art. 91 Abs. 1 lit. c) AEUV

Eine Kompetenz der EU zum Erlass der in FCL.065 lit. b) des Anhangs I der Verordnung getroffenen Regelung könnte sich aus Art. 91 Abs. 1. lit. c) AEUV ergeben.

Danach werden zur Durchführung des Art. 90 AEUV das Europäische Parlament und der Rat unter Berücksichtigung der Besonderheiten des Verkehrs gemäß dem ordentlichen Gesetzgebungsverfahren und nach Anhörung des Wirtschafts- und Sozialausschusses sowie des Ausschusses der Regionen Maßnahmen zur Verbesserung der Verkehrssicherheit erlassen. Aus dieser Zuweisung der Organkompetenz an die beiden erstgenannten Organe der EU folgt denknotwendig, dass insoweit auch die vorgelagerte Frage von deren Verbandskompetenz zu bejahen ist.[27] Allerdings erstreckt sich der Anwendungsbereich des gesamten „Titel VI. Der Verkehr", worunter die jedenfalls gewerbsmäßig erfolgende Beförderung von Personen oder Gütern von einem Ort zu einem anderen durch ein oder mehrere Verkehrsmittel auf eigene oder fremde Rechnung zu verstehen ist,[28] – und damit u.a. auch des in diesem verorteten Art. 91 Abs. 1 lit. c) AEUV – ausweislich Art. 100 Abs. 1 AEUV (unmittelbar) nur auf das Sachgebiet der „Beförderungen im Eisenbahn-, Straßen- und Binnenschiffsverkehr".

Vorliegend ist keiner dieser drei Binnenverkehrsträger betroffen, sondern vielmehr der (gewerbliche) Luftverkehr.

Folglich ergibt sich eine Kompetenz der EU zum Erlass der in FCL.065 lit. b) des Anhangs I der Verordnung getroffenen Regelung nicht aus Art. 91 Abs. 1 lit. c) AEUV.

(bb) Art. 100 Abs. 2 AEUV

Jedoch könnte diese Kompetenz aus Art. 100 Abs. 2 AEUV resultieren.

---

26 Vgl. *Wienbracke* (Fn. 3), S. 103 m.w.N.

27 Vgl. *Boeing/Maxian Rusche*, in: Grabitz/Hilf/Nettesheim, Das Recht der Europäischen Union, Werkstand: 71. EL August 2020, Art. 100 AEUV Rn. 42 (Überschrift); *Khan*, in: Geiger/Khan/Kotzur, EUV/AEUV, 6. Auflage 2017, Art. 91 AEUV Rn. 1.

28 *Fehling*, in: von der Groeben/Schwarze/Hatje, Europäisches Unionsrecht, 7. Auflage 2015, Art. 90 AEUV Rn. 29; *Schäfer/Kramer*, in: Streinz, EUV/AEUV, 3. Auflage 2018, Art. 90 AEUV Rn. 14.

Nach Art. 100 Abs. 2 S. 1 Alt. 2 AEUV kann die EU (vgl. o. B.I.1.c)bb)(1)(a)(aa)),[29] handelnd durch das Europäische Parlament und den Rat, gemäß dem ordentlichen Gesetzgebungsverfahren geeignete Vorschriften für die Luftfahrt, d.h. alle mit Luftfahrzeugen innerhalb der Erdatmosphäre durchgeführten Verkehre,[30] erlassen. Bezugspunkt dieser „Eignung" ist die Verwirklichung der Ziele des EUV und AEUV, wie sie u.a. in Art. 91 Abs. 1 AEUV konkretisiert werden.[31] Im Ergebnis steht dem Unionsgesetzgeber damit auch im Rahmen von Art. 100 Abs. 2 AEUV das gesamte Kompetenzfeld des Art. 91 Abs. 1 AEUV offen.[32]

Wenngleich hiernach das Europäische Parlament und der Rat „[z]ur Durchführung des Art. 90" AEUV tätig werden, d.h. zur Verfolgung der primär ökonomischen (vgl. Art. 3 Abs. 2, 3 EUV i.V.m. Art. 26 Abs. 2 AEUV) „Ziele der Verträge" (EUV und AEUV, siehe Art. 1 Abs. 2 AEUV) im Rahmen einer gemeinsamen Verkehrspolitik,[33] so werden von Art. 91 Abs. 1 lit. c) AEUV doch gleichwohl nicht nur solche Maßnahmen zur Verbesserung der Verkehrssicherheit erfasst, die unmittelbar im Zusammenhang mit den wirtschaftlichen Zielsetzungen der EU stehen.[34] Vielmehr folgt aus der in dieser Bestimmung ausdrücklich erwähnten Unionskompetenz zum Erlass von Maßnahmen zur Verbesserung der Verkehrssicherheit, dass diesem Element der gemeinsamen Verkehrspolitik ein von seinen wirtschaftlichen Auswirkungen losgelöster Eigenwert zukommt („Verselbstständigung"[35]).[36] Das auf der Grundlage von Art. 91 Abs. 1 lit. c) AEUV erlassene EU-Sekundärrecht muss daher keinen grenzüberschreitenden Binnenmarktbezug aufweisen; die Gefährlichkeit des Verkehrs besteht hiervon unabhängig.[37] „[Z]ur Verbesserung der Verkehrssicherheit" im Sinne dieser weit zu verstehenden

---

[29] Vgl. *Epiney/Heuck/Schleiss*, in: Dauses/Ludwigs, Handbuch des EU-Wirtschaftsrechts, Werkstand: 51. EL Oktober 2020, L. Verkehrsrecht Rn. 54.

[30] *Knauff*, in: Schwarze, EU-Kommentar, 4. Auflage 2019, Art. 100 AEUV Rn. 11.

[31] Vgl. *Fehling* (Fn. 28), Art. 100 AEUV Rn. 15.

[32] *Martinez*, in: Calliess/Ruffert, EUV/AEUV, 5. Auflage 2016, Art. 100 AEUV Rn. 3. Vgl. auch *Schäfer/Kramer* (Fn. 28), Art. 100 AEUV Rn. 49.

[33] Vgl. *Epiney/Heuck/Schleiss* (Fn. 29), L. Verkehrsrecht Rn. 96; *Fehling* (Fn. 28), Art. 91 AEUV Rn. 8.

[34] *Epiney/Heuck/Schleiss* (Fn. 29), L. Verkehrsrecht Rn. 61 m.w.N.

[35] *Epiney*, in: Vedder/Heintschel von Heinegg, Europäisches Unionsrecht, 2. Auflage 2018, Art. 91 AEUV Rn. 6.

[36] *Epiney/Heuck/Schleiss* (Fn. 29), L. Verkehrsrecht Rn. 62.

[37] Vgl. *Knauff* (Fn. 30), Art. 91 AEUV Rn. 8; *Mückenhausen*, in: Lenz/Borchardt, EU-Verträge, 6. Auflage 2012, Art. 91 AEUV Rn. 13, jeweils m.w.N.

Vorschrift ergeht eine Maßnahme mithin bereits dann, wenn sie darauf abzielt, durch die Statuierung von Anforderungen an die Eignung der Verkehrsteilnehmer die Zahl der Unfälle zu reduzieren.[38]

Als Bestandteil der hiesigen Verordnung, die nach ihrem Erwägungsgrund 11 generell darauf abzielt, ein hohes einheitliches Sicherheitsniveau der Zivilluftfahrt in der EU zu gewährleisten, dient speziell FCL.065 lit. b) ihres Anhangs I namentlich dazu, Flugzeugunglücke infolge mangelnder körperlicher Eignung der Piloten von Luftfahrzeugen, d.h. Verkehrsteilnehmer, im gewerblichen Luftverkehr zu vermeiden.[39] Den dortigen Anforderungen genügen die Inhaber von Pilotenlizenzen ab Erreichen der in FCL.065 lit. b) des Anhangs I der Verordnung statuierten Altersgrenze von 65 Jahren dem Bearbeitervermerk zufolge regelmäßig nicht mehr.

Demnach handelt es sich bei dieser Regelung um eine Maßnahme zur Verbesserung der Verkehrssicherheit im Sinne von Art. 91 Abs. 1 lit. c) AEUV, so dass die Zuständigkeit der EU für den Erlass von FCL.065 lit. b) des Anhangs I der Verordnung aus Art. 100 Abs. 2 AEUV folgt.

(b) Kompetenzart

Wie sich aus Art. 4 Abs. 2 lit. g) AEUV ergibt, handelt es sich bei dieser Zuständigkeit der Union auf dem Bereich des (u.a. Luft-[40])„Verkehr[s]“ um eine solche, die diese mit den Mitgliedstaaten teilt. Im Gegensatz zu Letzteren, die in einem solchen Fall nur unter den Voraussetzungen des Art. 2 Abs. 2 S. 2 oder 3 AEUV gesetzgeberisch tätig werden und verbindliche Rechtsakte erlassen dürfen, vermochte die EU dies hier nach Art. 2 Abs. 2 S. 1 AEUV ohne Weiteres zu tun.

(c) Kompetenzausübung

Allerdings gelten für die Ausübung der Zuständigkeiten der Union gem. Art. 5 Abs. 1 S. 2 EUV die Grundsätze der Subsidiarität und der Verhältnismäßigkeit.

(aa) Subsidiaritätsprinzip

Nach dem Subsidiaritätsprinzip wird die Union in den Bereichen, die nicht in ihre ausschließliche Zuständigkeit fallen (dazu siehe Art. 2 Abs. 1 i.V.m. Art. 3 AEUV), gem. Art. 5 Abs. 3 UAbs. 1 EUV nur tätig, sofern und soweit

---

[38] *Fehling* (Fn. 28), Art. 91 AEUV Rn. 70; *Knauff* (Fn. 30), Art. 91 AEUV Rn. 8; *Lübbing*, in: Pechstein/Nowak/Häde, Frankfurter Kommentar zu EUV, GRC und AEUV, Band 2, 2017, Art. 91 AEUV Rn. 20.

[39] Vgl. EuGH, Rs. C-190/16, ECLI:EU:C:2017:513, Rn. 45 f., 55 – *Fries* m.w.N.

[40] Vgl. *Obwexer*, in: von der Groeben/Schwarze/Hatje, Europäisches Unionsrecht, 7. Auflage 2015, Art. 4 AEUV Rn. 25.

die Ziele der in Betracht gezogenen Maßnahmen von den Mitgliedstaaten weder auf zentraler noch auf regionaler oder lokaler Ebene ausreichend verwirklicht werden können, sondern vielmehr wegen ihres Umfangs oder ihrer Wirkungen auf Unionsebene besser zu verwirklichen sind.

Der vorliegend betroffene Bereich (Luft-)„Verkehr" fällt nicht in die ausschließliche Zuständigkeit der Union (s.o. B.I.1.c)bb)(1)(b)), so dass die in Art. 5 Abs. 3 UAbs. 1 EUV genannten Vorgaben des Subsidiaritätsprinzips hier einzuhalten sind.

Dies ist laut Bearbeitervermerk der Fall, wonach Art. 5 Abs. 1 S. 2 EUV – und damit u.a. das darin genannte Subsidiaritätsprinzip – gewahrt ist.

(bb) (Kompetenzrechtlicher) Grundsatz der Verhältnismäßigkeit

Nach dem (kompetenzrechtlichen) Grundsatz der Verhältnismäßigkeit gehen die Maßnahmen der Union inhaltlich wie formal nicht über das zur Erreichung der Ziele der Verträge erforderliche Maß hinaus, siehe Art. 5 Abs. 4 UAbs. 1 EUV. Was insbesondere die Art des zu erlassenden Rechtsakts (vgl. Art. 288 AEUV) anbelangt, so entscheiden darüber, falls diese – wie hier in Art. 100 Abs. 2 S. 1 AEUV („geeignete Vorschriften"[41]) – von den Verträgen nicht vorgegeben wird, die EU-Organe gem. Art. 296 Abs. 1 AEUV von Fall zu Fall unter Einhaltung der geltenden Verfahren und des Grundsatzes der Verhältnismäßigkeit.

Dem Bearbeitervermerk zufolge sind Art. 5 Abs. 1 S. 2 EUV – und damit auch der darin genannte, in Art. 5 Abs. 4 EUV näher geregelte Verhältnismäßigkeitsgrundsatz – sowie Art. 296 Abs. 1 AEUV gewahrt.

(d) Zwischenergebnis

FCL.065 lit. b) des Anhangs I der Verordnung ist somit zuständigkeitshalber erlassen worden.

(2) Verfahren

Enthält das EU-Primärrecht – wie vorliegend Art. 100 Abs. 2 AEUV – eine Rechtsgrundlage, aus der die Verbandskompetenz der EU für den Erlass des jeweiligen Rechtsakts resultiert (s.o. B.I.1.c)bb)(1)(a)(bb)), so ergibt sich aus dieser Einzelermächtigung zugleich, durch welche EU-Organe nach welchem Verfahren dieser zu erlassen ist.[42]

---

[41] Hierzu zählen namentlich Richtlinien (Art. 288 Abs. 3 AEUV) und Verordnungen (Art. 288 Abs. 2 AEUV), vgl. *Boeing/Maxian Rusche* (Fn. 27), Art. 100 AEUV Rn. 42.

[42] *Wienbracke* (Fn.3), S. 103 m.w.N.

Gem. Art. 100 Abs. 2 S. 1 Alt. 2 AEUV können das Europäische Parlament und der Rat gemäß dem ordentlichen Gesetzgebungsverfahren (Art. 289 Abs. 1, Art. 294 AEUV) geeignete Vorschriften für die Luftfahrt erlassen. Sie beschließen nach Anhörung des Wirtschafts- und Sozialausschusses (Art. 13 Abs. 4 EUV, Art. 301 ff. AEUV) und des Ausschusses der Regionen (Art. 13 Abs. 4 EUV, Art. 305 ff. AEUV), Art. 100 Abs. 2 S. 2 AEUV.

FCL.065 lit. b) des Anhangs I der Verordnung wurde vom Europäischen Parlament und dem Rat gemäß dem ordentlichen Gesetzgebungsverfahren nach Anhörung des Wirtschafts- und Sozialausschusses und des Ausschusses der Regionen erlassen.

Das Gesetzgebungsverfahren wurde daher ordnungsgemäß durchgeführt.

(3) Form

Gem. Art. 296 Abs. 2 AEUV sind Rechtsakte mit einer Begründung zu versehen, namentlich in Gestalt von Erwägungsgründen.[43] Diese sind der hiesigen Verordnung, in deren Anhang I FCL.065 lit. b) enthalten ist, vorangestellt, wie aus der auszugsweisen Wiedergabe ihres Erwägungsgrunds 11 im Sachverhalt hervorgeht.

Zudem handelt es sich bei dieser im (ordentlichen) Gesetzgebungsverfahren erlassenen Verordnung nach Art. 289 Abs. 3 AEUV um einen Gesetzgebungsakt. Als solcher wird er gem. Art. 297 Abs. 1 UAbs. 1 AEUV vom Präsidenten des Europäischen Parlaments und vom Präsidenten des Rates unterzeichnet und nach Art. 297 Abs. 1 UAbs. 3 S. 1 AEUV im Amtsblatt der Europäischen Union veröffentlicht. Auch dies ist hier jeweils erfolgt.

Also sind ebenfalls die einschlägigen Formvorschriften in Bezug auf FCL.065 lit. b) des Anhangs I der Verordnung gewahrt.

(4) Zwischenergebnis

Die Verordnung, in deren Anhang I FCL.065 lit. b) enthalten ist, ist formell unionsrechtskonform.

cc) Materielle Unionsrechtskonformität

(1) Verhältnismäßigkeitsgrundsatz

Der Verhältnismäßigkeitsgrundsatz des Art. 52 Abs. 1 S. 2 EU-GrCh ist gewahrt, wenn die Eingriffshandlung des Unionsgrundrechtsverpflichteten nicht die Grenzen dessen überschreitet, was zur Erreichung der mit der fraglichen Regelung verfolgten Ziele geeignet und erforderlich ist, wobei die durch sie verursachten Nachteile nicht außer Verhältnis zu den angestreb-

---

[43] *Wienbracke* (Fn. 3), S. 93, 111 m.w.N.

ten Zielen stehen dürfen. Beachtlich sind Letztere von vornherein freilich nur dann, wenn sie als solche primärrechtlich legitim sind, was ebenfalls in Bezug auf die Eingriffsmaßnahme (das „Mittel") zutreffen muss.[44]

(a) Legitimes Ziel

Das vom Europäischen Parlament und dem Rat mit der in FCL.065 lit. b) des Anhangs I der Verordnung getroffenen Regelung verfolgte Ziel besteht ausweislich ihres Erwägungsgrunds 11 darin, ein hohes einheitliches Sicherheitsniveau der Zivilluftfahrt in der EU zu gewährleisten. Letztlich kommt der Unionsgesetzgeber hierdurch seinem aus Art. 2 Abs. 1 bzw. Art. 3 Abs. 1 EU-GrCh resultierenden Schutzauftrag[45] zugunsten des Lebens und der körperlichen Unversehrtheit insbesondere der im gewerblichen Luftverkehr beförderten Fluggäste nach.[46] Ein primärrechtlich legitimes Ziel wird mithin verfolgt, vgl. Art. 52 Abs. 1 S. 2 EU-GrCh: „Erfordernisse [...] des Schutzes der Rechte und Freiheiten anderer."[47]

(b) Legitimes Mittel

Das zur Erreichung dieses Ziels in FCL.065 lit. b) des Anhangs I der Verordnung verwendete Mittel des Verbots der Tätigkeit als Pilot eines Luftfahrzeugs im gewerblichen Luftverkehr ab dem Zeitpunkt, in dem der Lizenzinhaber das 65 Lebensjahr erreicht hat, wird als solches durch das EU-Primärrecht nicht verboten. Namentlich Art. 21 Abs. 1 EU-GrCh verbietet Differenzierungen anhand des Merkmals „Alter" nicht absolut, s.o. B.I.1.c).

(c) Geeignetheit

Geeignet ist ein Mittel zur Erreichung des mit diesem verfolgten Ziels dann, wenn es dessen Verwirklichung dient.[48]

(aa) Zielförderung

In der Kette der Akteure der Luftfahrt stellen Piloten von Luftfahrzeugen ein wesentliches Glied dar. Nicht nur die berufliche Kompetenz dieser Spezialisten bildet eine der Hauptgarantien für die Zuverlässigkeit und Sicher-

---

44 Zum Ganzen siehe *Wienbracke* (Fn. 3), S. 277 f. m.w.N.

45 Dazu vgl. *Borowsky*, in: Meyer/Hölscheidt, Charta der Grundrechte der Europäischen Union, 5. Auflage 2019, Art. 2 Rn. 37, Art. 3 Rn. 39 m.w.N.

46 Vgl. EuGH, Rs. C-190/16, ECLI:EU:C:2017:513, Rn. 60 – *Fries*; *Ogorek*, JA 2018, S. 558 (560).

47 Demgegenüber rekurriert der EuGH, Rs. C-190/16, ECLI:EU:C:2017:513, Rn. 43 – *Fries* insoweit auf die in Art. 52 Abs. 1 S. 2 EU-GrCh daneben genannten, „dem Gemeinwohl dienenden Zielsetzungen".

48 *Wienbracke* (Fn. 3), S. 280 m.w.N. Zur diesbezüglichen Darlegungs- und Nachweispflicht siehe *Pache* (Fn. 5), Art. 52 GRC Rn. 25 m.w.N.

heit der Zivilluftfahrt. Vielmehr ist es im Fall der Verkehrspiloten auch wesentlich, dass sie über die notwendigen körperlichen Fähigkeiten verfügen, können physische Schwächen in diesem Beruf doch zur Ursache von Flugzeugunglücken mit beträchtlichen Konsequenzen namentlich für Leib und Leben der Fluggäste werden. Vor diesem Hintergrund trägt der Erlass von Maßnahmen, die durch Kontrolle der körperlichen Fähigkeiten der Piloten darauf abzielen, dass nur die über die erforderlichen körperlichen Fähigkeiten verfügenden Personen Luftfahrzeuge fliegen dürfen, so dass menschliche Schwächen nicht zur Ursache derartiger Unfälle werden, dazu bei, die Gefahr von Zwischenfällen aufgrund menschlichen Versagens zu verringern.[49]

Ist es laut Bearbeitervermerk aber wissenschaftlich belegt, dass Piloten ab Erreichen des 65. Lebensjahrs regelmäßig nicht mehr den körperlichen Anforderungen des gewerblichen Luftverkehrs genügen und verbietet FCL.065 lit. b) des Anhangs I der Verordnung es den Inhabern einer Pilotenlizenz, die das Alter von 65 Jahren erreicht haben, gerade, als Pilot eines Luftfahrzeugs im gewerblichen Luftverkehr tätig zu sein, so wird hierdurch ausgeschlossen, dass das Abnehmen der physischen Fähigkeiten in dieser Altersgruppe zur Unfallursache im gewerblichen Luftverkehr wird. Dies dient der Verwirklichung des mit dieser Vorschrift verfolgten Ziels, ein hohes einheitliches Sicherheitsniveau der Zivilluftfahrt in der EU zu gewährleisten.[50]

Die Eignung des Mittels zur Zweckerreichung wäre damit an sich zu bejahen.

(bb) Kohärenz

Allerdings verneint der EuGH die Geeignetheit einer Maßnahme zur Verwirklichung des mit ihr verfolgten Ziels dann, wenn sie dem Anliegen, dieses in kohärenter und systematischer Weise zu erreichen, tatsächlich nicht gerecht wird. Danach können Ausnahmen von den allgemeinen Vorgaben eines Gesetzes in bestimmten Fällen dessen Kohärenz beeinträchtigen, insbesondere wenn sie wegen ihres Umfangs zu einem Ergebnis führen, das dem mit dem Gesetz verfolgten Ziel widerspricht.[51]

---

49 Zum Ganzen siehe EuGH, Rs. C-190/16, ECLI:EU:C:2017:513, Rn. 45 f., 55 – *Fries* m.w.N.

50 Vgl. EuGH, Rs. C-190/16, ECLI:EU:C:2017:513, Rn. 45, 47, 56 – *Fries* m.w.N.

51 Zum Ganzen siehe EuGH, Rs. C-190/16, ECLI:EU:C:2017:513, Rn. 48 – *Fries* m.w.N.

Wie von F vorgetragen, könnte dies hier der Fall sein. So findet die in FCL.065 lit. b) des Anhangs I der Verordnung normierte Altersgrenze von 65 Jahren ausdrücklich nur auf den gewerblichen Luftverkehr Anwendung, d.h. bei der entgeltlichen Beförderung von Fluggästen (siehe FCL.010 des Anhangs I der Verordnung), nicht hingegen auch auf den nicht gewerblichen Luftverkehr wie namentlich Leer- und Überführungsflüge sowie Tätigkeiten im Zusammenhang mit der Ausbildung und Prüfung von Piloten.[52]

Wenngleich auch insoweit Sicherheitsrisiken durchaus von Belang sind, so gehen bei der Ausbildung und Prüfung von Piloten durch einen Lizenzinhaber, der das Alter von 65 Jahren erreicht hat und damit typischerweise nicht mehr über die für die Ausübung des Pilotenberufs erforderlichen körperlichen Fähigkeiten verfügt, doch schon deshalb keine Gefahren für das Sicherheitsniveau der Zivilluftfahrt in der EU aus, weil er sich bei dieser Tätigkeit zwar im Cockpit des Flugzeugs aufhält, dieses aber nicht selbst fliegt.[53]

Bei Leer- und Überführungsflügen ist dies zwar anders. Doch befinden sich bei diesen keine Fluggäste an Bord, so dass deren Leben und körperliche Unversehrtheit selbst im Fall eines Flugzeugunglücks nicht in Gefahr gerieten. Und auch in Bezug auf Leib und Leben von Menschen am Boden fällt die Bewertung nur dann gegenteilig aus, sofern diese sich in Gebieten aufhalten, die beim betreffenden Leer- oder Überführungsflug überflogen werden.[54]

Ist die Anzahl der (unmittelbar) betroffenen Personen[55] und damit das Risiko im gewerblichen Luftverkehr mithin höher als im nicht gewerblichen Luftverkehr, so ist es in sich durchaus stimmig, unterschiedliche Regelungen zur Gewährleistung der Sicherheit des Flugverkehrs für diese beiden Verkehrsarten aufzustellen. Den gesteigerten Sicherheitsanforderungen im gewerblichen Luftverkehr hat der Unionsgesetzgeber mit der Festlegung der Altersgrenze in FCL.065 lit. b) des Anhangs I der Verordnung nur für diesen Bereich Rechnung getragen.[56]

---

52 EuGH, Rs. C-190/16, ECLI:EU:C:2017:513, Rn. 49, 84 ff. – *Fries*.

53 Vgl. EuGH, Rs. C-190/16, ECLI:EU:C:2017:513, Rn. 86 – *Fries* m.w.N.; *GA Bobek*, Schlussanträge in der Rs. C-190/16, ECLI:EU:C:2017:225, Rn. 42 – *Fries*.

54 Zum Ganzen vgl. EuGH, Rs. C-190/16, ECLI:EU:C:2017:513, Rn. 60, 85 – *Fries*.

55 Im zugrundeliegenden Originalfall hat der EuGH zudem noch die „größere technische Komplexität der Luftfahrzeuge [...] im gewerblichen Luftverkehr" angeführt, siehe EuGH, Rs. C-190/16, ECLI:EU:C:2017:513, Rn. 50 – *Fries*. Kritisch zu diesem Aspekt, bezüglich dessen der hier mitgeteilte Sachverhalt freilich keine Anhaltspunkte enthält: *Klein*, EuZA 2018, S. 98 (106).

56 Zum Ganzen vgl. EuGH, Rs. C-190/16, ECLI:EU:C:2017:513, Rn. 50 – *Fries*; *GA Bobek*, Schlussanträge in der Rs. C-190/16, ECLI:EU:C:2017:225, Rn. 44 – *Fries*.

Das darin angeordnete Verbot für die Inhaber einer Pilotenlizenz, die das Alter von 65 Jahren erreicht haben, als Pilot eines Luftfahrzeugs im gewerblichen Luftverkehr tätig zu sein, stellt folglich ein geeignetes Mittel dar, um ein angemessenes Sicherheitsniveau der Zivilluftfahrt in Europa zu schaffen bzw. aufrechtzuerhalten.[57]

(d) Erforderlichkeit

Erforderlich zur Zielerreichung ist ein Mittel dann, wenn es kein anderes Mittel gibt, mit dem das verfolgte Ziel ebenso gut erreicht werden kann, und das weniger in das nachteilig betroffene Unionsgrundrecht eingreift.[58]

Als gegenüber der in FCL.065 lit. b) des Anhangs I der Verordnung getroffenen Regelung mildere Mittel, welche die Rechte von Lizenzinhabern im Sinne dieser Vorschrift jeweils ersichtlich weniger stark einschränken als die dortige starre Altersgrenze von 65 Jahren, zu nennen sind (1) die Festsetzung einer Altersgrenze auf ein höheres Lebensjahr als 65 bzw. (2) eine flexible Altersgrenze, d.h. eine individuelle Prüfung der körperlichen Fähigkeiten jedes einzelnen Inhabers einer Pilotenlizenz, der älter als 65 Jahre ist.[59] Im ersten Fall dürften pauschal alle Lizenzinhaber ihre bisherige Berufstätigkeit noch für einen längeren Zeitraum ausüben als bislang, im zweiten Fall zumindest körperlich „fitte" Piloten wie F. Fraglich allerdings ist, ob jedes dieser milderen Alternativmittel genauso geeignet ist, das vom Unionsgesetzgeber verfolgte Ziel eines hohen einheitlichen Sicherheitsniveaus der Zivilluftfahrt in der EU zu gewährleisten, wie die von diesem in FCL.065 lit. b) des Anhangs I der Verordnung ergriffene Maßnahme.

(aa) Höhere Altersgrenze

Würde die in FCL.065 lit. b) des Anhangs I der Verordnung normierte Altersgrenze auf ein höheres Lebensjahr angehoben (z.B. auf 70 Jahre), so dürften – vorbehaltlich MED.A.045 lit. a) Abs. 2 Ziff. ii) des Anhangs IV der Verordnung – auch die Inhaber einer Pilotenlizenz, die das Alter von 65 Jahren erreicht haben, bis zum Erreichen der höheren Altersgrenze weiterhin als Pilot eines Luftfahrzeugs im gewerblichen Luftverkehr tätig sein.

Wird dessen Sicherheit nach aktuellen, wissenschaftlich gesicherten medizinischen Erkenntnissen aber bereits durch den Einsatz von Piloten ab

---

[57] Eine a.A. ist insoweit bei entsprechender Argumentation wohl vertretbar, vgl. *Imping*, IWRZ 2017, S. 228; *Klein*, EuZA 2018, S. 98 (106); *Sagan*, EuZW 2017, S. 729 (735).

[58] *Wienbracke* (Fn. 3), S. 281 m.w.N.

[59] Vgl. EuGH, Rs. C-190/16, ECLI:EU:C:2017:513, Rn. 57, 64 – *Fries*; *GA Bobek*, Schlussanträge in der Rs. C-190/16, ECLI:EU:C:2017:225, Rn. 47 f. – *Fries*, jeweils m.w.N.

Erreichen des 65. Lebensjahrs gefährdet, so würde das vom Unionsgesetzgeber mit FCL.065 lit. b) des Anhangs I der Verordnung verfolgte Ziel, Leib und Leben der Fluggäste im gewerblichen Luftverkehr vor Flugunfällen infolge altersbedingter, physischer Schwächen der Verkehrspiloten zu schützen, insoweit nicht erreicht, als diese dort auch noch in höheren Lebensjahren als Pilot tätig sein dürften.

Die Festsetzung einer Altersgrenze auf ein höheres Lebensjahr als 65 ist demnach kein ebenso effektives Instrument zur Gewährleistung eines hohen einheitlichen Sicherheitsniveaus der Zivilluftfahrt in der EU wie die vom Unionsgesetzgeber in FCL.065 lit. b) des Anhangs I der Verordnung getroffene Regelung.

(bb) Flexible Altersgrenze

(aaa) Wäre es dem Inhaber einer Pilotenlizenz nach Erreichen des 65. Lebensjahrs weiterhin gestattet, als Pilot eines Luftfahrzeugs im gewerblichen Luftverkehr tätig zu sein, sofern eine zu diesem Zeitpunkt erfolgte Einzelfallprüfung ergibt, dass die für die Ausübung dieser Tätigkeit erforderlichen körperlichen Fähigkeiten bei der betreffenden Person weiterhin vorhanden sind, so bestünde die Gefahr, dass sich im Zeitraum bis zur nächsten individuellen Prüfung der körperlichen Fähigkeiten die in der Altersgruppe ab 65 Jahren vorhandene Gefahr einer Zunahme medizinischer Risiken realisiert (vgl.o. B.I.1.c)cc)(1)(c)). Erfolgt dies aber zu einem Zeitpunkt, in dem ein solcher Lizenzinhaber Fluggäste befördert – was nicht auszuschließen ist, da ebenso wie der Tod auch schwere körperliche Beeinträchtigungen mitunter plötzlich eintreten[60] –, so würde dessen physische Schwäche gerade zu dem Unglücksfall führen, der durch FCL.065 lit. b) des Anhangs I der Verordnung im Interesse von Leib und Leben namentlich der Fluggäste im gewerblichen Luftverkehr verhindert werden soll.

Bei einer derartigen Ungewissheit bezüglich der Existenz und des Umfangs von Risiken für die menschliche Gesundheit muss der Unionsgesetzgeber aufgrund seines weiten Ermessens[61] im Hinblick auf komplexe Fragen

---

[60] *Oberwetter*, EuGH bestätigt Altersgrenze für Piloten: Mit 65 ist Schluss, 6.7.2017, abrufbar unter www.lto.de. A.A. *Janezic/Stadlmeier*, ZESAR 2018, S. 182 (191) m.w.N., wonach Studien „keinerlei signifikante Erhöhung eines Risikos einer *sudden in flight incapacitation* [...] gegenüber jüngeren Piloten" zeigten.

[61] Kritisch dazu im hiesigen Kontext *Janezic/Stadlmeier*, ZESAR 2018, S. 182 (190) und allgemein *Schroeder*, Grundkurs Europarecht, 6. Auflage 2019, § 15 Rn. 21. Generell positiv dagegen *Frenz*, Europarecht, 2. Auflage 2016, Rn. 1010 ff. m.w.N.

medizinischer Art[62] aber nicht etwa zunächst abwarten, bis das Vorliegen und die Schwere dieser Risiken in vollem Umfang nachgewiesen sind, sondern darf bereits zuvor Schutzmaßnahmen treffen. Insbesondere ist er dazu befugt, derjenigen Maßnahme den Vorzug zu geben, die ein hohes Maß an Sicherheit bietet, sofern diese auf objektiven Tatsachen gegründet ist.[63]

Angesichts der bei einer einzelfallbezogenen Vorgehensweise verbleibenden Risiken (s.o.) handelt es sich im Vergleich zu dieser bei der starren Altersgrenze von 65 Jahren um die „sicherere" Option, um das Leben und die Gesundheit insbesondere Fluggäste im gewerblichen Luftverkehr zu schützen. Nach dieser darf mit Erreichen der Altersgruppe ab 65 Jahren kein Lizenzinhaber mehr als Pilot im gewerblichen Luftverkehr tätig sein.

Diese vom Europäischen Parlament und vom Rat in FCL.065 lit. b) des Anhangs I der Verordnung getroffene Regelung beruht auf der Annahme, dass die besonderen körperlichen Fähigkeiten, die für die Ausübung des Berufs des Verkehrspiloten erforderlich sind und die im Fall ihres Fehlens zu schweren Flugunfällen führen können, bei Erreichen des 65. Lebensjahrs regelmäßig nicht mehr vorhanden sind. Diese Prämisse fußt dem Bearbeitervermerk zufolge ihrerseits auf einer intensiven Fachdiskussion sowie medizinischem Sachverstand, d.h. objektiven Anhaltspunkten.[64]

Somit ist eine individuelle Prüfung der körperlichen Fähigkeiten jedes Inhabers einer Pilotenlizenz, der älter als 65 Jahre ist, nicht ebenso geeignet, das vorliegend vom Unionsgesetzgeber verfolgte Ziel zu erreichen, wie das von diesem tatsächlich eingesetzte Mittel.

(bbb) Hinzu kommt, dass eine Einzelfallprüfung nicht ebenso vorhersehbar und praktikabel ist wie eine starre Altersgrenze. Derartige Generalisierungen sind im Spannungsfeld zwischen allgemeiner Regelung und Einzelfall so lange gerechtfertigt, wie davon ausgegangen werden kann, dass sie ungeachtet etwaiger einzelner Ausnahmen in der Regel eine hinreichend große Zahl von Fällen zutreffend erfassen.[65]

---

[62] Insoweit dürfe dem EuGH, Rs. C-356/12, EU:C:2014:350, Rn. 53, 64 – *Glatzel* m.w.N. zufolge der Unionsrichter seine Beurteilung der tatsächlichen Umstände wissenschaftlicher und technischer Art nicht an die Stelle derjenigen des Unionsgesetzgebers setzen.

[63] Zum Ganzen siehe EuGH, Rs. C-190/16, ECLI:EU:C:2017:513, Rn. 59 f. – *Fries* m.w.N.

[64] EuGH, Rs. C-190/16, ECLI:EU:C:2017:513, Rn. 63 – *Fries.*

[65] Zum Ganzen siehe *GA Bobek*, Schlussanträge in der Rs. C-190/16, ECLI:EU:C:2017:225, Rn. 62 – *Fries.* Insoweit wird hier z.T. nicht die deutsche Sprachfassung, sondern die hiervon im Detail abweichende englische

Dies trifft auf die in FCL.065 lit. b) des Anhangs I der Verordnung normierte Altersgrenze von 65 Jahren zu, die der Unionsgesetzgeber vor ihrem Erreichen mit einer einzelfallbezogenen Vorgehensweise kombiniert hat, vgl. MED.A.030 lit. f) i.V.m. MED.A.040 lit. a).[66] Nach dem Bearbeitervermerk ist es wissenschaftlich belegt, dass Piloten ab Erreichen des 65. Lebensjahrs „regelmäßig" nicht mehr den körperlichen Anforderungen des gewerblichen Luftverkehrs genügen.

Ebenfalls aus diesem Grund waren das Europäische Parlament und der Rat nicht dazu gehalten, anstelle der von ihnen getroffenen, typisierenden Pauschalregelung[67] eine aufwendige Einzelfallprüfung vorzusehen.

(cc) Zwischenergebnis

Daher ist die in FCL.065 lit. b) des Anhangs I der Verordnung angeordnete starre Altersgrenze von 65 Jahren erforderlich, um das Ziel eines hohen einheitlichen Sicherheitsniveaus der Zivilluftfahrt in der EU zu erreichen.

(e) Angemessenheit

Angemessen ist ein Mittel zur Erreichung des mit ihm verfolgten Ziels dann, wenn die durch Ersteres verursachten Nachteile in einem ausgewogenen Verhältnis zu Letzterem stehen.[68] Dient der Eingriff in das Unionsgrundrecht einer Person dem Schutz der Unionsgrundrechte anderer Personen, so ist diese Kollision im Wege der praktischen Konkordanz durch Herstellung eines möglichst schonenden Ausgleichs zwischen beiden, der jedem von ihnen zur möglichst optimalen Geltung verhilft, aufzulösen.[69]

Bezogen auf den hiesigen Fall ist demnach zu ermitteln, ob die in FCL.065 lit. b) des Anhangs I der Verordnung getroffene Maßnahme die Rechte der über 65-jährigen Inhaber von Pilotenlizenzen übermäßig beeinträchtigt. Dabei ist der Kontext dieser Regelung zu betrachten und sind sowohl die Nachteile, die sie für die Betroffenen bewirken kann, als auch die Vorteile zu berücksichtigen, die sie für die Gesellschaft im Allgemeinen und

---

Originalfassung („*They are justified as long as it can be maintained that, in general, they properly apply in a reasonable majority of cases*") zugrunde gelegt. Vgl. auch *Janezic/Stadlmeier*, ZESAR 2018, S. 182 (189).

[66] Vgl. EuGH, Rs. C-190/16, ECLI:EU:C:2017:513, Rn. 65 – *Fries*; *GA Bobek*, Schlussanträge in der Rs. C-190/16, ECLI:EU:C:2017:225, Rn. 60 – *Fries*.

[67] Vgl. *Ogorek*, JA 2018, S. 558 (560).

[68] *Wienbracke* (Fn. 3), S. 282 m.w.N.

[69] *Wienbracke* (Fn. 3), S. 279, 282 f. m.w.N.

die diese bildenden Individuen im Besonderen bedeutet.[70]

Was die abstrakte Wertigkeit der sich vorliegend gegenüberstehenden Unionsgrundrechte der Lizenzinhaber in der Altersgruppe ab 65 Jahren aus Art. 21 Abs. 1 EU-GrCh einerseits und der Fluggäste aus Art. 2 Abs. 1 bzw. Art. 3 Abs. 1 EU-GrCh (s.o. B.I.1.c)cc)(1)(a)) andererseits anbelangt, so nehmen die durch die beiden letztgenannten Bestimmungen geschützten Güter „Leben und Gesundheit von Menschen" mit den höchsten Rang im Rahmen des EU-Primärrechts ein.[71]

In Bezug auf die konkrete Betroffenheit ist auf Seiten der durch FCL.065 lit. b) des Anhangs I der Verordnung in ihren Rechten beschränkten Lizenzinhabern zu berücksichtigen, dass die dortige Altersgrenze nicht nur relativ weit fortgeschritten ist, sondern auch keinesfalls etwa automatisch bewirkt, dass die von ihr Betroffenen gezwungen werden, endgültig aus dem Arbeitsmarkt auszuscheiden. So wird durch diesen Sekundärrechtsakt weder eine zwingende Regelung zur Versetzung in den Ruhestand von Amts wegen eingeführt noch bringt dieser es zwangsläufig mit sich, dass das Arbeitsverhältnis eines Piloten beendet werden müsste, weil dieser das Alter von 65 Jahren erreicht hat. FCL.065 lit. b) des Anhangs I der Verordnung schließt nämlich die Inhaber einer Pilotenlizenz, die das Alter von 65 Jahren erreicht haben, nicht von jeglicher Aktivität auf dem Gebiet der Luftfahrt aus, sondern verbietet ihnen lediglich, als Pilot im gewerblichen Luftverkehr tätig zu sein. Leer- oder Überführungsflüge dürfen sie dagegen weiterhin durchführen, ebenso wie Tätigkeiten im Zusammenhang mit der Ausbildung und Prüfung von Piloten.[72]

Demgegenüber würde aufgrund der zentralen Bedeutung des menschlichen Faktors auf dem Gebiet der Zivilluftfahrt der Einsatz von Lizenzinhabern als Piloten im gewerblichen Luftverkehr, die das Alter von 65 Jahren erreicht

---

[70] Zum Ganzen siehe EuGH, Rs. C-190/16, ECLI:EU:C:2017:513, Rn. 53 – *Fries* m.w.N. Im zugrundeliegenden Originalfall hat der EuGH, a.a.O., Rn. 53 ff. im Gegensatz zu *GA Bobek*, Schlussanträge in der Rs. C-190/16, ECLI:EU:C:2017:225, Rn. 46, 63 – *Fries* abermals (vgl. *Hobe/Fremuth*, Europarecht, 10. Auflage 2020, Rn. 40; *Classen/Nettesheim*, in: Oppermann/Classen/Nettesheim, Europarecht, 9. Auflage 2021, § 17 Rn. 24 f. m.w.N.) nicht „sauber" zwischen den Prüfungsebenen „Erforderlichkeit" und „Angemessenheit" differenziert, vgl. auch *Ogorek*, JA 2018, S. 558 (560). Allgemein zur geringen Bedeutung von Letzterer in der Praxis der EuGH-Rechtsprechung: *Dittert*, Europarecht, 5. Auflage 2017, S. 297 m.w.N.

[71] Vgl. *Wienbracke* (Fn. 3), S. 212 m.w.N.

[72] Zum Ganzen siehe EuGH, Rs. C-190/16, ECLI:EU:C:2017:513, Rn. 51, 61, 66 f., 81 ff. – *Fries* m.w.N.

haben und damit nach dem aktuellen Stand des medizinischen Fachwissens in der Regel nicht mehr über diejenigen körperlichen Fähigkeiten verfügen, die für die Gewährleistung der Sicherheit des Flugverkehrs in dieser Verkehrsart notwendig sind, die Gefahr von Flugzeugunglücken steigen. Diese wiederum führen aufgrund der im Flugverkehr erreichten Geschwindigkeiten, Höhen und Passagierkapazitäten jedoch nicht selten zum Verlust (einer Vielzahl) von Menschenleben.[73] Dieses Schutzgut wäre mithin existenziell bedroht, gäbe es das in FCL.065 lit. b) des Anhangs I der Verordnung normierte Tätigkeitsverbot nicht.

Angesichts des hohen Rangs der durch FCL.065 lit. b) des Anhangs I der Verordnung zu schützen gesuchten Unionsgrundrechte der Fluggäste im gewerblichen Luftverkehr aus Art. 2 Abs. 1 bzw. Art. 3 Abs. 1 EU-GrCh sowie der diesen ohne die Altersgrenze ab 65 Jahren drohenden schwerwiegenden Folgen einerseits und der von dieser andererseits unberührten Möglichkeit der Lizenzinhaber dieser Altersgruppe, außerhalb des gewerblichen Luftverkehrs weiterhin als Pilot tätig zu sein, werden diesen hierdurch folglich keine unangemessenen Nachteile auferlegt.

Also erweist sich die in FCL.065 lit. b) des Anhangs I der Verordnung getroffene Regelung als angemessenes Mittel zur Erreichung des mit ihr vom Unionsgesetzgeber verfolgten Ziels.

(f) Zwischenergebnis

FCL.065 lit. b) des Anhangs I der Verordnung wahrt den Verhältnismäßigkeitsgrundsatz des Art. 52 Abs. 1 S. 2 EU-GrCh.

(2) Wesensgehaltsgarantie

Was genau das Gebot des Art. 52 Abs. 1 S. 1 EU-GrCh, den Wesensgehalt der Unionsgrundrechte zu achten, verlangt, ist unklar. Dieser könnte in einem absoluten oder relativen bzw. in einem individuellen oder generellen Sinn zu verstehen sein.[74] Dem EuGH zufolge ist der Wesensgehalt namentlich des Diskriminierungsverbots des Art. 21 Abs. 1 EU-GrCh erst dann nicht mehr gewahrt, wenn dieses als solches in Frage gestellt wird.[75]

FCL.065 lit. b) des Anhangs I der Verordnung regelt lediglich die spezifische Frage der Beschränkung der Pilotenaufgaben im Hinblick auf die Sicher-

---

[73] Vgl. *Statista*, Flugzeugunglücke in Europa mit den meisten Todesopfern im Zeitraum von 1972 bis 5. Februar 2021, abrufbar unter https://de.statista.com/statistik/daten/studie/1572/umfrage/flugzeugungluecke-in-europa/.

[74] *Wienbracke* (Fn. 3), S. 283 m.w.N. Näher: *Pache* (Fn. 5), Art. 52 GRC Rn. 31 m.w.N.

[75] Vgl. EuGH, Rs. C-528/13, ECLI:EU:C:2015:288, Rn. 54 – *Léger*.

stellung der Flugsicherheit, d.h. hat nur eine begrenzte Tragweite.[76]

Mithin achtet diese Maßnahme den Wesensgehalt des Diskriminierungsverbots.

(3) Zwischenergebnis

FCL.065 lit. b) des Anhangs I der Verordnung ist materiell unionsrechtskonform.

dd) Zwischenergebnis

Die Ungleichbehandlung von Pilotenlizenzinhabern der Altersgruppe ab 65 Jahren gegenüber ihren lebensjüngeren Kollegen durch FCL.065 lit. b) des Anhangs I der Verordnung ist unionsrechtlich gerechtfertigt.

e) Ergebnis

Damit verstößt FCL.065 lit. b) des Anhangs I der Verordnung nicht gegen das in Art. 21 Abs. 1 EU-GrCh enthaltene Verbot der Diskriminierung wegen des Alters.

2. Weitere Gleichheitsrechte

a) Allgemeiner unionsrechtlicher Grundsatz des Verbots der Altersdiskriminierung

Das vom EuGH[77] zunächst als allgemeiner Grundsatz des Unionsrechts i.S.v. Art. 6 Abs. 3 EUV entwickelte Verbot der Diskriminierung wegen des Alters ist gegenüber dessen nunmehriger Positivierung in Art. 21 Abs. 1 EU-GrCh subsidiär.[78] Aufgrund dieses Anwendungsvorrangs[79] ist der vorgenannte allgemeine Grundsatz hier bereits nicht anwendbar, so dass seine Verlet-

---

[76] EuGH, Rs. C-190/16, ECLI:EU:C:2017:513, Rn. 38 – *Fries*; *GA Bobek*, Schlussanträge in der Rs. C-190/16, ECLI:EU:C:2017:225, Rn. 33 – *Fries.*

[77] S.o. Fn. 11 a.E.

[78] Vgl. *Wienbracke* (Fn. 3), S. 38, 250, 252 f. m.w.N. Nach *GA Cruz Villaló*, Schlussanträge in der Rs. C-447/09, ECLI:EU:C:2011:321, Rn. 26 – *Prigge u.a.* sei das zunächst als allgemeiner Grundsatz des Unionsrechts entwickelte Verbot der Diskriminierung wegen des Alters „als Folge seiner Umwandlung in ‚geschriebenes Verfassungsrecht' unionsrechtlich nunmehr schlechthin in Art. 21 der Charta verankert", auch wenn das derart positivierte „Verbot der Diskriminierung wegen des Alters ein allgemeiner Grundsatz des Unionsrechts ist, der [...] weiterhin volle Gültigkeit hat". Zustimmend: *Michl* (Fn. 6), Art. 21 GRC Rn. 4.

[79] *Ehlers*, in: ders. (Hrsg.), Europäische Grundrechte und Grundfreiheiten, 4. Auflage 2014, § 14 Rn. 11.

zung durch FCL.065 lit. b) des Anhangs I der Verordnung von vornherein ausscheidet.

b) Art. 20 EU-GrCh

Als besondere Ausprägung des in Art. 20 EU-GrCh normierten allgemeinen Grundsatzes der Gleichbehandlung (s.o. B.I.1.b)) wird dieses Unionsgrundrecht durch das in Art. 21 Abs. 1 EU-GrCh enthaltene, besondere Verbot der Diskriminierung speziell wegen des Alters nach dem *lex specialis*-Grundsatz verdrängt.[80] Auch Art. 20 EU-GrCh gelangt vorliegend somit nicht zur Anwendung,[81] d.h. ein Verstoß hiergegen durch FCL.065 lit. b) des Anhangs I der Verordnung kommt ebenfalls nicht in Betracht.

c) Allgemeiner unionsrechtlicher Grundsatz der Gleichbehandlung

Entsprechendes gilt im Ergebnis schließlich auch in Bezug auf den allgemeinen unionsrechtlichen Grundsatz der Gleichbehandlung (vgl. Art. 6 Abs. 3 EUV[82]), der nunmehr in Art. 20 EU-GrCh positiviert ist.[83] Gegenüber Letzterem, der seinerseits von Art. 21 Abs. 1 EU-GrCh verdrängt wird (s.o. B.I.2.b)), ist Ersterer subsidiär (vgl.o. B.I.2.a)).

3. Art. 15 Abs. 1 EU-GrCh

Allerdings könnte FCL.065 lit. b) des Anhangs I der Verordnung gegen Art. 15 Abs. 1 EU-GrCh verstoßen. Dann müsste im hiesigen Fall dieses Unionsgrundrecht der Berufsfreiheit anwendbar sein und ein nicht gerechtfertigter Eingriff in seinen Schutzbereich vorliegen.[84]

a) Anwendbarkeit

Ebenso wie Art. 21 Abs. 1 EU-GrCh ist auch Art. 15 Abs. 1 EU-GrCh vorliegend nach Art. 51 Abs. 1 S. 1 Hs. 1 EU-GrCh anwendbar (vgl.o. B.I.1.a)).

---

[80] EuGH, Rs. C-190/16, ECLI:EU:C:2017:513, Rn. 29 – *Fries*; *Jarass* (Fn. 10), Art. 20 Rn. 6, Art. 21 Rn. 6 m.w.N.; *Lemke*, in: von der Groeben/Schwarze/Hatje, Europäisches Unionsrecht, 7. Auflage 2015, Art. 21 EU-GrCh Rn. 1; *Michl* (Fn. 6), Art. 21 GRC Rn. 1.

[81] Vgl. *Wienbracke* (Fn. 6), Rn. 69 m.w.N.

[82] Zu dieser Klassifizierung vgl. die Erläuterung zur Charta der Grundrechte (ABl. C 303 vom 14.12.2007, S. 17 [24]) und siehe *Streinz*, in: ders., EUV/AEUV, Art. 20 EU-GrCh Rn. 3. Siehe aber auch *Rossi*, in: Calliess/Ruffert, EUV/AEUV, 5. Auflage 2016, Art. 20 EU-GrCh Rn. 2 m.w.N.

[83] Vgl. EuGH, Rs. C-190/16, ECLI:EU:C:2017:513, Rn. 29 – *Fries*.

[84] *Wienbracke* (Fn. 3), S. 251 f. m.w.N. Vgl. dort (S. 253 ff. m.w.N.) auch zur unmittelbaren Geltung bzw. Wirkung und zur unmittelbaren Anwendbarkeit.

b) Schutzbereich

Art. 15 Abs. 1 EU-GrCh, der in persönlicher Hinsicht „[j]ede Person", d.h. jedenfalls natürliche Personen,[85] schützt, gewährleistet in sachlicher Hinsicht das einheitliche[86] „Recht, zu arbeiten und einen frei gewählten oder angenommenen Beruf auszuüben."

„Beruf" i.S.d. Vorschrift ist jede auf Erwerb gerichtete Tätigkeit von gewisser Dauer, die der Schaffung und Erhaltung einer Lebensgrundlage dient – was v.a. bei Arbeitnehmern der Fall ist.[87] Insoweit geschützt werden sowohl die Wahl des Berufs (das „Ob") als auch dessen Ausübung (das „Wie"), wie sich bereits aus dem Wortlaut von Art. 15 Abs. 1 EU-GrCh ergibt.[88] Zum Gleichheitsgrundrecht des Art. 21 Abs. 1 EU-GrCh (s.o. B.I.1.) steht das Freiheitsgrundrecht des Art. 15 Abs. 1 EU-GrCh im Verhältnis der Idealkonkurrenz, d.h. ist neben diesem anwendbar.[89]

In Bezug auf die hier in Rede stehende Tätigkeit als Pilot eines Luftfahrzeugs im gewerblichen Luftverkehr liegen die vorgenannten Begriffsmerkmale ohne Weiteres vor. Auch geht es Verkehrspiloten wie F gerade darum, selbst über die Beendigung dieser Berufstätigkeit, d.h. deren „Ob", zu entscheiden.

Folglich ist der Schutzbereich von Art. 15 Abs. 1 EU-GrCh eröffnet.

c) Eingriff

Ein Eingriff in den Schutzbereich eines Unionsgrundrechts liegt vor, wenn dieser durch einen hierdurch Verpflichteten verkürzt wird.[90]

---

[85] Vgl. *Jarass* (Fn. 10), Art. 15 Rn. 9. Näher siehe *Wollenschläger*, in: von der Groeben/Schwarze/Hatje, Europäisches Unionsrecht, 7. Auflage 2015, Art. 15 EU-GrCh Rn. 17 ff., jeweils m.w.N.

[86] *Jarass* (Fn. 10), Art. 15 Rn. 1 m.w.N.

[87] Vgl. *Bernsdorff*, in: Meyer/Hölscheidt, Charta der Grundrechte der Europäischen Union, 5. Auflage 2019, Art. 15 Rn. 13; *Jarass* (Fn. 10), Art. 15 Rn. 4, 7; *Kühling*, in: Pechstein/Nowak/Häde, Frankfurter Kommentar zu EUV, GRC und AEUV, Band 1, 2017, Art. 15 GRC Rn. 10, jeweils m.w.N.

[88] *Jarass* (Fn. 10), Art. 15 Rn. 8 m.w.N.; *Jochum*, Europarecht, 3. Auflage 2018, Rn. 190. Kritisch zu dieser im Rahmen von Art. 12 Abs. 1 GG (dazu siehe *Wienbracke* [Fn. 2], Rn. 246 ff. m.w.N.) etablierten Differenzierung *Kühling* (Fn. 87), Art. 15 GRC Rn. 8 m.w.N. Dort (Rn. 25) unter Hinweis auf EuGH, Rs. C-134/15, ECLI:EU:C:2016:498, Rn. 26 ff. – *Lidl* auch zur Abgrenzung des eher Eingriffe mit „persönlichkeitsrechtliche[m] Bezug" wie eben Altersgrenzen erfassenden Art. 15 EU-GrCh zu Art. 16 EU-GrCh, dem eher „unternehmensbezogene [...] Sachverhalte" unterfallen.

[89] Vgl. *Ruffert*, in: Ehlers (Hrsg.), Europäische Grundrechte und Grundfreiheiten, 4. Auflage 2014, § 19 Rn. 17 m.w.N.

[90] *Wienbracke* (Fn. 3), S. 272 m.w.N.

Dadurch, dass Inhaber von Pilotenlizenzen, die das Alter von 65 Jahren erreicht haben, nach FCL.065 lit. b) des Anhangs I der Verordnung nicht mehr als Pilot eines Luftfahrzeugs im gewerblichen Luftverkehr tätig sein dürfen, schränkt der an Art. 15 Abs. 1 EU-GrCh gebundene Unionsgesetzgeber (vgl.o. B.I.1.a), I.3.a)) deren freie Entscheidung betreffend das weitere „Ob" dieser Berufstätigkeit ein.

Ein Eingriff in den Schutzbereich von Art. 15 Abs. 1 EU-GrCh liegt demnach vor.

d) Rechtfertigung

Gerechtfertigt ist dieser Eingriff dann, wenn er gesetzlich vorgesehen ist, den Grundsatz der Verhältnismäßigkeit wahrt und den Wesensgehalt von Art. 15 Abs. 1 EU-GrCh achtet, vgl. Art. 52 Abs. 1 EU-GrCh.[91]

Diese Voraussetzungen sind vorliegend erfüllt. Die diesbezüglich im Rahmen von Art. 21 Abs. 1 EU-GrCh angestellten Erwägungen (s.o. B.I.1.c)) lassen sich auf Art. 15 Abs. 1 EU-GrCh entsprechend übertragen.[92]

e) Ergebnis

FCL.065 lit. b) des Anhangs I der Verordnung verstößt nicht gegen das Unionsgrundrecht der Berufsfreiheit aus Art. 15 Abs. 1 EU-GrCh.

II. Verstoß gegen EMRK-Grundrechte

Da die EU ihrem aus Art. 6 Abs. 2 EUV folgenden Auftrag zum EMRK-Beitritt (vgl. Art. 59 Abs. 2 EMRK) bislang nicht nachgekommen ist,[93] fungiert

---

[91] Art. 15 Abs. 1 EU-GrCh gewährleistet die freie Berufsausübung „nicht absolut", siehe EuGH, Rs. C-190/16, ECLI:EU:C:2017:513, Rn. 73 – *Fries* m.w.N.

[92] Anders als der EuGH, Rs. C-190/16, ECLI:EU:C:2017:513 – *Fries* im zugrundeliegenden Originalfall thematisiert *GA Bobek*, Schlussanträge in der Rs. C-190/16, ECLI:EU:C:2017:225, Rn. 71 ff. – *Fries* im Rahmen von Art. 15 Abs. 1 EU-GrCh zusätzlich „noch ein ganz spezifisches Argument" hinsichtlich der „Verhältnismäßigkeit der Maßnahme", nämlich „die Tatsache, dass die Altersgrenze ohne Rücksicht auf das Renteneintrittsalter Anwendung findet". Dazu vgl. auch *Ogorek*, JA 2018, S. 558 (560) unter Hinweis auf § 35 S. 2 SGB VI, wonach die Regelaltersgrenze mit Vollendung des 67. Lebensjahres erreicht wird.

[93] Dazu vgl. EuGH, Gutachten 2/94, ECLI:EU:C:1996:140; EuGH, Gutachten 2/13, ECLI:EU:C:2014:2454; *Borchardt*, Die rechtlichen Grundlagen der Europäischen Union, 7. Auflage 2020, Rn. 171; *Haag*, in: Biber/Epiney/Haag/Kotzur, Europarecht, 13. Auflage 2019, § 21 Rn. 20 f.; *Herdegen*, Europarecht, 22. Auflage 2020, § 8 Rn. 46; *Streinz*, Europarecht, 11. Auflage 2019, Rn. 771 ff., jeweils

diese aktuell lediglich im Rahmen von Art. 6 Abs. 3 EUV als Rechtserkenntnisquelle für die darin genannten allgemeinen Grundsätze des Unionsrechts (vgl.o. B.I.2.a), c)), nicht jedoch als unmittelbarer Prüfungsmaßstab gegenüber dem EU-Sekundärrecht wie vorliegend FCL.065 lit. b) des Anhangs I der Verordnung.[94] Deren etwaiger Verstoß namentlich gegen das allgemeine, das Merkmal „Alter“ nicht explizit aufführendende, freilich aber nicht abschließende[95] Diskriminierungsverbot des Art. 1 Abs. 1 des 12. Zusatzprotokolls zur EMRK[96] kommt daher von vornherein nicht in Betracht.[97] Das ebensolche Diskriminierungsverbot des Art. 14 EMRK bezieht sich ohnehin rein akzessorisch auf den Genuss der in der EMRK anerkannten Rechte und Freiheiten;[98] die hier in Rede stehende Berufstätigkeit (vgl.o. B.I.3.) wird von der EMRK jedoch gerade nicht grundrechtlich geschützt.[99]

III. Verstoß gegen nationale Grundrechte

Allerdings könnte FCL.065 lit. b) des Anhangs I der Verordnung gegen Art. 3 Abs. 1 GG und/oder Art. 12 Abs. 1 GG verstoßen. Das setzt jedoch voraus, dass diese durch das nationale Verfassungsrecht eines EU-Mitgliedstaats garantierten Grundrechte überhaupt als Prüfungsmaßstab gegenüber einem Rechtsakt der EU herangezogen werden dürfen.

---

m.w.N. Jedenfalls ein zeitnaher Beitritt der EU zur EMRK steht daher nicht zu erwarten, siehe *Classen/Nettesheim* (Fn. 70), § 17 Rn. 39 f.; *Szecalla*, in: Heselhaus/Nowak, Handbuch der Europäischen Grundrechte, 2. Auflage 2020, § 2 Rn. 2, § 3 Rn. 1, 41.

94 Vgl. *Wienbracke* (Fn. 3), S. 251 ff. m.w.N.

95 S.o. Fn. 11.

96 *Van der Decken* (Fn. 6), § 49 Rn. 62 m.w.N. berichtet, dass ein Beitritt der EU zum 12. ZP zur EMRK nicht vorgesehen sei.

97 Andernfalls wäre auch insoweit zu prüfen, ob eine ungerechtfertigte Ungleichbehandlung von Personen in vergleichbaren Situationen stattgefunden hat (vgl.o. B.I.1.), siehe *Grabenwarter/Pabel*, Europäische Menschenrechtskonvention, 7. Auflage 2021, § 26 Rn. 40 m.w.N.

98 S.o. Fn. 11.

99 EGMR, Nr. 34369/97, Rn. 41 – *Thlimmenos v. Greece*; *Blanke*, in: Stern/Sachs, GrCh, 2016, Art. 15 Rn. 14.

1. EuGH

Dem EuGH zufolge ist diese Frage wegen des absoluten (Anwendungs-)Vorrangs[100] des EU-Rechts vor dem nationalen Recht der Mitgliedstaaten ausnahmslos zu verneinen. Die einheitliche Geltung des EU-Rechts würde beeinträchtigt, wenn bei der Entscheidung über die Gültigkeit von Handlungen der EU-Organe Normen oder Grundsätze des nationalen Rechts herangezogen würden. Die Gültigkeit solcher Handlungen könne vielmehr nur anhand des EU-Rechts beurteilt werden. Dem von den europäischen Verträgen geschaffenen, d.h. aus einer autonomen Rechtsquelle fließenden (supranationalen[101]) EU-Recht könnten wegen seiner Eigenständigkeit keine wie auch immer gearteten innerstaatlichen Rechtsvorschriften vorgehen, wenn ihm nicht sein Charakter als Unionsrecht aberkannt und damit die Rechtsgrundlage der EU selbst in Frage gestellt werden soll. Folglich könne es die Gültigkeit einer EU-Rechtshandlung oder deren Geltung in einem Mitgliedstaat nicht berühren, wenn geltend gemacht wird, dass insbesondere die Grundrechte in der ihnen von der Verfassung dieses Staates gegebenen Gestalt verletzt seien.[102]

Gelangen danach Art. 3 Abs. 1 GG und Art. 12 Abs. 1 GG vorliegend bereits nicht als Prüfungsmaßstab gegenüber dem von den EU-Organen „Europäisches Parlament" und „Rat" (Art. 13 Abs. 1 UAbs. 2 EUV) erlassenen Rechtsakt (FCL.065 lit. b) des Anhangs I der Verordnung im Sinne von Art. 288 Abs. 2 AEUV) zur Anwendung, so vermag dieser von vornherein nicht gegen die beiden vorgenannten Grundrechte des deutschen Verfassungsrechts zu verstoßen.

2. BVerfG

Demgegenüber hängen dem BVerfG zufolge nach der von diesem vertretenen sog. Brückentheorie die Geltung und Anwendung des EU-Rechts in Deutschland vom Rechtsanwendungsbefehl des Zustimmungsgesetzes nach Art. 23 Abs. 1 S. 2 GG ab, der die deutsche Rechtsordnung für das EU-Recht nicht nur öffne, sondern zugleich begrenze. Mithin sieht sich das BVerfG

---

[100] Dazu siehe Erklärung Nr. 17 zur Schlussakte der Regierungskonferenz zum Vertrag von Lissabon, ABl. C 306 vom 17.12.2007, S. 256 m.w.N. aus der EuGH-Rspr. Ebenso im Ausgangspunkt das BVerfG, siehe jüngst BVerfG, BeckRS 2021, 12337, Rn. 38 m.w.N.

[101] Dazu siehe *Wienbracke* (Fn. 3), S. 29 f. m.w.N.

[102] Zum Ganzen siehe *Wienbracke* (Fn. 3), S. 65 f. m.w.N. aus der EuGH-Rspr. Dort auch dazu, dass dem EuGH zufolge die nationalen Gerichte nicht dazu befugt sind, Handlungen der EU-Organe für ungültig zu erklären. Dazu siehe auch EuGH, Pressemitteilung Nr. 58/20 vom 8.5.2020 m.w.N.

auch im Hinblick auf die von den EU-Organen erlassenen Rechtsakte – wie hier FCL.065 lit. b) des Anhangs I der Verordnung – zur dahingehenden Prüfung befugt, ob die in Art. 23 Abs. 1 GG genannten Voraussetzungen für die Mitwirkung der Bundesrepublik Deutschland bei der Entwicklung der EU erfüllt sind – wozu nach dessen Satz 1 u.a.[103] gerade auch die Gewährleistung eines mit dem Grundgesetz im Wesentlichen vergleichbaren Grundrechtsschutzes gehört.[104]

Allerdings übt das BVerfG gemäß dessen *Solange II*-Beschluss seine Gerichtsbarkeit über die Anwendbarkeit von abgeleitetem EU-Recht nicht mehr aus und überprüft dieses mithin nicht mehr am Maßstab der Grundrechte des Grundgesetzes, solange die EU, insbesondere die EuGH-Rechtsprechung, einen wirksamen Schutz der Grundrechte gegenüber der Hoheitsgewalt der EU generell gewährleistet, der dem vom Grundgesetz als unabdingbar gebotenen Grundrechtsschutz im Wesentlichen gleichzuachten ist, zumal den Wesensgehalt der Grundrechte generell verbürgt, sog. Kooperationsverhältnis zwischen BVerfG und EuGH. Diese Voraussetzungen sind angesichts des gegenwärtig erreichten Stands der Unionsgrundrechte erfüllt (vgl. Art. 6 EUV und s.o. B.I.), d.h. eine Inanspruchnahme der vorgenannten Reservekompetenz des BVerfG kommt nicht in Betracht. Bislang fehlt es am hierfür notwendigen drastischen Abfallen des EuGH gleich

---

103 Zur **Verfassungsidentitätskontrolle** nach Art. 23 Abs. 1 S. 3, Art. 79 Abs. 3 i.V.m. Art. 1 Abs. 1 GG, für die es vorliegend keinen Anlass gibt (vgl. BVerfG, 1 BvR 2459/04, BVerfGK 4, 219 und BVerfG, 2 BvR 2408/06, BVerfGK 10, 227, wo die Menschenwürde jeweils nicht als Prüfungsmaßstab für die gesetzlich bzw. tarifvertraglich angeordnete Altersgrenze von 60 bzw. 65 Jahren für Piloten herangezogen wird), siehe BVerfGE 140, 317 (334 ff.); BVerfG, BeckRS 2021, 12337, Rn. 41 m.w.N.; *Wienbracke* (Fn. 3), S. 61 f. m.w.N. Dort (S. 60 f.) und bei BVerfG, NJW 2020, 1647 (1651 ff.), BVerfG, GRUR 2020, 506 (513) sowie BVerfG, BeckRS 2021, 12337, Rn. 41 m.w.N. auch zur ***ultra vires*-Kontrolle**, die hier ebenfalls nicht angezeigt ist, vgl.o. B.I.1.c)bb)(1)(a).

104 Zum Ganzen siehe *Wienbracke* (Fn. 3), S. 60, 62 m.w.N. aus der BVerfG-Rspr. In seinem *Maastricht*-Urteil hat das BVerfG ein funktionales Verständnis des Begriffs der „öffentlichen Gewalt“ i.S.v. Art. 93 Abs. 1 Nr. 4a GG, § 90 Abs. 1 BVerfGG – und damit letztlich auch von Art. 1 Abs. 3 GG – zugrunde gelegt, d.h. materiell-rechtlich eine Bindung auch der EU-Organe (Art. 13 Abs. 1 UAbs. 2 EUV) beim Erlass von EU-Sekundärrecht (Art. 288 AEUV) an die Grundrechte des deutschen GG bejaht (str.), siehe *Wienbracke* (Fn. 2), Rn. 113 m.w.N. aus der BVerfG-Rspr. Nachfolgend siehe freilich BVerfG, NJW 2020, 1647 (1649) unter Hinweis auf BVerfGE 142, 123 (179 f.) und BVerfG NJW 2019, S. 3204. Danach sei es „geklärt, dass Maßnahmen von Organen, Einrichtungen und sonstigen Stellen der Europäischen Union keine Akte öffentlicher Gewalt i.S.v. Art. 93 Abs. 1 Nr. 4a GG, § 90 Abs. 1 BVerfGG sind“.

in einer ganzen Reihe von Entscheidungen unter das Niveau des den deutschen Grundrechten im Wesentlichen vergleichbaren Grundrechtsschutzes.[105]

Auch unter Zugrundelegung der vom BVerfG eingenommenen Sichtweise scheidet vorliegend eine Verletzung von Grundrechten des deutschen Grundgesetzes, namentlich von Art. 3 Abs. 1 GG und/oder Art. 12 Abs. 1 GG, durch FCL.065 lit. b) des Anhangs I der Verordnung daher aus.

3. Zwischenergebnis

Ein Verstoß von FCL.065 lit. b) des Anhangs I der Verordnung gegen Art. 3 Abs. 1 GG bzw. Art. 12 Abs. 1 GG liegt nicht vor.

IV. Ergebnis

FCL.065 lit. b) des Anhangs I der Verordnung (i.V.m. deren Art. 3) verstößt gegen kein Grundrecht. Also hat F nicht Recht.

---

[105] Zum Ganzen siehe *Wienbracke* (Fn. 3), S. 62 ff. m.w.N. aus der BVerfG-Rspr. Vgl. auch BVerfG, NJW 2020, S. 314 (317); BVerfG, BeckRS 2020, 26957, Rn. 24; BVerfG, BeckRS 2021, 12337, Rn. 40, jeweils m.w.N.

Index